AF371074

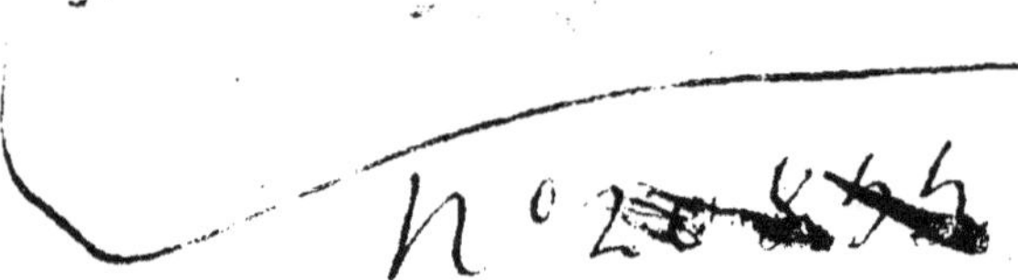

Ex libris Caroli du Ruisseau
in Supremo Senatu patroni
1739.

B.L-1931

N.º Belles Lettres.
8300.

Les Quatrains

du Seigneur

de Pybrac,

Conseiller du Roy en son Conseil Priué.

Propres pour apprendre à lire & escrire aux Enfans.

Imprimez de Nouueaux Caracteres Inuentez par H. Moreau

Et se vendent à Paris, au logis dudit Moreau par son Facteur, ruë S. Germain de l'Auxerrois proche la Valée de Misere. 1645.

Aux Lecteurs
Vertueux.

Plusieurs personnes cognois-
sans l'Escriture & les bonnes
choses, m'ont prié de faire Imprimer ces Quatrains, que tout
le monde deuroit sçauoir par
cœur, pour les obseruer à leur
profit: Et qu'estans Imprimez
de mes Caracteres, on pourroit
en mesme temps apprendre à lire
& à escrire en les copiant, pour
plus facilement en retenir les belles sentences en sa memoire. J'ay
donc voulu suiure leur Conseil,
iugeant qu'il peut estre tres-vti-

te: Vous asseurant que ie ne me
lasseray iamais tant qu'il plaira
à Dieu me donner la grace de
pouuoir trauailler, de faire tousjours quelque chose agreable &
profitable au public, estant des
Amateurs de la vertu le tres-
humble seruiteur,

Moreau.

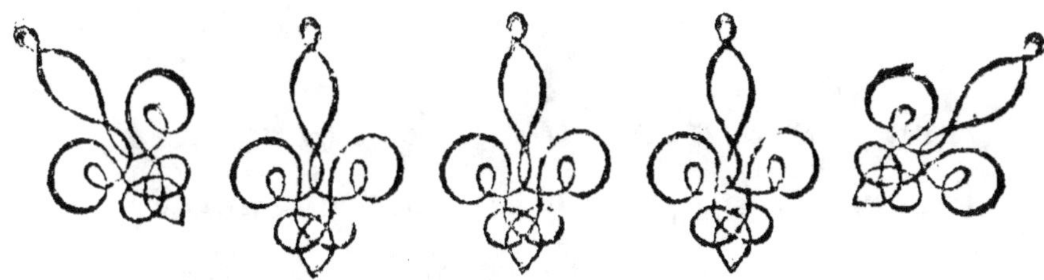

Les Quatrains

du Seigneur

d'Pybrac,

Conseiller du Roy en son Conseil Priué.

1.

Dieu tout premier, puis Pere, & Mere
  honore ;
Sois iuste & droit : & en toute saison
De l'innocent prens en main la raison,
Car Dieu te doit là haut juger encore.

A

2.

Si en jugeant la faueur te commande,
Si corrumpu par or, ou par presens,
Tu fais Iustice au gré des Courtisans,
Ne doute point que Dieu ne te le rende.

3.

Auec le jour commence ta journée,
De l'Eternel le Sainct Nom benissant :
Le soir aussi ton labeur finissant,
Loüe-le encor, & passe ainsi l'Année.

4.

Adore assis, comme le Grec ordonne,
Dieu en courant ne veut estre honoré,
D'vn ferme cœur il veut estre adoré,
Mais ce cœur là il faut qu'il nous le donne.

5.

Ne va disant, ma main a fait cét œuure,
Ou ma vertu ce bel œuure a parfait :
Mais dy ainsi, Dieu par moy l'œuure a fait,
Dieu est l'Autheur du peu de bien que i'œu-
ure.

6.

Tout l'Vniuers n'est qu'vne Cité ronde,
Chacun à droict de s'en dire bourgeois :
Le Scythe & More autant que le Gregeois,
Le plus petit que le plus grand du monde.

7.

Dans le pourpris de cette Cité belle,
Dieu a logé l'homme comme en lieu sainct,
Com'en vn Temple où luy mesme s'est peint
En mille endroits de couleur immortelle.

8.

Il n'y a coin si petit dans ce Temple,
Où la grandeur n'apparoisse de Dieu :
L'homme est planté justement au milieu,
A fin que mieux par tout il le contemple.

9.

Il ne sçauroit ailleurs mieux le cognoistre
Que dedans soy, où, comm' en vn miroir,
La terre il peut & le Ciel mesme voir,
Car tout le monde est compris en son estre.

10.

Qui a de soy parfaite cognoissance,
N'ignore rien de ce qu'il faut sçauoir :
Mais le moyen asseuré de l'auoir,
Est se mirer dedans la Sapience.

11.

Ce que tu vois de l'homme n'est pas l'hõme,
C'est la prison où il est enserré :
C'est le tombeau où il est enterré,
Le lict branlant où il dort vn court somme.

12.

Ce corps mortel où l'œil rauy contemple,
Muscles & nerfs, la chair, le sang, la peau,
Ce n'est pas l'hõme, il est beaucoup pl. beau,
Aussi Dieu l'a reserué pour son Temple.

13.

A bien parler, ce que l'homme on appelle,
C'est vn rayon de la Diuinité :
C'est vn atosme esclos de l'vnité,
C'est vn dégout de la source eternelle.

14.

Recognois donc, homme, ton origine,
Et braue & haut dédaigne ces bas lieux :
Puis que fleurir tu dois là-haut és Cieux,
Et que tu es vne plant' Diuine.

15.

Il t'est permis t'orgueillir de la race,
Non de ta mere ou ton pere mortel :
Mais bien de Dieu ton vray pere immortel,
Qui t'a moulé au moule de sa face.

16.

Au Ciel n'y a nombre infiny d'idées,
Platon c'est trop en cela mesconté :
De nostre Dieu la pure volonté,
Est le seul moule à toutes choses nées.

17.

Il veut, c'est fait, sans trauail & sans peine,
Tous animaux, iusqu'au moindre qui vit,
Les   Ha créé, les soustient, les nourrit,
Et les deffait du vent de son haleine.
    detruit
                              A iij

18.

Hausse les yeux, la voûte suspenduë,
Ce beau lambris de la couleur des eaux,
Ce rond parfait de deux globes jumeaux,
Ce firmament esloigné de la veuë.

19.

Bref, ce qui est, qui fut, & qui peut estre,
En terre, en mer, au plus caché des Cieux :
Si tost que Dieu l'a voulu pour le mieux,
Tout aussi-tost il a receu son estre.

20.

Ne va suiuant le troupeau d'Epicure,
Troupeau vilain qui blaspheme en tout lieu :
Et mescroyant ne cognoist autre Dieu,
Que le fatal ordre de la nature.

21.

Et cependant il se veautre & patroüille
Dans vn bourbier puant de tous costez :
Et du limon des sales voluptez
Il se repaist comme vne orde grenoüille.

22.

Heureux qui met en Dieu son esperance,
Et qui l'inuoque en sa prosperité,
Autant ou plus qu'en son aduersité,
Et ne se fie en humaine asseurance.

23.

Voudrois-tu bien mettre esperance seure,
En ce qui est imbecille & mortel?
Le plus grand Roy du monde n'est que tel,
Et à besoin, plus que toy qu'on l'asseure.

24.

De l'homme droit, Dieu est la sauue-garde,
Lors que de tous il est abandonné:
C'est lors que moins il se trouue estonné,
Car il sçait bien que Dieu lors plus le garde.

25.

Les biens du corps & ceux de la fortune,
Ne sont pas biens, à parler proprement,
Ils sont sujets au moindre changement:
Mais la vertu demeure tousiours vne.

26.

Vertu qui gist entre les deux extresme,
Entre le plus & le moins qu'il ne faut :
N'excede en rien, & rien ne luy deffaut,
D'autruy n'emprunte, & suffit à soy-mesme

27.

Qui te pourroit, Vertu, voir toute nuë,
O ! qu'ardamment de toy seroit épris !
Puis qu'en tout temps les plus rares esprits
T'ont fait l'amour au trauers d'vne nuë.

28.

Le sage fils est du pere la joye :
Or si tu veux ce sage fils auoir,
Dresse-le jeune au chemin du deuoir ;
Mais ton exemple est la plus courte voye.

29.

Si tu es né enfant d'vn sage pere,
Que ne suis-tu le chemin ja battu ?
S'il n'est pas tel, que ne t'efforce-tu ?
En bien faisant couurir ce vitupere.
                    Vivant.

30.

Ce n'est pas peu, naissant d'vn tige illustre,
D'Estre esclairé par ses antecesseurs :
Mais c'est bien plus luire à ses successeurs,
Que des ayeulx seulement prendre lustre.

31.

Iusqu'au cercueil, mõ fils vueilles appren-
Et tiens perdu le jour qui s'est passé,   (dre,
Si tu n'y as quelque chose amassé,
Pour plus sçauant & plus sage te rendre.

32.

Le voyageur qui hors du chemin erre,
Et esgaré se perd dedans les bois,
Au droict chemin remettre tu le dois ;
Et s'il est cheu le releuer de terre.

33.

Ayme l'honneur plus que ta propre vie,
I'entends l'honneur qui consiste au deuoir,
Que rendre on doit (selon l'humain pouuoir)
A Dieu, au Roy, aux loix, à sa patrie.

34.

Ce que tu peux maintenant ne diffère
Au lendemain, comme le paresseux :
Et garde aussi que tu ne sois de ceux,
Qui par autruy fōt ce qu'ils pourroient faire.

35.

Hantē les bons, des meschans ne t'accointe ;
Et mesmement en la jeune saison,
Que l'appetit, pour forcer la raison,
Arme nos sens d'vne brutale pointē.

36.

Quant au chemin fourchu de ces deux Da-
Tu te verras, comme Alcide semond : (mes
Suy celle-là, qui par vn aspre mont
Te guide au Ciel, loin des plaisirs infames.

37.

Ne mets ton pied au trauers de la voye
Du pauure aueugle ; & d'vn piquant propos
De l'homme mort ne trouble le repos,
Et du mal-heur d'autruy ne fais ta joye.

38.

En ton parler sois tousiours veritable,
Soit qu'il te faille en tesmoignage ouyr:
Soit que par fois tu vueilles resjoüyr
D'vn gay propos tes hostes à la table.

39.

La verité d'vn Cube droict se forme,
Cube contraire au leger mouuement:
Son plan quarré iamais ne se dement,
Et en tous sens à tousiours mesme forme.

40.

L'oyseleur caut se sert du doux ramage
Des oysillons & contrefait leur chant:
Ainsi pour mieux deceuoir le meschant,
Des gens de bien imite le langage.

41.

Ce qu'en secret l'on t'a dit ne reuele,
Des faits d'autruy ne sois trop enquerant:
Le curieux volontiers tousiours ment,
L'autre merite estre dit infidele.

42.

Fay poids esgal & loyale mesure,
Quand tu deurois de nul estre apperceu :
Mais le plaisir que tu auras receu,
Rend le tousjours auecques quelque vsure.

43.

Garde soigneux le dépost à toute heure,
Et quand on veut de toy le recouurer,
Ne va subtil des moyens controuuer
Dans vn Palais, afin qu'il te demeure.

44.

L'homme de sang te soit tousiours en haine,
Huë sur luy, comme fait le Berger
Humidien sur le Tygre leger,
Qu'il voit de loin ensanglanter la pleine.

45.

Ce n'est pas tout ne faire à nul outrage,
Il faut de plus s'opposer à l'effort
Du malheureux qui pourchasse la mort,
Ou du prochain la honte & le dommage.

46.

Qui a desir d'exploiter sa proüesse,
Dompte son ire, & son ventre, & ce feu
Qui dans nos cœurs s'allume peu à peu,
Soufflé du vent d'erreur & de paresse.

47.

Vaincre soy-mesme est la grande victoire ;
Chacun chez soy loge ses ennemis,
Qui par l'effort de la raison sousmis,
Ouurelle pas à l'eternelle gloire.

48.

Si ton amy a commis quelque offense,
Ne va soudain contre luy t'irriter,
Ains doucement, pour ne le dépiter,
Fay-luy ta plainte, & reçoy sa deffense.

49.

L'hòme est fautif, nul viuant ne peut dire
N'auoir failly, és hommes plus parfaits,
Examinans & leurs dits & leurs faits,
Tu trouueras, si tu veux, à redire.

50.

Voy l'hypocrite auec sa triste mine,
Tu le prendrois pour l'aisné des Catons:
Et cependant toute nuict à tastons,
Il court, il va, pour tromper sa voisine.

51.

Cacher son vice est vne peine extréme,
Et peine en vain: fay ce que tu voudras,
A toy au moins cacher ne te pourras:
Car nul ne peut se cacher à soy-mesme.

52.

Aye de toy, plus que des autres honte:
Nul plus que toy, par toy n'est offensé:
Tu dois premier, si bien y as pensé,
Rendre de toy, à toy-mesme le compte.

53.

Point ne te chaille
Il ne suffit estre bon d'apparence,
Mais bien de l'estre par preuue & par effet:
Contre vn faut bruict que le vulgaire fait,
Il n'est rempart tel que la conscience.

54.

A l'indigent monstre toy secourable,
Luy faisant part de tes biens à foison :
Car Dieu benit & accroist la maison,
Qui à pitié du pauure miserable.

55.

Las ! que te sert tant d'or dedans ta bourse,
Au cabinet maint riche vestement,
Dans tes greniers tant d'orge ou de froment,
Et de bon vin dans ta caue vne source ?

56.

Si cependant le pauure nud frissonne
Deuant ton huys, & languissant de faim,
Pour tout enfin n'a qu'vn morceau de pain,
Ou il s'en va sans que rien on luy donne.

57.

As-tu cruel ! le cœur de telle sorte,
De mespriser le pauure infortuné,
Qui comme toy est en ce monde né,
Et comme toy de Dieu l'image porte.

58.

Le mal-heur est cõmun à tous les hommes,
Et mesmement aux Princes & aux Roys,
Le sage seul est exempt de ses loix :
Mais où est-il ? Las! au siecle où nous sommes!

59.

Le sage est libre enferré de cent chaisnes,
Il est seul riche, & iamais estranger,
Seul asseuré au milieu du danger,
Et le vray Roy des fortunes humaines.

60.

Le menacer du tyran ne l'estonne,
Plus se roidit quand plus est agité,
Il cognoist seul ce qu'il a merité,
Et ne l'attend hors de soy, de personne,

61.

Vertu és mœurs ne s'acquiert par l'estude,
Ny par argent, ny par faueur des Roys,
Ny par vn acte, ou par deux, ou par trois,
Ains par constance & par longue habitude.

Qui

62.

Qui lit beaucoup, & iamais ne medite,
Semble à celuy qui mange auidement :
Et de tous mets surcharge tellement
Son estomach, que rien ne luy profite.

63.

Maint l'on pouuoit par temps deuenir sa-
S'il n'eust cuidé l'estre ja tout a faict, (ge,
Quel artisan fut onc maistre parfaict
Du premier jour de son apprentissage ?

64.

Petite Source
~~Petits ruisseaux~~ font les grosses riuieres ;
Qui bruit si haut à son commencement,
N'a pas long cours, non plus que le torrent,
Qui perd son nom és prochaines fondrieres.

65.

Maudit celuy qui fraude la semence,
Ou qui retient le salaire promis
Au mercenaire, & qui de ses amis
Ne se souuient sinon en leur presence.

B

66.

Ne te parjure en aucune maniere :
Et si tu es contraint faire serment,
Le Ciel ne iure, ou l'homme, ou l'element,
Ains par le nom de la cause premiere.

67.

Car Dieu qui hayt le parjure execrable,
Et le punit comme il a merité,
Ne veut que l'on tesmoigne verité
Par ce qui est mensonger & muable.

68.

Vn art sans plus en luy seul l'exercité,
Et du mestier d'autruy ne t'empeschant,
Va dans le tien le parfaict recherchant,
Car l'exceller n'est pas gloire petite.

69.

Plus n'embrasser que l'on ne peut étraindre,
Aux grands honneurs conuoiteux n'aspi-
Vser des biens, & ne les desirer ;   (rer,
Ne souhaitter la mort, & ne la craindre.

70.

Il ne faut pas aux plaisirs de la couche
De chasteté restraindre le beau don,
Et cependant liurer à l'abandon,
Ses yeux, ses mains, son oreille & sa bouche.

71.

Ha! le dur coup qu'est celuy de l'oreille,
L'homme en deuint quelquesfois forcené,
Mesmes alors qu'il nous est assené
D'vn beau parler plein de douce merueille.

72.

Mieux nous vaudroit des oreillettes prendre
Pour nous sauuer de ces coups dangereux:
Par là s'armoient les Pygils valeureux,
Quand sur l'arene il leur falloit descendre.

73.

Ce qui en nous par l'oreille penetre,
Dans le cerueau coule soudainement,
Et ne scaurions y pouruoir autrement,
Que tenant close au mal cette Fenestre.

74.

Parler beaucoup on ne peut sans mensonge,
Ou pour le moins sans quelque vanité :
Le parler bref conuient à verité
Et l'autre est propre à la fable &ou; au songe.

75.

Du Memphien la graue contenance,
Lorsque sa bouche il serre auec le doigt,
Mieux que Platon enseigne comme on doit
Reueremment honnorer le silence.

76.

Comme l'on voit à l'ouurir de la porte
D'vn cabinet Royal, maint beau tableau,
Mainte anticaille, & tout ce que de beau,
Le Portugais des Indes nous apporte.

77.

Ainsi deslors que l'homme qui medite,
Et est sçauant, commence de s'ouurir,
Vn grand tresor vient à se descouurir,
Thresor caché au puits de Democrite.

78.

On dit soudain : voila qui fut de Grece,
Cecy de Rome, & cela d'vn tel lieu,
Et le dernier est tiré de l'Hebreu :
Mais tout en somme est remply de sagesse.

79.

Nostre heur poᵗ grand qu'il soit nous semble moindre,
Les seps d'autruy portent plus de raisins :
Mais quant aux maux que souffrent nos
voisins,
C'est moins que rien, ils ont tort de s'en
plaindre.

80.

A l'enuieux nul tourment ie n'ordonne,
Il est de soy le Iuge & le bourreau :
Et ne fut onc de Denis le Taureau
Supplice tel, que celuy qu'il se donne.

81.

Pour bien au vif peindre la calomnie,

Il la faudroit peindre comme on la sent :
Qui par bon-heur d'elle ne se ressent,
Croire ne peut quelle est cette furie.

82.

Elle ne fait en l'air sa residence,
Ny sous les eaux ny au profond des bois :
Sa maison est aux oreilles des Roys,
D'où elle braue & flestrit l'innocence.

83.

Quand vne fois ce monstre nous attache,
Il sçait si fort ses cordillons noüer,
Que bien qu'on puisse en fin les desnoüer,
Restent tousiours les marques de l'attache.

84.

Iuge, ne donne en ta cause sentence,
Chacun se trompe en son fait aysement :
Nostre interest force le iugement,
Et d'vn costé fait pancher la balance.

85.

Dessus la loy tes iugemens arreste,

(Et non sur l'homme) elle est sans ~~passion~~ affection:
L'homme au contraire est plain de passion,
L'vn tient de Dieu, l'autre tient de la be-
ste.

86.

Le nombre Sainct se juge par sa preuue,
Tousiours égal, entier, ou desparty :
Le droict aussi en Atomes party,
Semblable à soy égal tousiours se treuue.

87.

Nouueau Vlysse apprend du long voyage,
A gouuerner Itaque en équité :
Maint vn a Scylle & Charibde euité,
Qui heurté au port, & chez soy fait naufra-
ge.

88.

Songe long-temps auant que de promettre :
Mais si tu as quelque chose promis,
Quoy que ce soit, & fut-ce aux ennemis,
De l'accomplir en deuoir te faut mettre.

89.

La loy sous qui l'Estat sa force a prise,
Garde-la bien pour grosse qu'elle soit :
Le bon-heur vient d'où l'on ne s'apperçoit,
Et bien souuent de ce que l'on mesprise.

90.

Fuy ieune & vieil de Circé le breuuage :
N'escoute aussi des Serenes les chants,
Car enchanté tu courrois par les champs,
Plus abruty qu'vne beste sauuage.

91.

Vouloir ne faut chose que l'on ne puisse,
Et ne pouuoir que cela que l'on doit,
Mesurant l'vn & l'autre par le droit,
Sur l'eternel moule de la Iustice.

92.

Changer à coup de loy & d'ordonnance,
En fait d'Estat, est vn point dangereux :
Et si Lucurgue en ce poinct fut heureux,
Il ne faut pas en faire consequence.

93.

Ie hay ces mots de puissance absoluë,
De plein pouuoir, & propre mouuement:
Aux saincts Decrets ils ont premierement,
Puis à nos loix la puissance toluë.

94.

Croire de leger, & soudain se resoudre,
Ne discerner les amis des flatteurs:
Ieune conseil, & nouueaux seruiteurs
Ont mis souuent les hauts Estats en poudre.

95.

Dissimuler est vn vice seruile,
Vice suiuy de la desloyauté,
D'où sourd és cœurs des Grands la cruau-
Qui aboutit à la guerre ciuile.   (té,

96.

Dõner beaucoup sied bien à vn grand Prin-
Pourueu qu'il donne à qui l'a merité,   (ce,
Par proportion, non par égalité,
Et que ce soit sans fouler sa Prouince.

97.

Plus que Sylla, c'est ignorer les lettres,
D'auoir induit les peuples à s'armer :
On trouuera les voulant desarmer,
Que de sujets ils sont deuenus maistres.

98.

Ry si tu veux, vn ris de Democrité,
Puis que le monde est pure vanité :
Mais quelquesfois touché d'humanité,
Pleure nos maux des larmes d'Heraclite.

99.

A l'estranger sois humain & propice,
Et s'il se plaint, incline à sa raison :
Mais luy donner les biens de la maison,
C'est faire aux tiens & bonté & injustice.

100.

Je l'apprendray, si tu veux en peu d'heure
Le beau secret du breuuage amoureux,
Ayme les tiens, tu seras aymé d'eux,
Il n'y a point de recepte meilleure.

101.

Crainte qui vient d'amour & reuerence
Est vn appuy ferme de Royauté :
Mais qui se fait craindre par cruauté,
Luy-mesme craint, & vit en deffiance.

102.

Qui sçauroit bien que c'est qu'vn Diadéme,
Il choisiroit aussi tost le tombeau,
Que d'affeubler son chef de ce bandeau :
Car aussi bien il meurt lors à soy-mesme.

103.

De iour, de nuict faire la sentinelle,
Pour le salut d'autruy tousiours veiller,
Pour le public sans nul gré trauailler,
C'est en vn mot ce qu'Empire i'appelle.

104.

Ie ne vis onc prudence auec ieunesse,
Bien commander sans auoir obey,
Estre fort craint, & n'estre point hay,
Estre tyran & mourir de vieillesse.

105.

Ne voise au bal qui n'aymera la danse,
Ny au banquet qui ne voudra manger,
Ny sur la mer qui craindra le danger,
Ny à la Cour, ~~pour dire~~ ^{qui dira} ce qu'il pense.

106.

Du médisant la langue venimeuse,
Et du flatteur les propos emmiélez,
Et du mocqueur les brocarts enfiélez,
Et du malin la poursuite animeuse.

107.

Hayr le vray, se feindre en toutes choses,
Sonder le simple afin de l'attrapper ;
Brauer le foible, & sur l'absent drapper,
Sont de la Cour les œillets & les roses.

108.

Aduersité, desfaueur & querelle,
Sont trois essais pour sonder son amy,
Tel a ce nom, qui ne l'est qu'à demy,
Et ne sçauroit endurer la coupelle.

109.

Ayme l'Estat, tel que tu le vois estre,
S'il est Royal, ayme la royauté :
S'il est de peu ou bien communauté,
Ayme-le aussi, quand Dieu t'y a fait estre.

110.

Il est permis souhaitter vn bon Prince :
Mais tel qu'il est, il le conuient porter :
Car il vaut mieux vn tyran supporter,
Que de troubler la paix de sa Prouince.

111.

A ton Seigneur & ton Roy ne te iouë,
Et s'il t'en prie, il t'en faut excuser :
Qui des faueurs des Roys cuide abuser,
Bien-tost, froissé, choit au bas de la rouë.

112.

Qui de bas lieu (miracle de fortune)
En vn matin t'es haussé si auant,
Penses-tu point que ce n'est que du vent,
Qui calmera peut estre sur la brune.

113.

L'Estat moyen, est l'Estat plus durable ;
On voit des eaux le plat pays noyé,
Et les hauts monts ont le chef foudrayé,
Vn petit tertre est seur & agreable.

114.

De peu de biens nature se contente,
Et peu suffit pour viure honnestement :
L'homme ennemy de son contentement,
Plus a, & plus pour auoir se tourmente.

115.

Quand tu verras que Dieu au Ciel retire
A coup, à coup les hommes vertueux,
Dis hardiment, l'orage impetueux
Viendra bien tost esbranler cét Empire.

116.

Les gens de bien ce sont comme gros termes,
Ou forts piliers qui seruent d'arcs-boutans,
Pour appuyer, contre l'effort du temps
Les hauts Estats, & les maintenir fermes.

117.

L'homme se plaint de sa trop courte vie :
Et cependant n'employe où il deuroit
Le temps qu'il a , qui suffir' luy pourroit ,
Si bien viure auoit de viure enuie.

118.

Tu ne sçaurois d'assez ample salaire
Recompenser celuy qui t'a soigné
En ton enfance , & qui t'a enseigné
A bien parler, & sur tout à bien faire.

119.

Es jeux publics, au theatre, à la table,
Quitte ta place au vieillard & chenu ;
Quand tu seras à son aage venu ,
Tu trouueras qui fera le semblable.

120.

Cil qui
Qui trop ingrat enuers toy se demonstre ,
Va augmentant le los de ton bien fait :
Le reprocher maint homme ingrat a fait,
C'est se payer que du bien faire monstre.

121.

Boire & manger, s'exercer par mesure,
Sont de santé les outils plus certains :
L'excez en l'vn de ces trois aux humains,
Hastè la mort, & force la nature.

122.

Si quelquefois le meschant te blasonne,
Que t'en chaut-il ? helas ! c'est ton honneur :
Le blasme prend la force du donneur,
Le los est bon, quand vn bon nous le donne.

123.

Nous mélons tout, le vray parler se change,
Souuent le vice est du nom reuestu,
De la prochaine opposite vertu :
Le los est blasme, & le blasme est loüange.

124.

En bonne part ce qu'on dit tu dois prendre,
Et l'imparfait du prochain supporter,
Couurir sa faute, & ne la rapporter :
Promp à loüer, & tardif à reprendre.

Celuy

125.

Cil qui se
~~Celuy qui~~ pense & se dit estre sage,
Tien-le pour fol : & celuy qui sçauant
Se fait nommer, sonde le bien auant,
Tu trouueras que ce n'est que langage.

126.

Plus on est docte, & plus on se deffie,
D'estre sçauant, & l'homme vertueux,
Jamais n'est veu estre presomptueux ;
Voyla des fruicts de ma Philosophie.

F I N.

Alphabeth,

pour apprendre les Enfans à promptement lire & escrire.

Composé de six sortes de Caracteres, representant le naturel de la plume.

A PARIS,
De l'Imprimerie de Pierre Moreau, ruë S. Germain de l'Auxerrois, proche la Vallée de Misere.

1645.

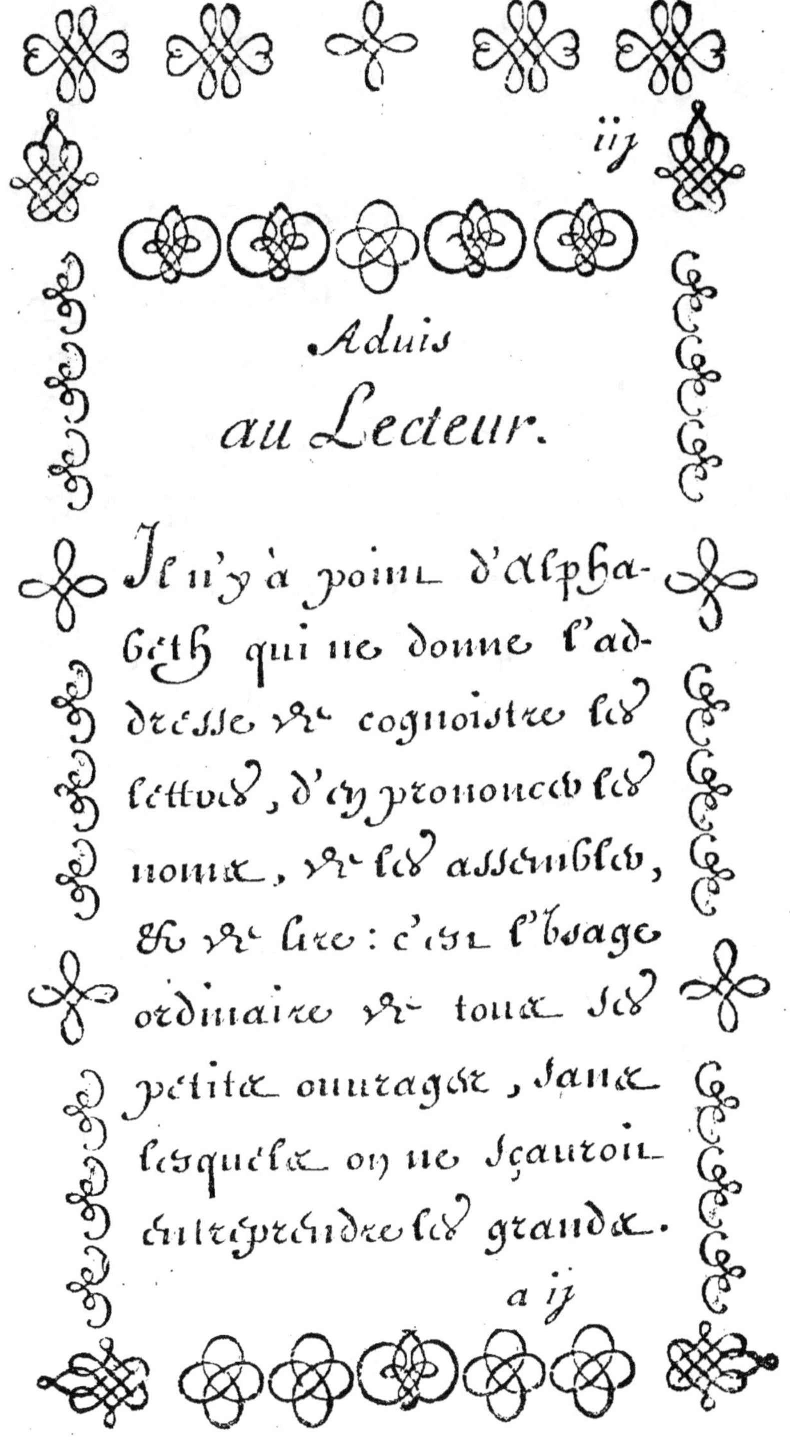

Aduis au Lecteur.

Il n'y à point d'alpha-
beth qui ne donne l'ad-
dresse de cognoistre les
lettres, d'en prononcer les
noms, de les assembler,
& de lire : c'est l'usage
ordinaire de tous les
petits ouvrages, sans
lesquels on ne sçauroit
entreprendre les grands.

a ij

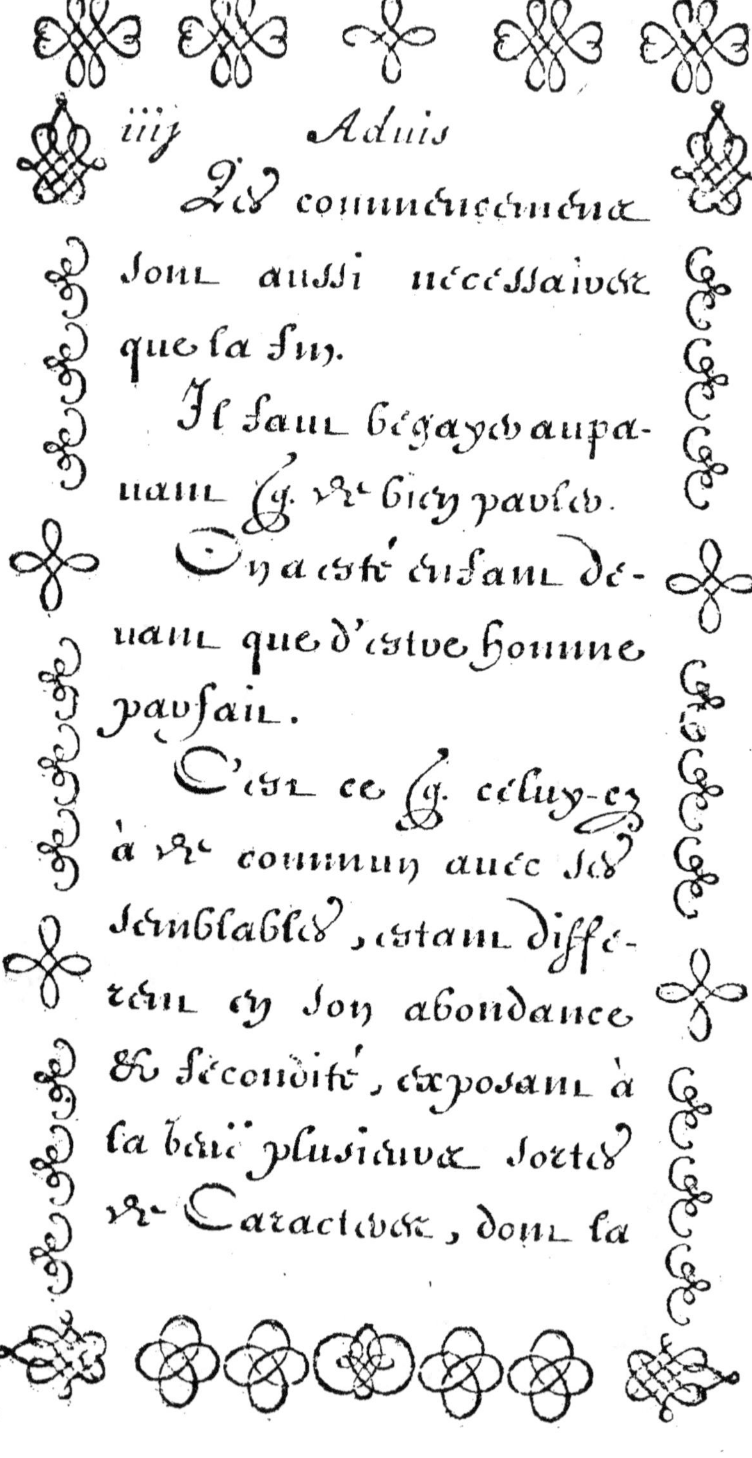

iiij   Aduis

Les comandemens
sont aussi necessaires
que la fin.

Il faut begayer aupa-
uant que de bien parler.

On a esté enfant de-
uant que d'estre homme
parfait.

C'est ce que celuy-cy
a de commun auec ses
semblables, estant diffe-
rent en son abondance
& fécondité, exposant à
la veüe plusieurs sortes
de Caractères, dont la

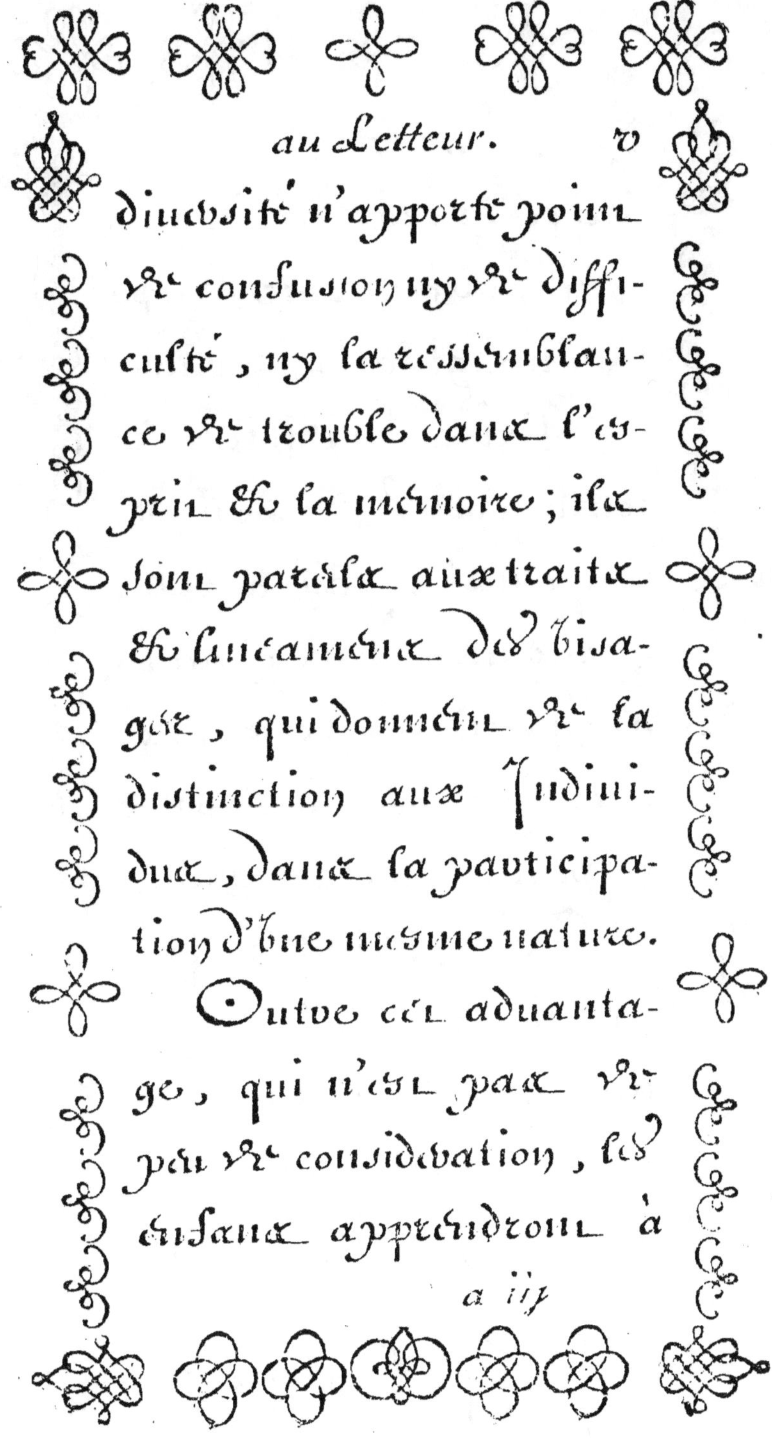

diuersité n'apporte point
ne confusion ny ne diffi-
culté, ny la ressemblan-
ce ne trouble dans l'es-
prit & la memoire ; ils
sont paralles aux traits
& lineamens des visa-
ges, qui donnent ne la
distinction aux Indiui-
dus, dans la participa-
tion d'une mesme nature.

Outre cet aduanta-
ge, qui n'est pas ne
peu ne consideration, les
enfans apprendront à

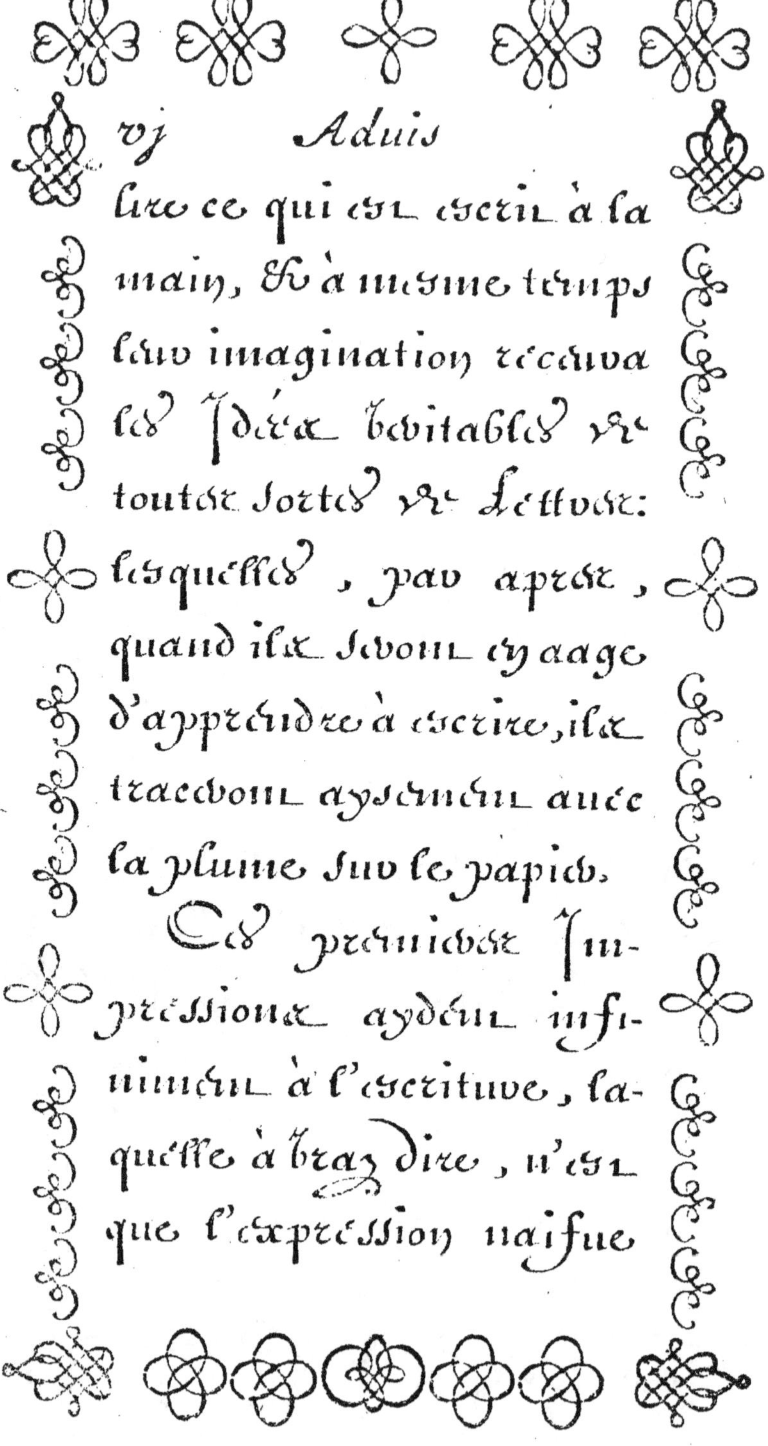

lire ce qui est escrit à la
main, & à mesme temps
leur imagination recevra
les Idées heritables de
toutes sortes de Lettres:
lesquelles, par apres,
quand ils seront en aage
d'apprendre à escrire, ils
traceront aysement auec
la plume sur le papier.

Ces premieres Im-
pressions aydent infi-
niment à l'escriture, la-
quelle à bray dire, n'est
que l'expression naifue

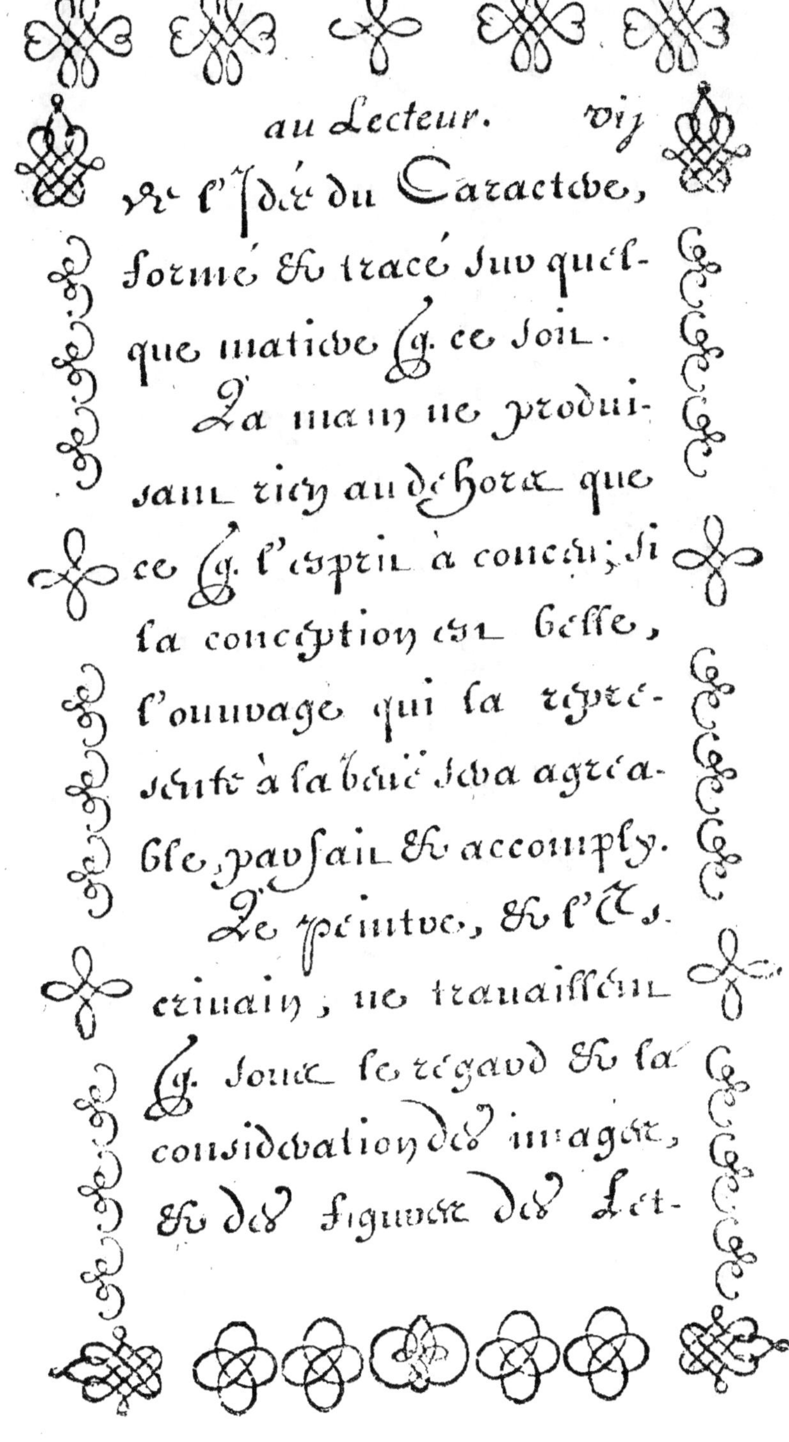

de l'Idée du Caractere,
formé & tracé sur quel-
que matiere (q. ce soit.

La main ne produi-
sant rien au dehors que
ce (q. l'esprit a conceu; si
la conception est belle,
l'ouvrage qui la repre-
sente à la veüe sera agreable, parfait & accomply.

Le peintre, & l'Es-
crivain, ne trauaillent
(q. sous le regard & la
consideration des images,
& des figures des Let-

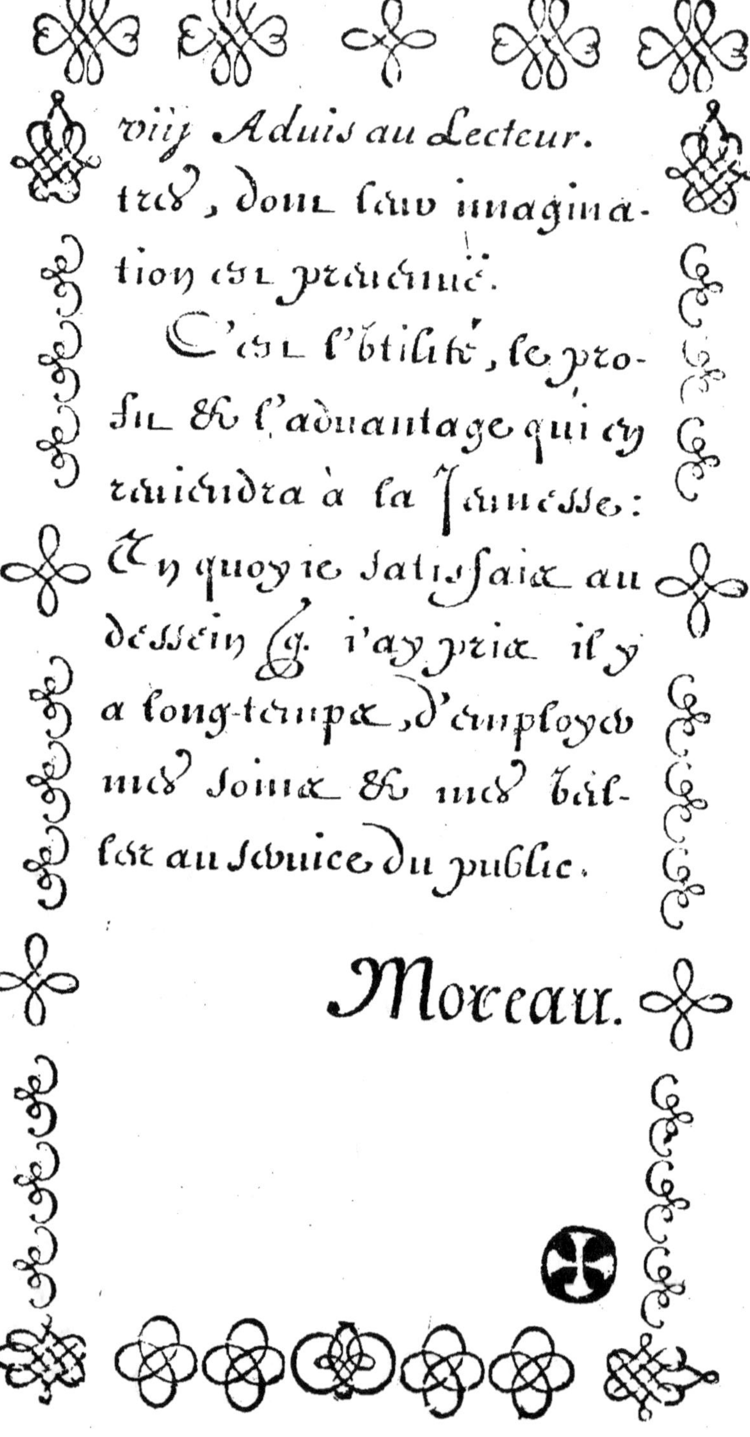

viij Aduis au Lecteur.
tres, dont leur imagina-
tion est preuenuë.
C'est l'vtilité, le pro-
fit & l'aduantage qui en
reuiendra à la Jeunesse:
En quoy ie satisfaix au
dessein (g. i'ay pris il y
a long-temps, d'employer
mes soins & mes bail-
les au seruice du public.

Moreau.

A, a, b, c,
d, e, f, g, g,
h, i, l, m, n, o,
p, q, r, ſ, s,
t, u, v, x, y,
y, z, &, et,
A

Alphabeth.

Lettres Capitalles

A, B, C, D,
E, F, G, H,
I, L, M, N,
O, P, Q, R,
S, T, V, X,
Y, Z.

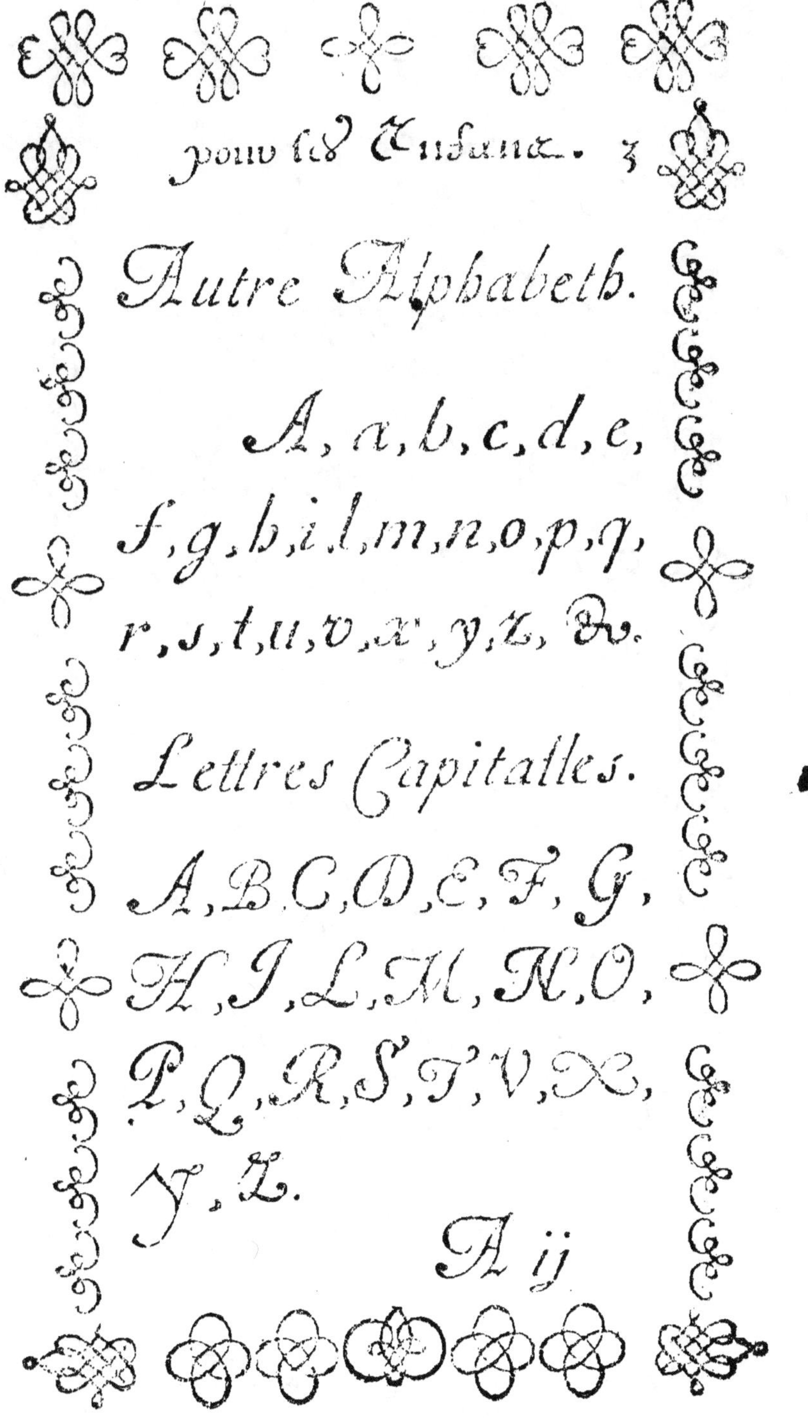

pour les Enfans. 3

Autre Alphabet.

A, a, b, c, d, e,
f, g, h, i, l, m, n, o, p, q,
r, s, t, u, v, x, y, z, &.

Lettres Capitalles.

A, B, C, D, E, F, G,
H, I, L, M, N, O,
P, Q, R, S, T, V, X,
Y, Z.

A ij

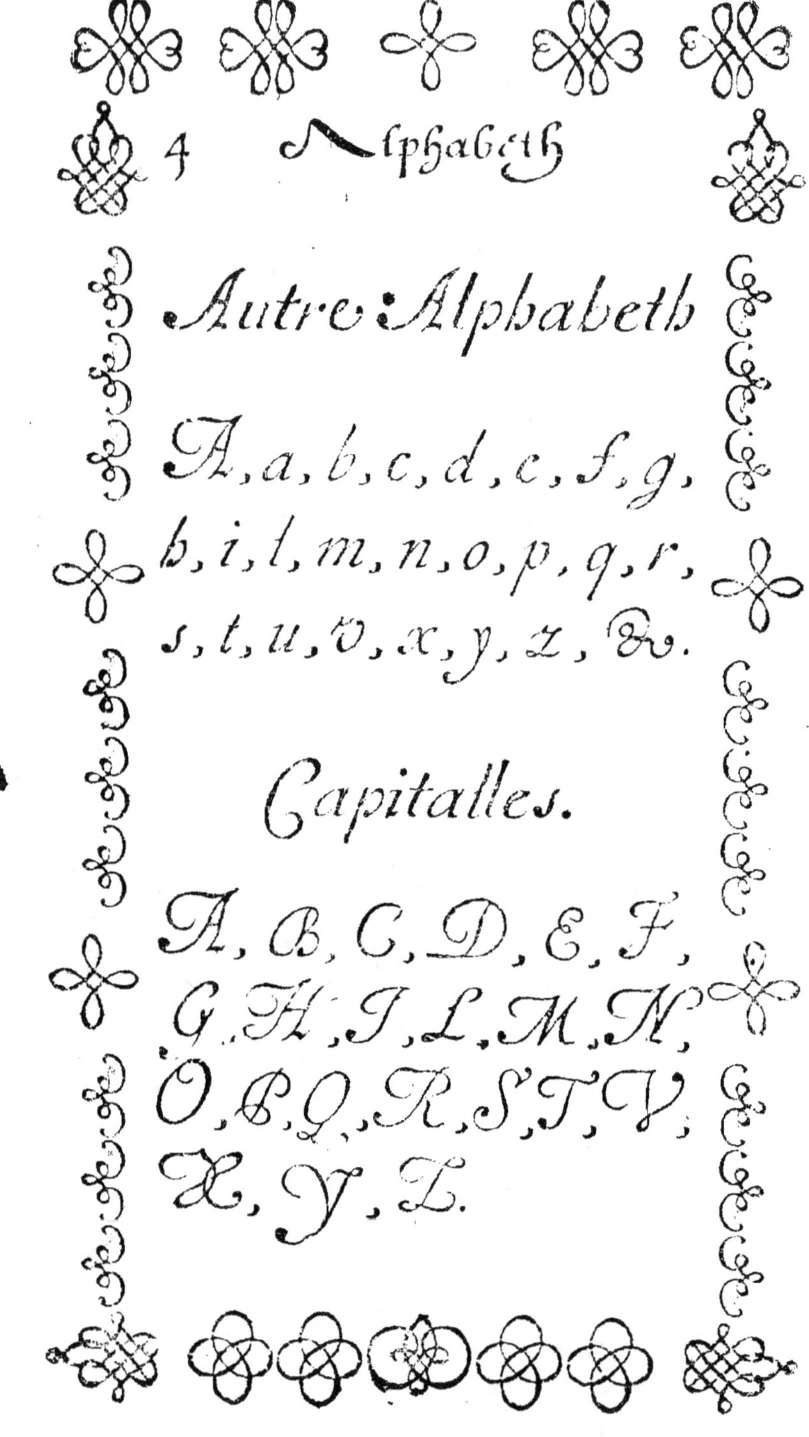
Autre Alphabeth
A, a, b, c, d, e, f, g,
h, i, l, m, n, o, p, q, r,
s, t, u, v, x, y, z, &.
Capitalles.
A, B, C, D, E, F,
G, H, I, L, M, N,
O, P, Q, R, S, T, V,
X, Y, Z.

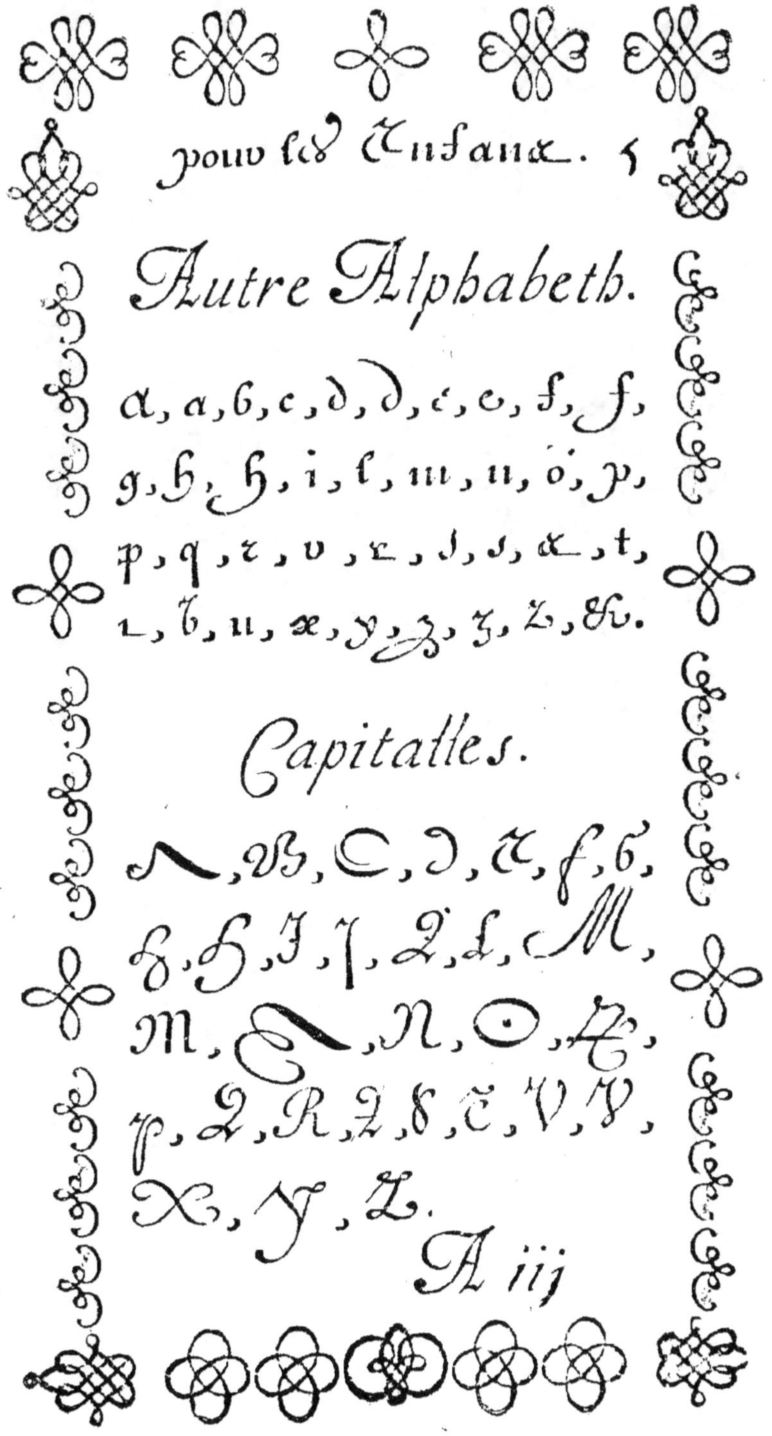

pouv leś Enfans. 5

Autre Alphabeth.

a, a, b, c, d, d, c, e, f, f,
g, h, h, i, l, m, n, o, p,
p, q, r, v, r, s, s, x, t,
t, b, u, x, y, z, z, z, &.

Capitalles.

A, B, C, D, E, F, G,
G, H, I, J, L, L, M,
M, N, N, O, P,
P, Q, R, S, T, V, V,
X, Y, Z.

A iij

6 Alphabeth

Autre Alphabeth.

A, a, b, c, d, e, f,
g, h, i, k, l, m, n, o,
p, q, r, s, t, u,
x, y, z.

Capitalles.

A, B, C, D, E,
F, G, H, I, L, M,
N, O, P, Q, R, S, T,
V, X, Y, Z.

Autre Alphabeth.

A, a, b, c, d, e, f, g, h, i, l,
m, n, o, p, q, r, s, t, v, u, x,
y, z, &c.

Capitalles.

A, B, C, D, E, F, G, H, I,
L, M, N, O, P, Q, R, S,
T, V, X, Y, Z.

Les Syllabes.

Ba, be, bi, bo, bu.
Ca, ce, ci, co, cu.
Da, de, di, do, du.

A iiij

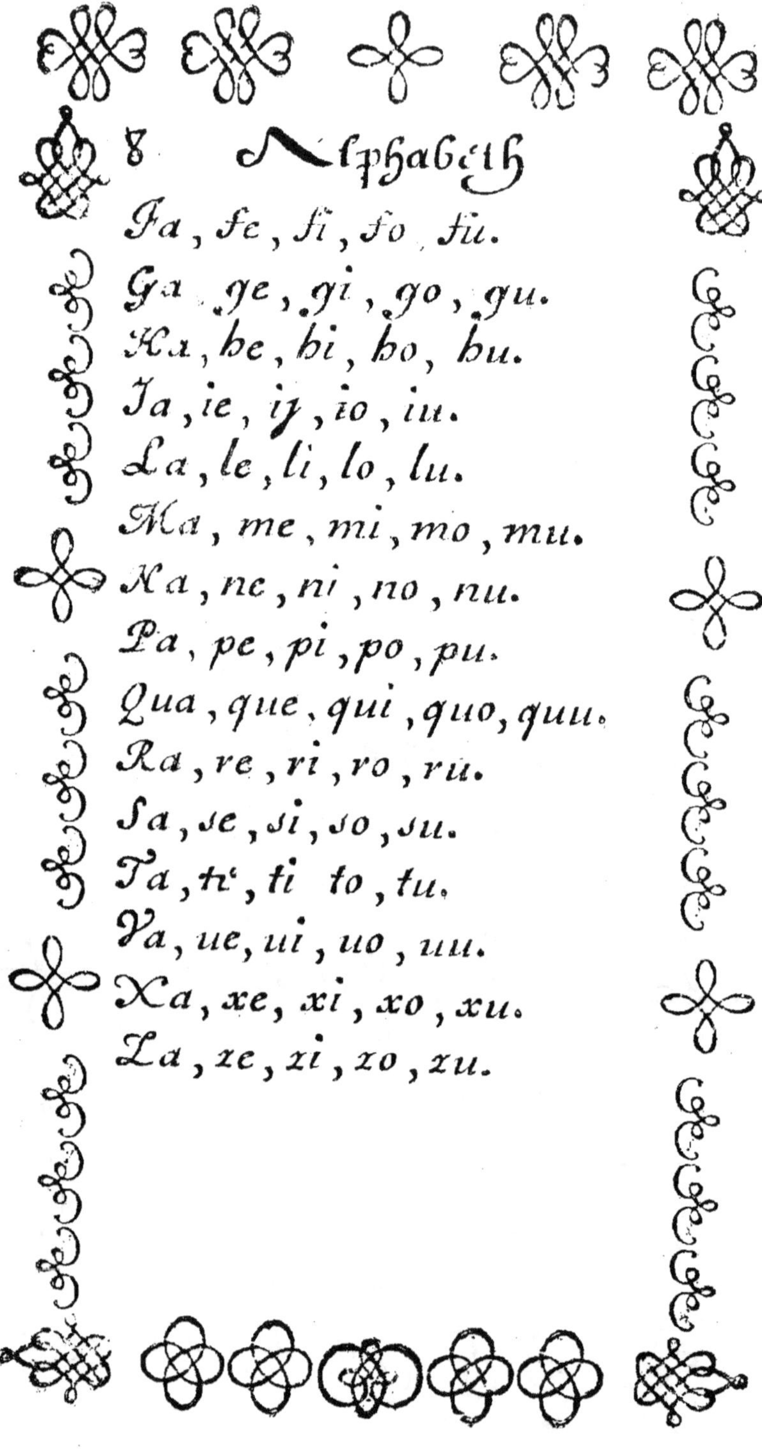

Alphabeth

Fa, fe, fi, fo, fu.
Ga, ge, gi, go, gu.
Ha, he, hi, ho, hu.
Ja, ie, ij, io, iu.
La, le, li, lo, lu.
Ma, me, mi, mo, mu.
Na, ne, ni, no, nu.
Pa, pe, pi, po, pu.
Qua, que, qui, quo, quu.
Ra, re, ri, ro, ru.
Sa, se, si, so, su.
Ta, te, ti, to, tu.
Va, ue, ui, uo, uu.
Xa, xe, xi, xo, xu.
Za, ze, zi, zo, zu.

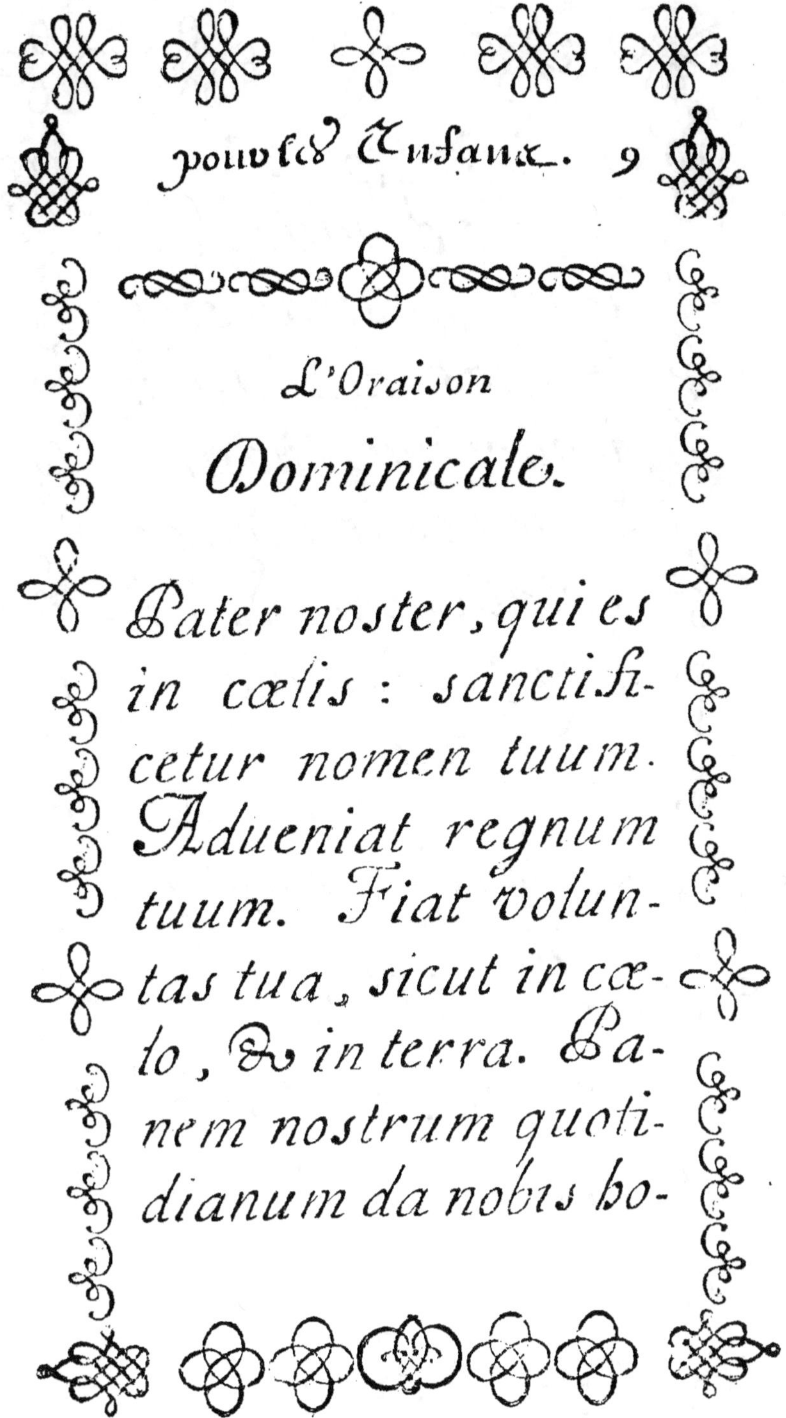

L'Oraison
Dominicale.

Pater noster, qui es in cælis : sanctificetur nomen tuum. Adueniat regnum tuum. Fiat voluntas tua, sicut in cælo, & in terra. Panem nostrum quotidianum da nobis ho-

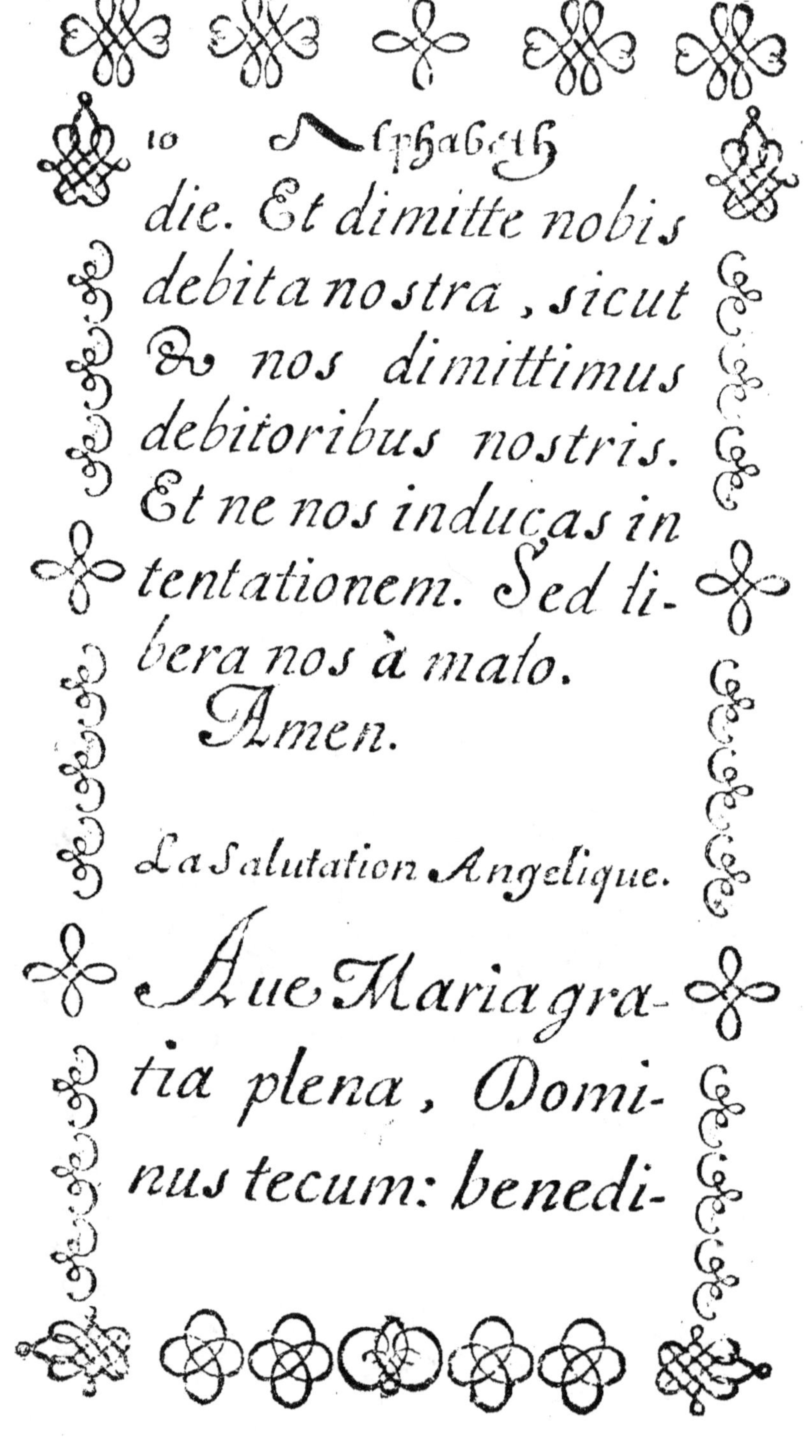

die. Et dimitte nobis
debita nostra, sicut
& nos dimittimus
debitoribus nostris.
Et ne nos inducas in
tentationem. Sed li-
bera nos à malo.
Amen.

La Salutation Angelique.

Aue Maria gra-
tia plena, Domi-
nus tecum: benedi-

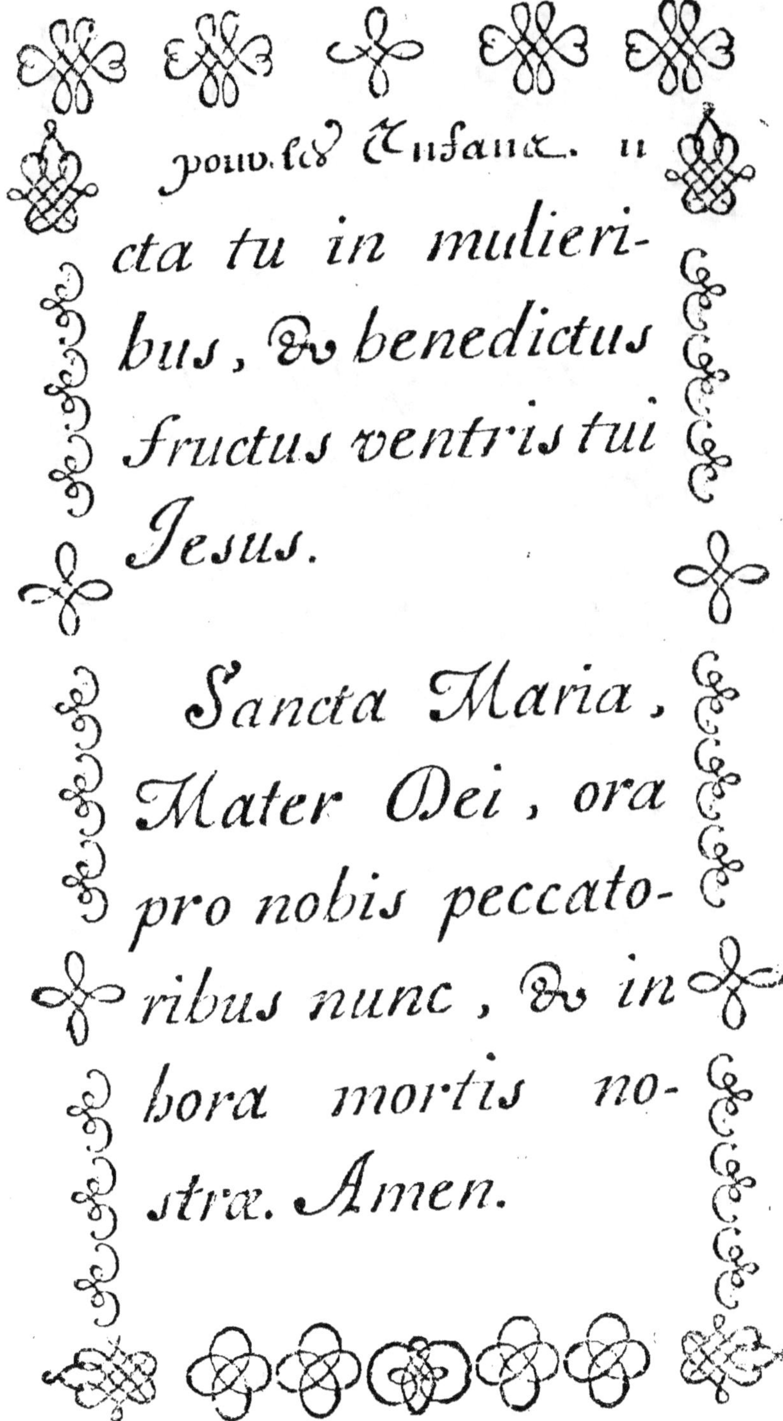

cta tu in mulieri-
bus, & benedictus
fructus ventris tui
Jesus.

Sancta Maria,
Mater Dei, ora
pro nobis peccato-
ribus nunc, & in
hora mortis no-
stræ. Amen.

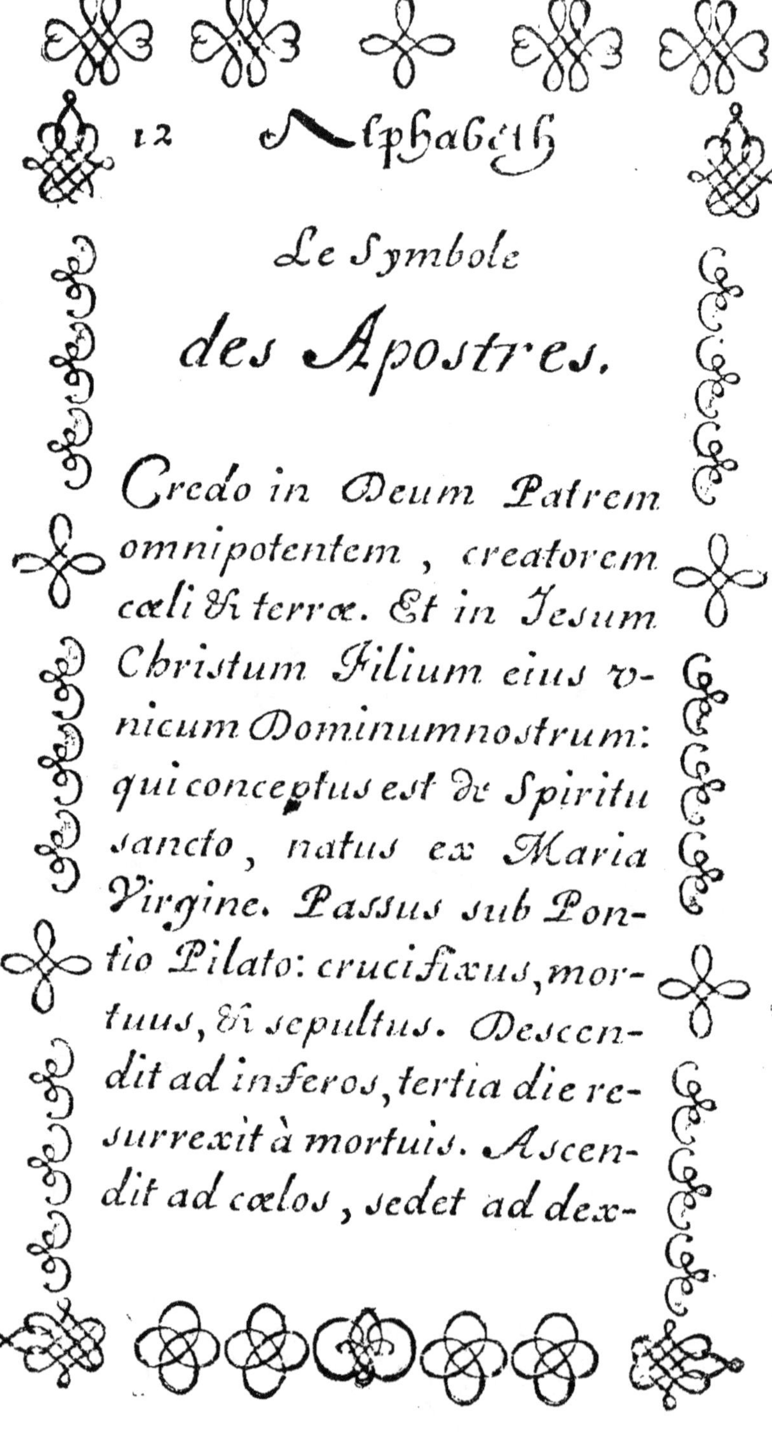

Le Symbole

des Apostres.

Credo in Deum Patrem omnipotentem, creatorem cœli & terræ. Et in Iesum Christum Filium eius vnicum Dominum nostrum: qui conceptus est de Spiritu sancto, natus ex Maria Virgine. Passus sub Pontio Pilato: crucifixus, mortuus, & sepultus. Descendit ad inferos, tertia die resurrexit à mortuis. Ascendit ad cœlos, sedet ad dex-

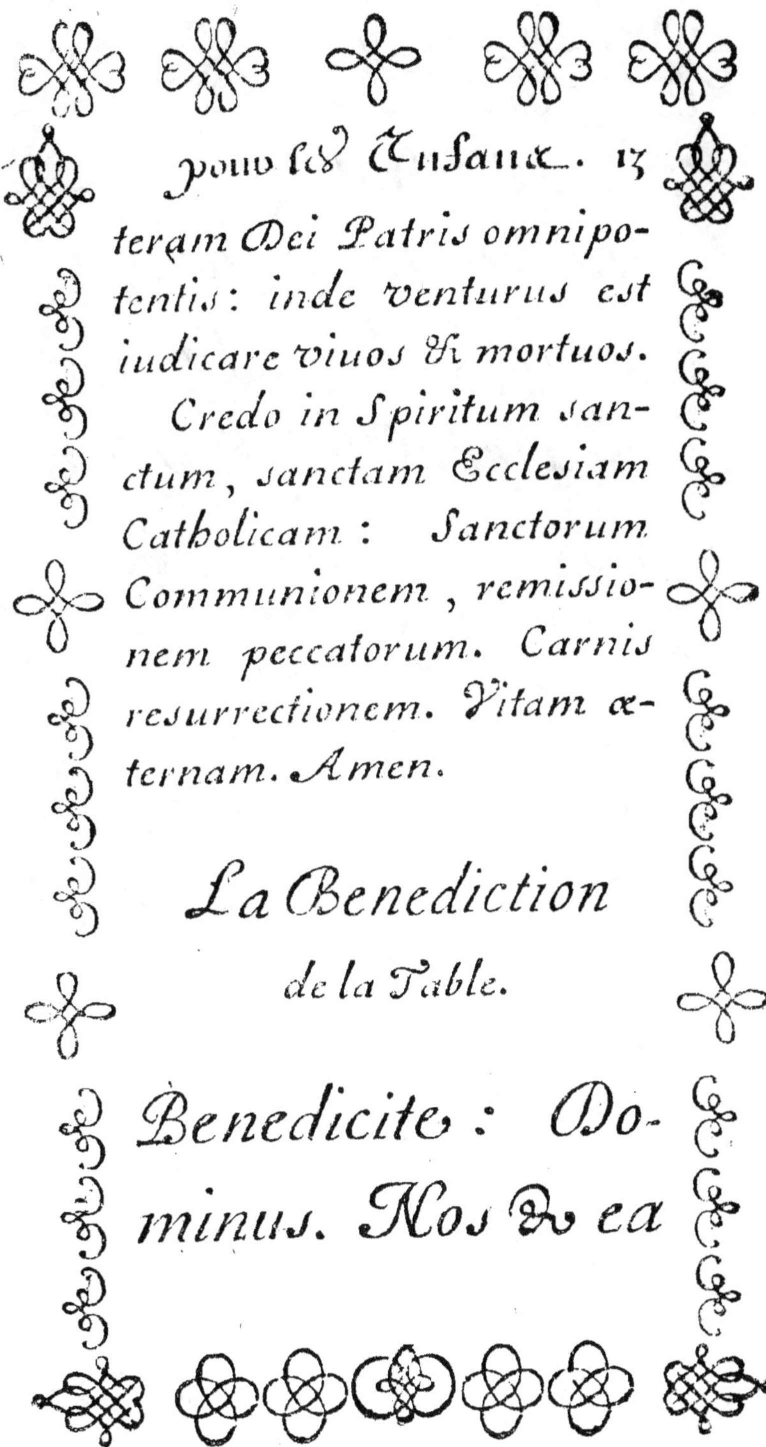

teram Dei Patris omnipo-
tentis : inde venturus est
iudicare viuos & mortuos.
Credo in Spiritum san-
ctum, sanctam Ecclesiam
Catholicam : Sanctorum
Communionem , remissio-
nem peccatorum. Carnis
resurrectionem. Vitam æ-
ternam. Amen.

La Benediction
de la Table.

Benedicite : Do-
minus. Nos & ea

quæsumus sumpturi, benedicat dextera Christi. In nomine Patris, & Filij, & Spiritus sancti. Amen.

Les Graces apres le repas.

Agimus tibi gratias, Rex omnipotens Deus, pro vni-

uersis beneficis tuis.
Qui viuis, & re-
gnas Deus : Per
omnia sæcula sæ-
culorum. Amen.

Benedicamus Do-
mino. Deo gratias.
Animæ omnium
fidelium deffuncto-
rum, per misericor-
diam Dei sine fine,
requiescant in pace.
Amen.

Et nos viuamus,

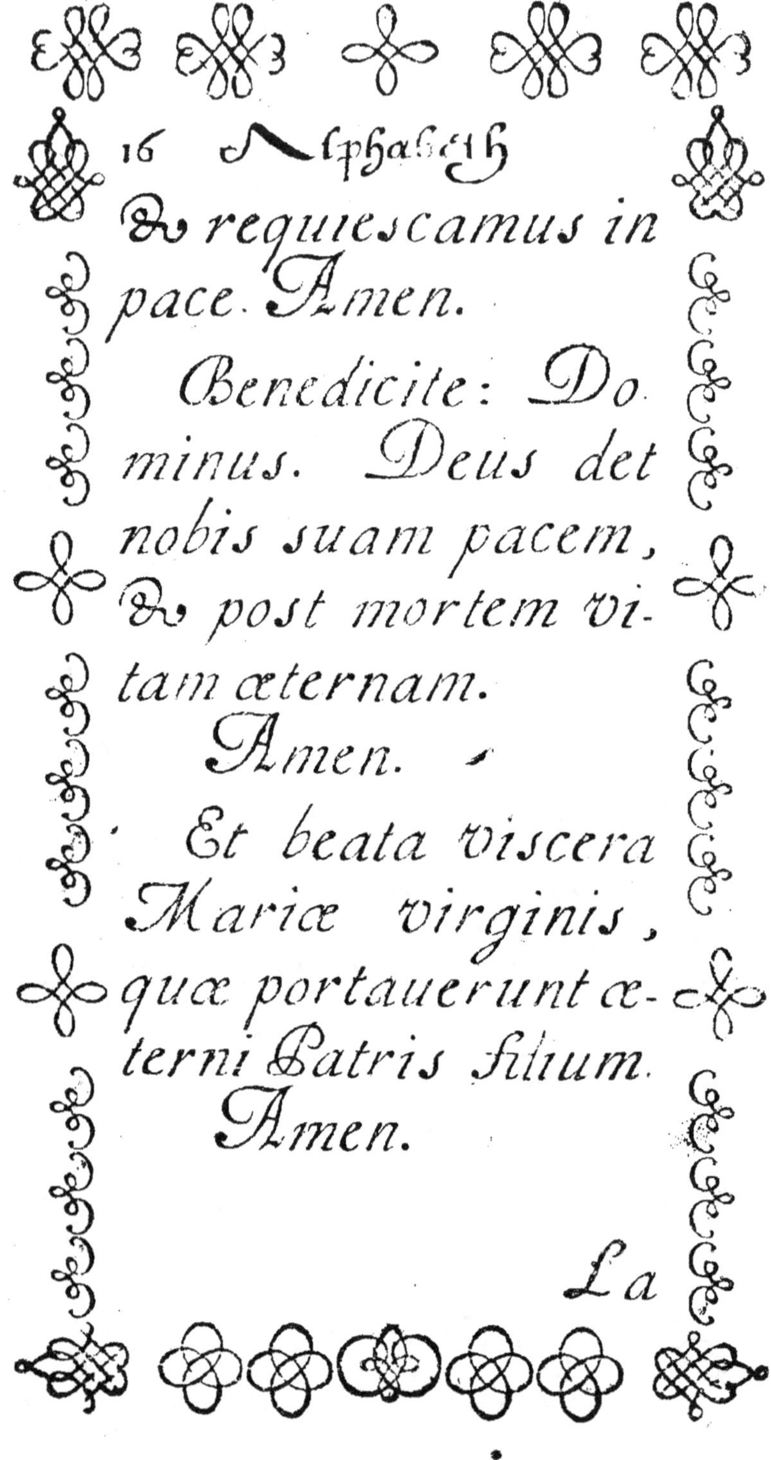

16 Alphabeth
& requiescamus in pace. Amen.
Benedicite: Dominus. Deus det nobis suam pacem, & post mortem vitam æternam. Amen.
Et beata viscera Mariæ virginis, quæ portauerunt æterni Patris filium. Amen.
La

La Confession.

Confiteor Deo omnipoten-
ti beatæ Mariæ semper Virgini, beato Michaëli Ar-
changelo, beato Ioanni Baptistæ, sanctis Apostolis
Petro, & Paulo, & omni-
bus Sanctis: quia peccaui
nimis cogitatione verbo, &
opere: Mea culpa, mea
culpa, mea maxima culpa.
Ideò precor beatam Ma-
riam semper Virginem,
beatum Michaëlem Ar-
changelum, beatum Ioan-
nem Baptistam, sanctos

B

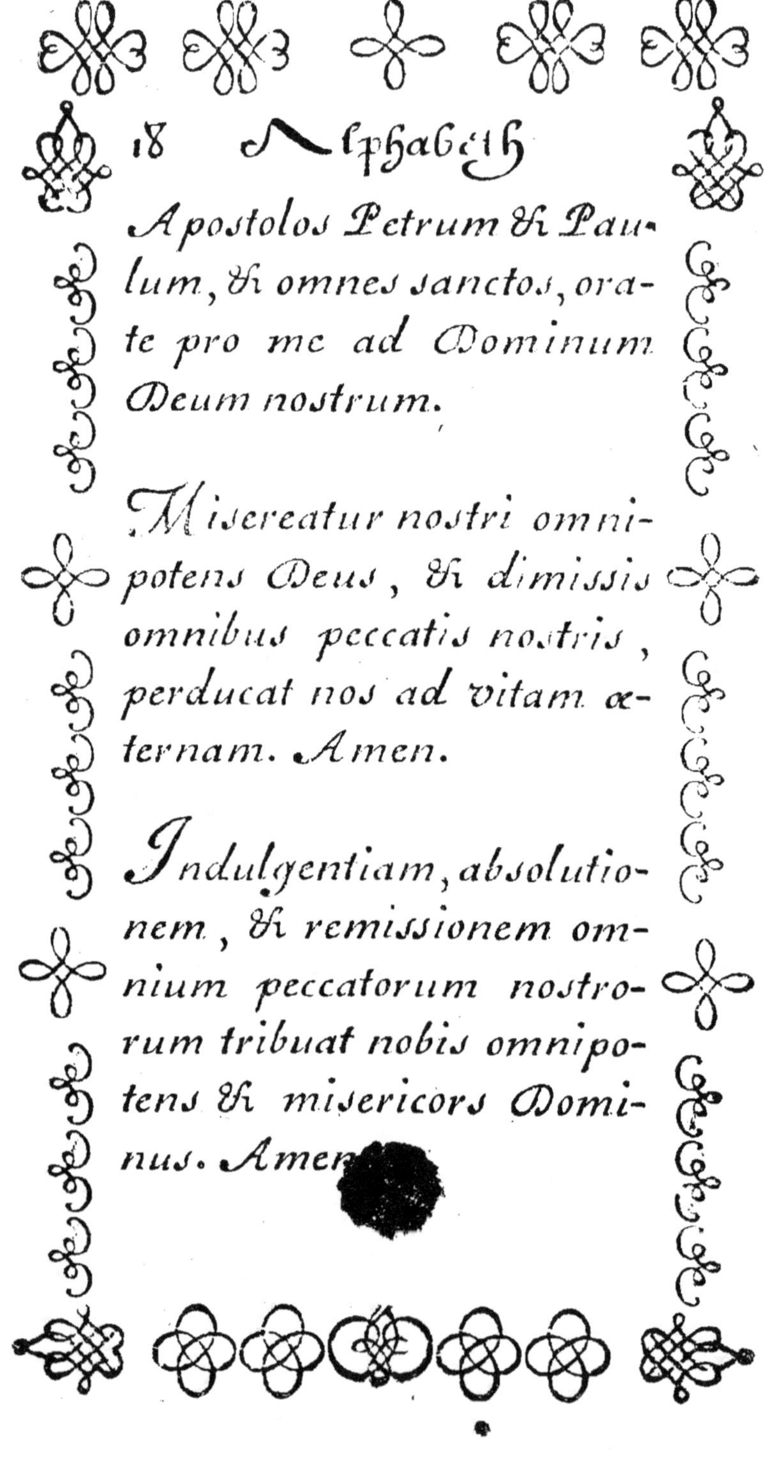

Apostolos Petrum & Pau-
lum, & omnes sanctos, ora-
te pro me ad Dominum
Deum nostrum.

Misereatur nostri omni-
potens Deus, & dimissis
omnibus peccatis nostris,
perducat nos ad vitam æ-
ternam. Amen.

Indulgentiam, absolutio-
nem, & remissionem om-
nium peccatorum nostro-
rum tribuat nobis omnipo-
tens & misericors Domi-
nus. Amen

Les dix
Commandemens
de Dieu.

Un seul Dieu tu adore-
ras,

Et aymeras parfaite-
ment. ——

Dieu en vain ne jure-
ras,

N'autre chose pareille-
ment. ——

Le Dimanche tu gar-
deras,

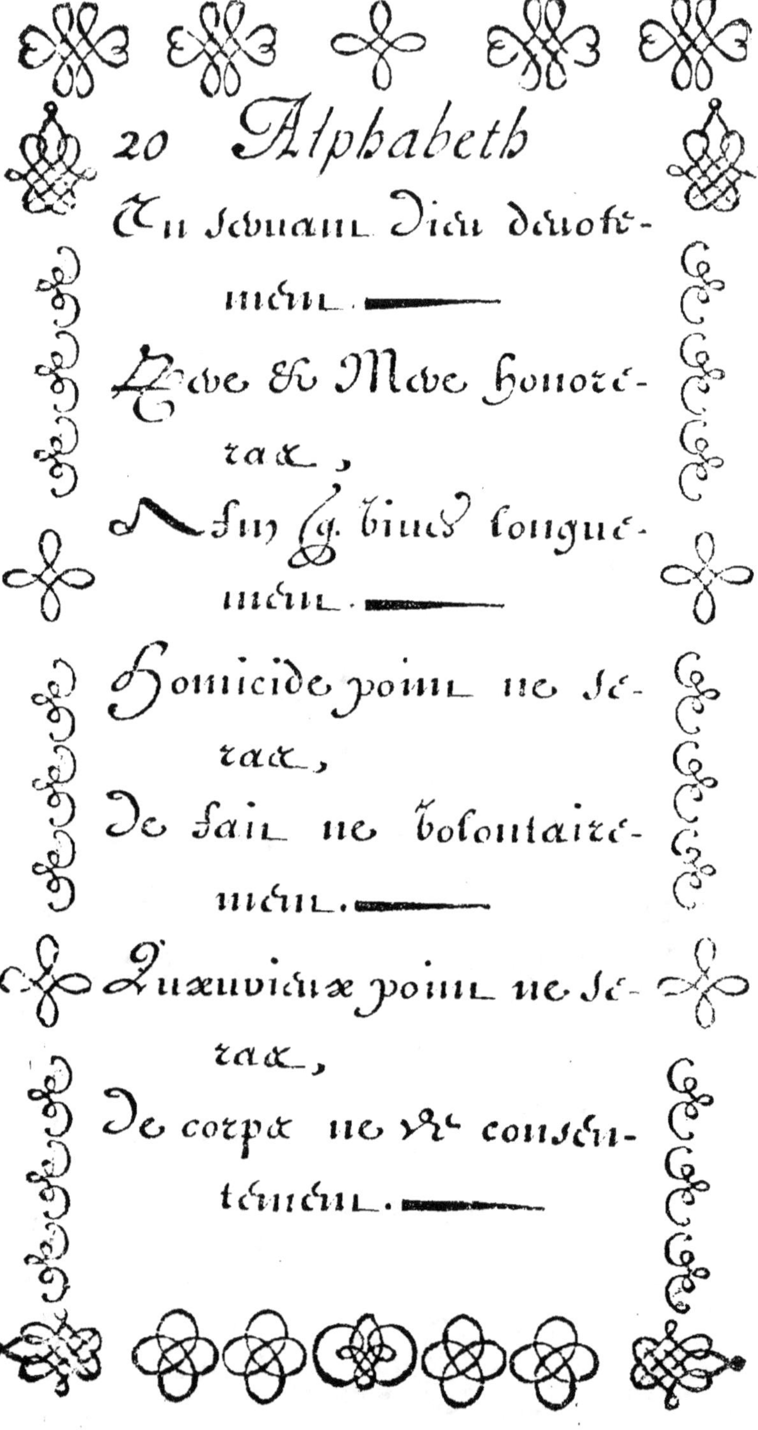

20 Alphabeth
En seruant Dieu deuote-
ment.
Père & Mère honore-
ras,
Afin que viues longue-
ment.
Homicide point ne se-
ras,
De fait ne volontaire-
ment.
Luxurieux point ne se-
ras,
De corps ne ... consen-
tement.

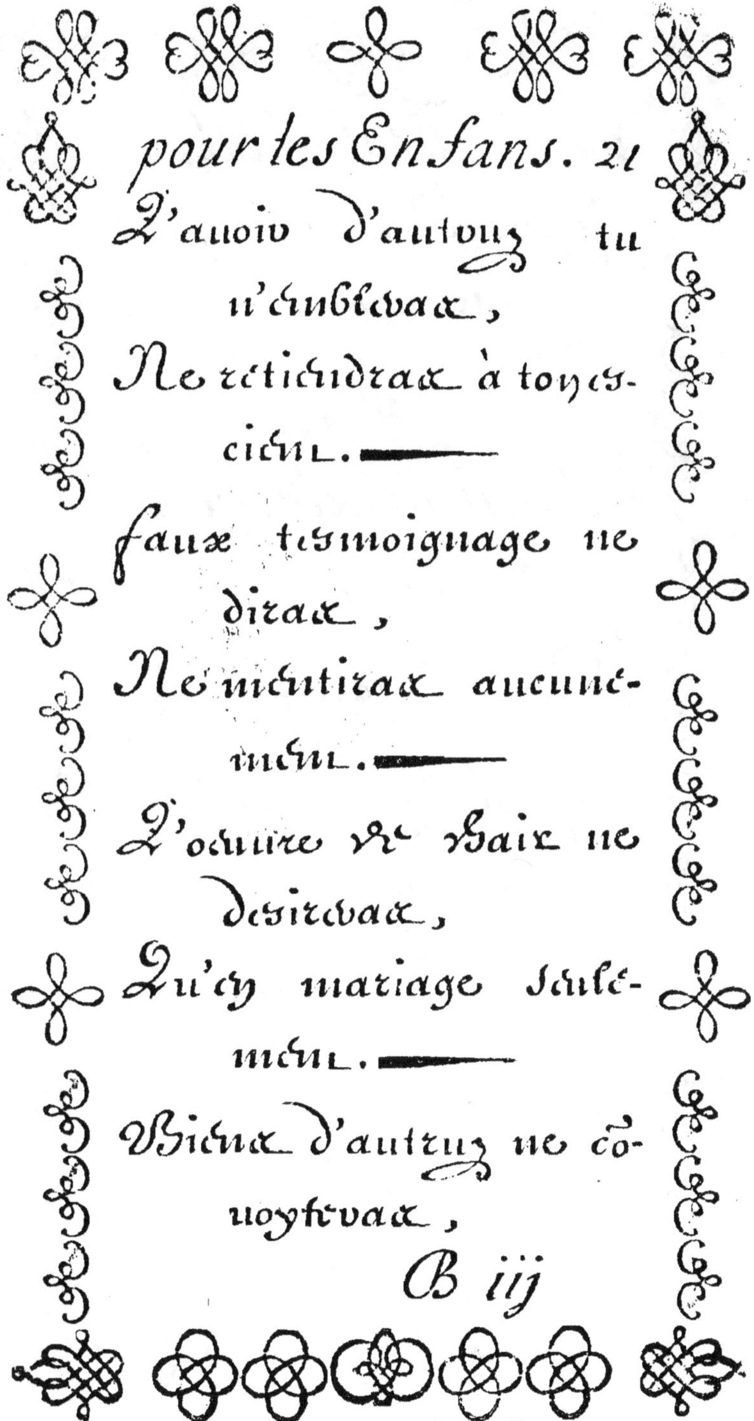

D'avoir d'autruy tu
n'enbleras,
Ne retiendras à ton es-
cient.

Faux tesmoignage ne
diras,
Ne mentiras aucune-
ment.

D'œuvre ne Haïr ne
desireras,
Qu'en mariage seule-
ment.

Biens d'autruy ne co-
nuoyteras,

B iij

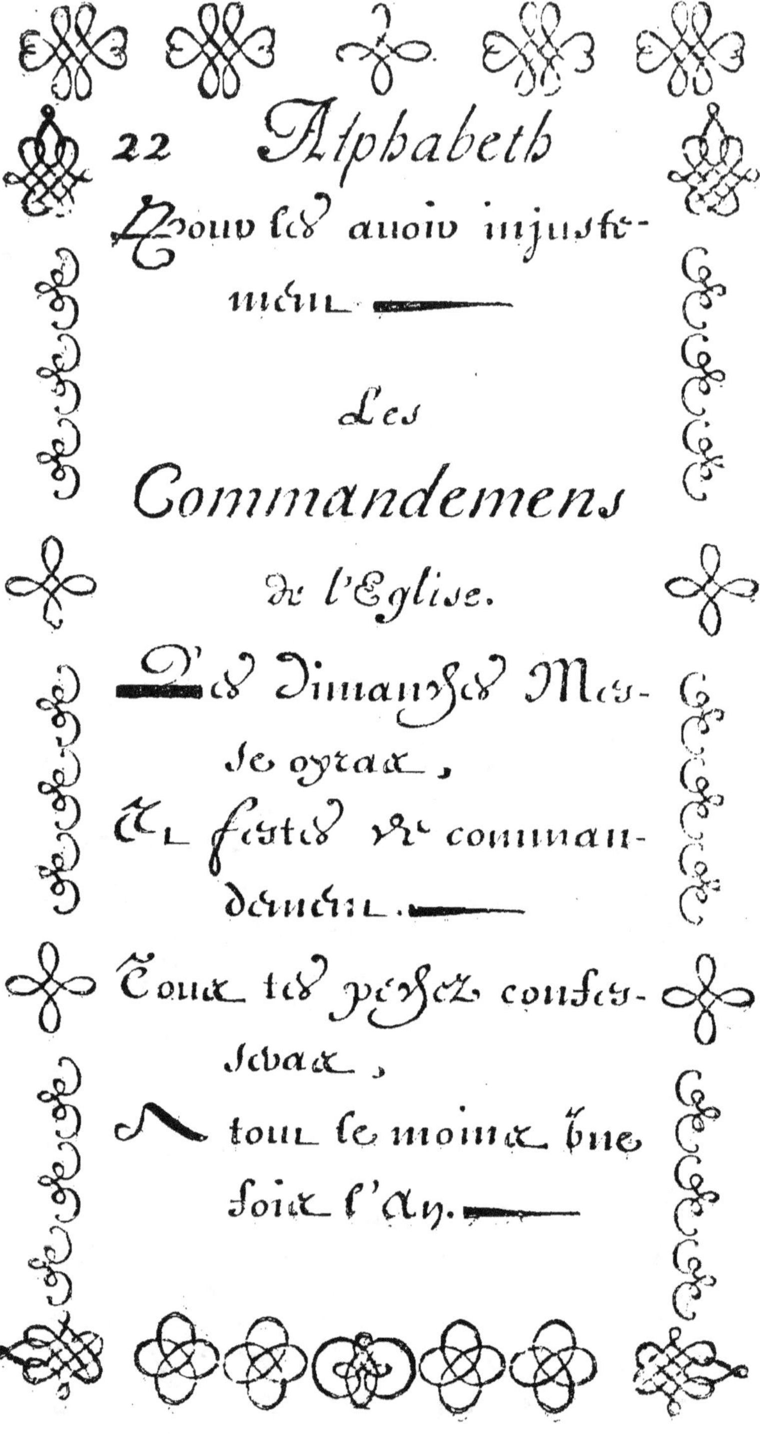

pour les avoir injuste-
ment

Les

Commandemens

de l'Eglise.

Les Dimanches Mes-
se oyras,

Et festes de comman-
dement.

Tous tes péchez confes-
seras,

tout le moins une
fois l'An.

Et ton Créateur rece-
uras,
Au moins à Pas-
ques humblement.
Quatre-temps, bigiles
jeusneras,
Et le Caresme entière-
ment. ———

Oraison
pour dire le matin.

Domine Deus omnipo-
tens, qui ad principium
huius diei nos peruenire
fecisti, tua nos hodie salua

B iiij

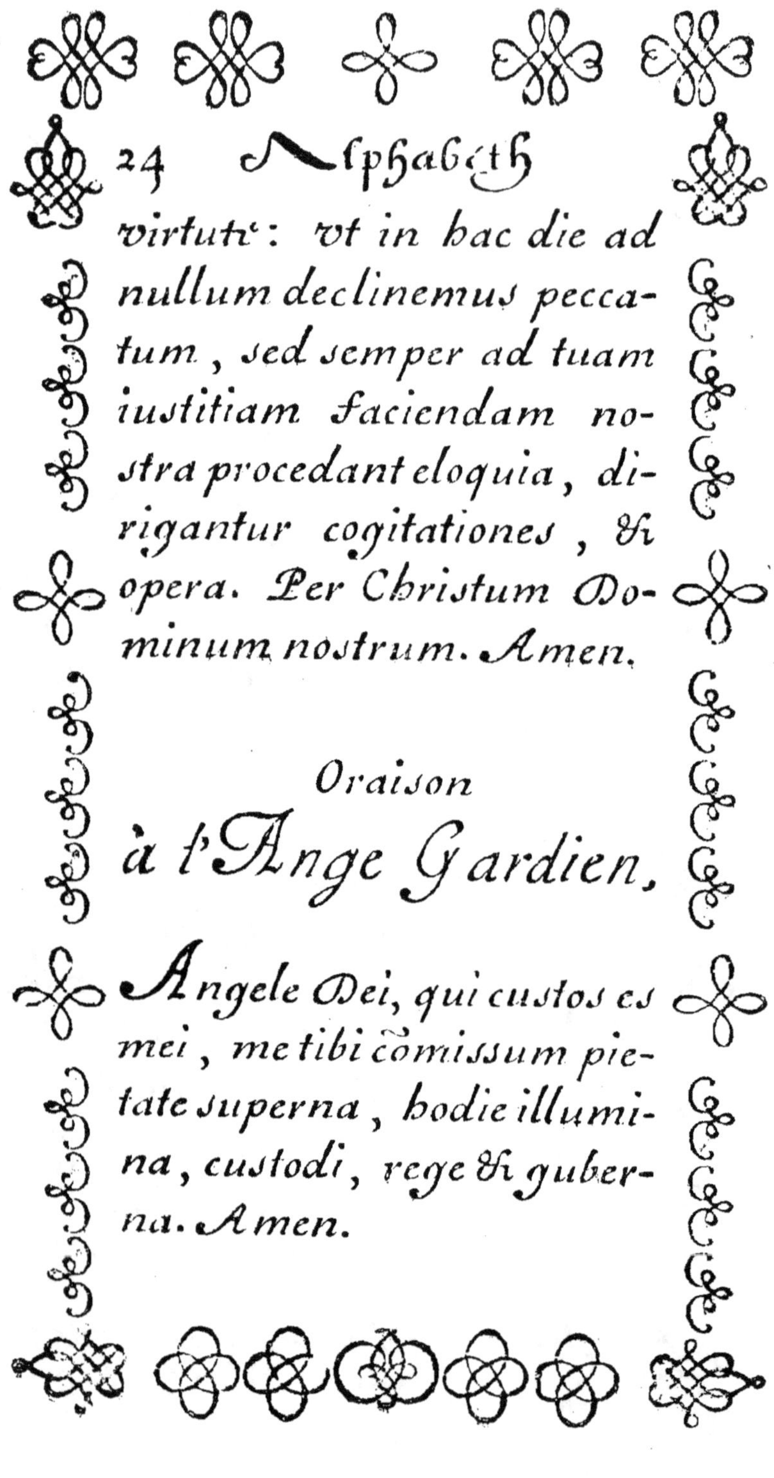

virtuti: vt in hac die ad
nullum declinemus pecca-
tum, sed semper ad tuam
iustitiam faciendam no-
stra procedant eloquia, di-
rigantur cogitationes, &
opera. Per Christum Do-
minum nostrum. Amen.

Oraison
à l'Ange Gardien,

Angele Dei, qui custos es
mei, me tibi cõmissum pietate superna, hodie illumi-
na, custodi, rege & guberna. Amen.

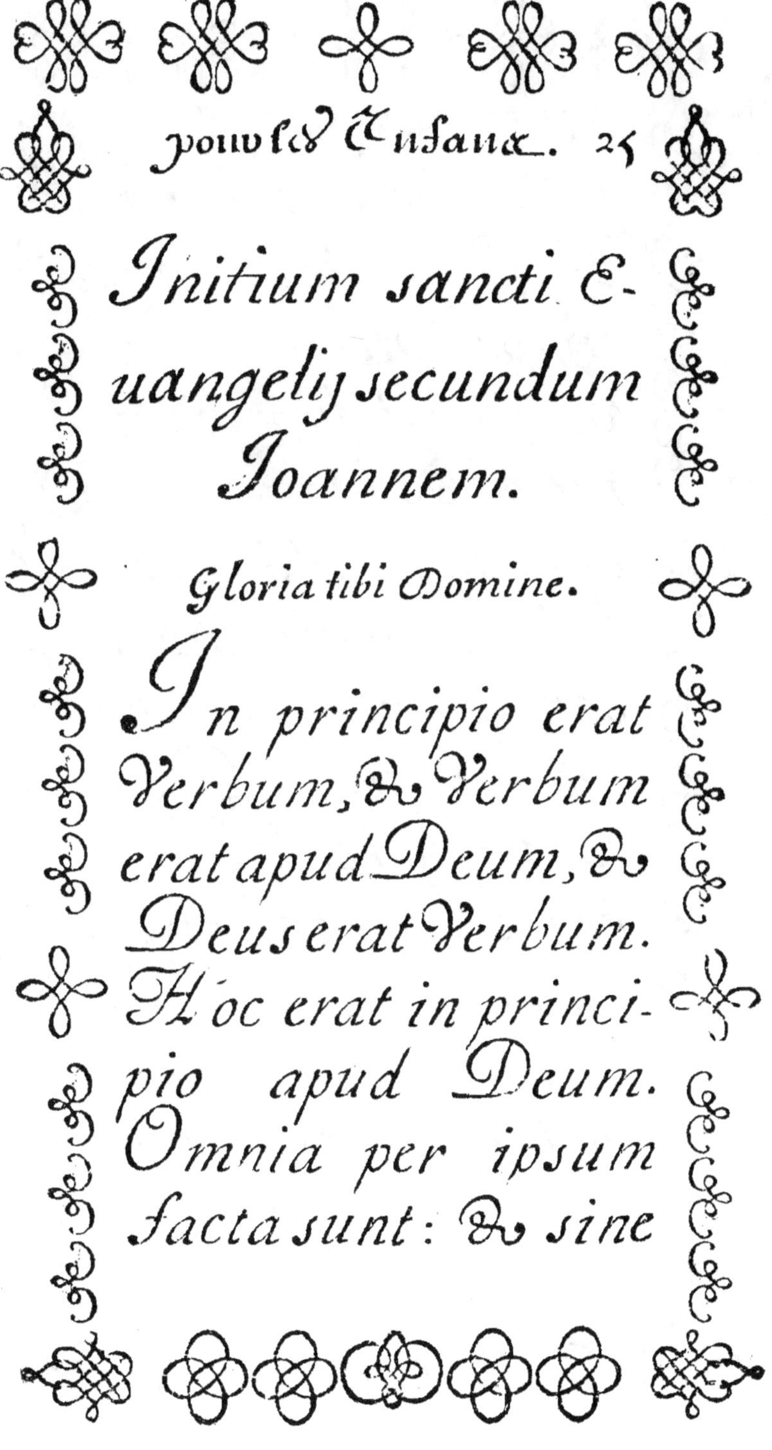

Initium sancti E-
uangelij secundum
Ioannem.

Gloria tibi Domine.

In principio erat
Verbum, & Verbum
erat apud Deum, &
Deus erat Verbum.
Hoc erat in princi-
pio apud Deum.
Omnia per ipsum
facta sunt: & sine

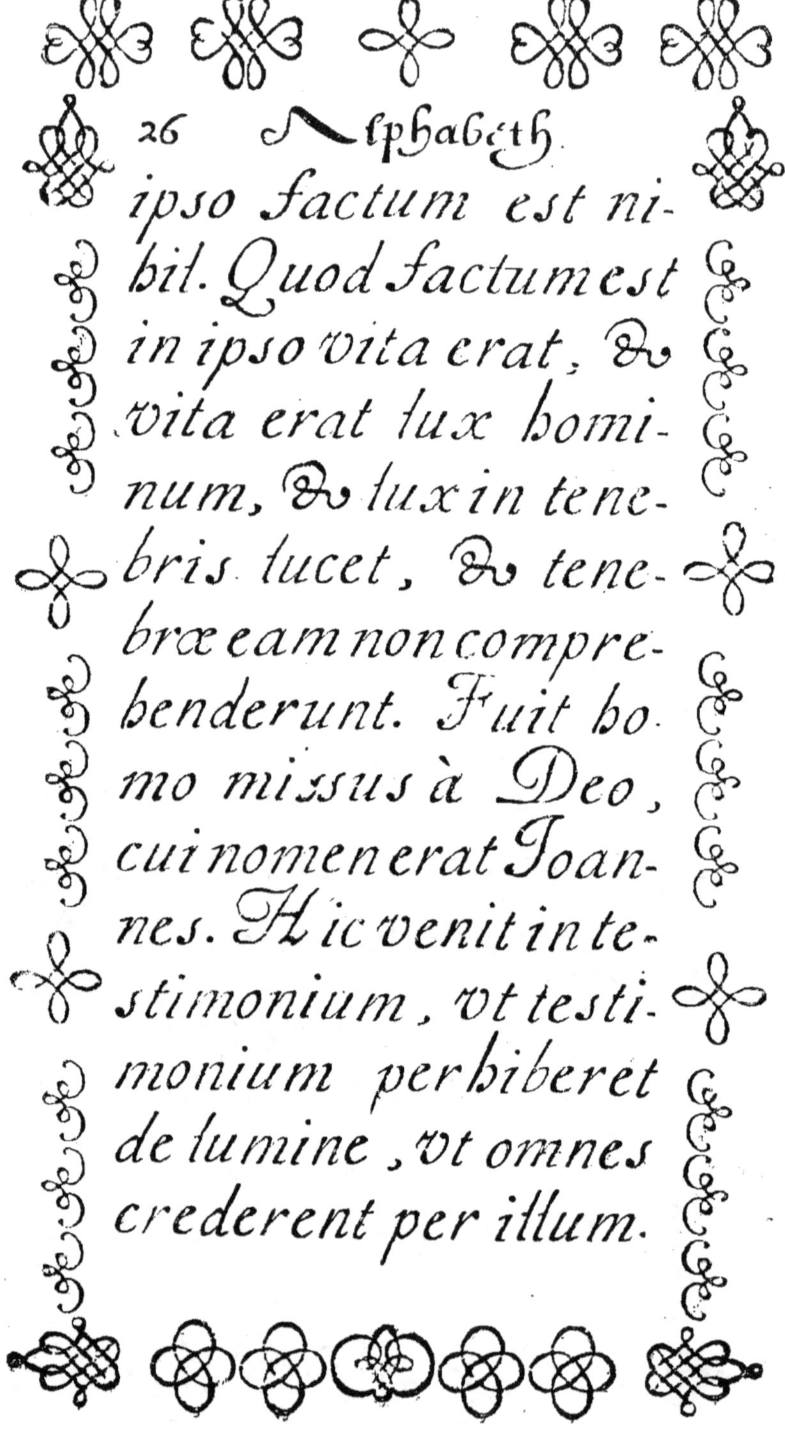

26   Alphabeth.
ipso factum est ni-
hil. Quod factum est
in ipso vita erat, &
vita erat lux homi-
num, & lux in tene-
bris lucet, & tene-
bræ eam non compre-
henderunt. Fuit ho-
mo missus à Deo,
cui nomen erat Joan-
nes. Hic venit in te-
stimonium, vt testi-
monium perhiberet
de lumine, vt omnes
crederent per illum.

Non erat ille lux,
sed vt testimonium
perhiberet de lumi-
ne. Erat lux vera
quæ illuminat om-
nem homine venien-
tem in hunc mun-
dum. In mundo e-
rat & mundus per
ipsum factus est,
& mundus eum non
cognouit. In pro-
pria venit, & sui
eum non receperunt.
Quotquot autem re-

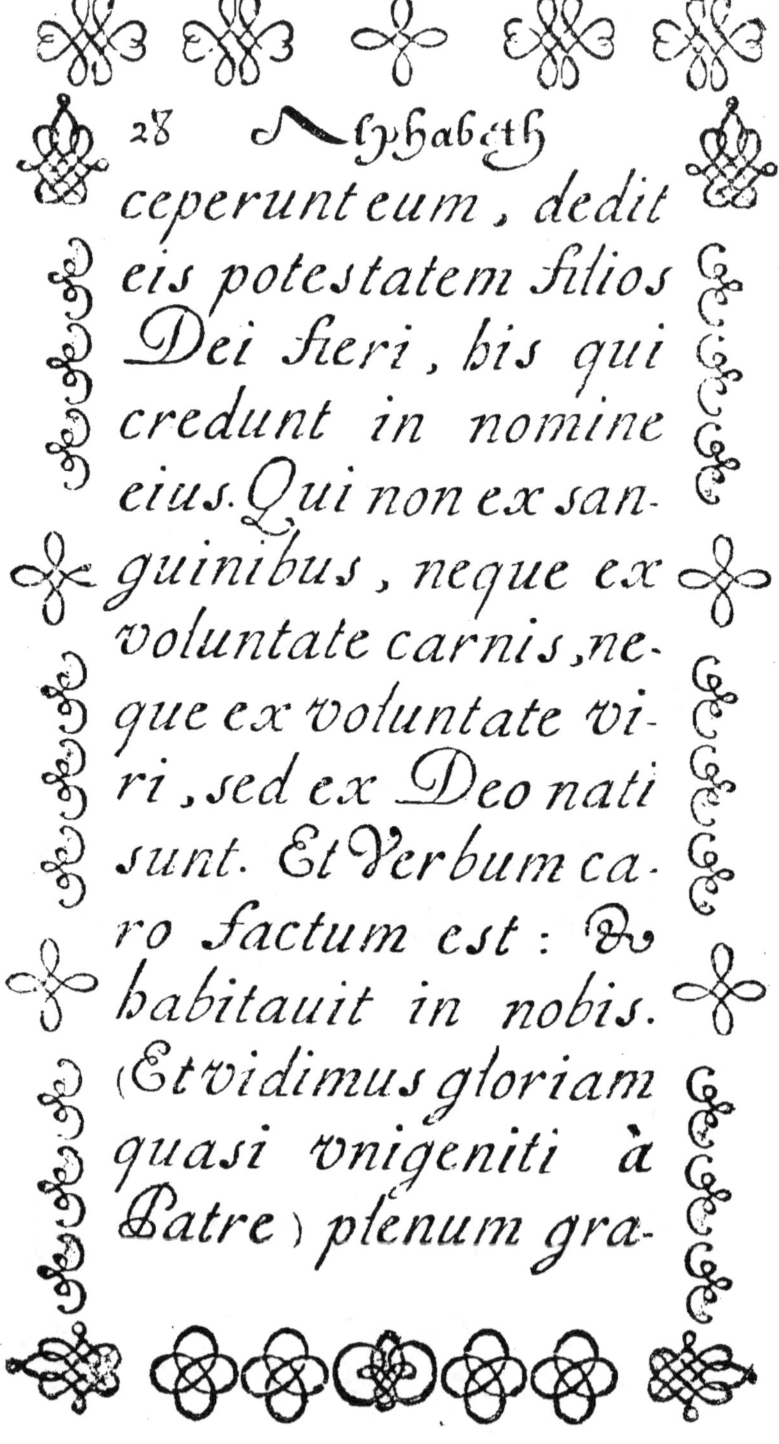

28 lyhabeth
ceperunt eum, dedit
eis potestatem filios
Dei fieri, his qui
credunt in nomine
eius. Qui non ex san-
guinibus, neque ex
voluntate carnis, ne-
que ex voluntate vi-
ri, sed ex Deo nati
sunt. Et Verbum ca-
ro factum est: &
habitauit in nobis.
(Et vidimus gloriam
quasi vnigeniti à
Patre) plenum gra-

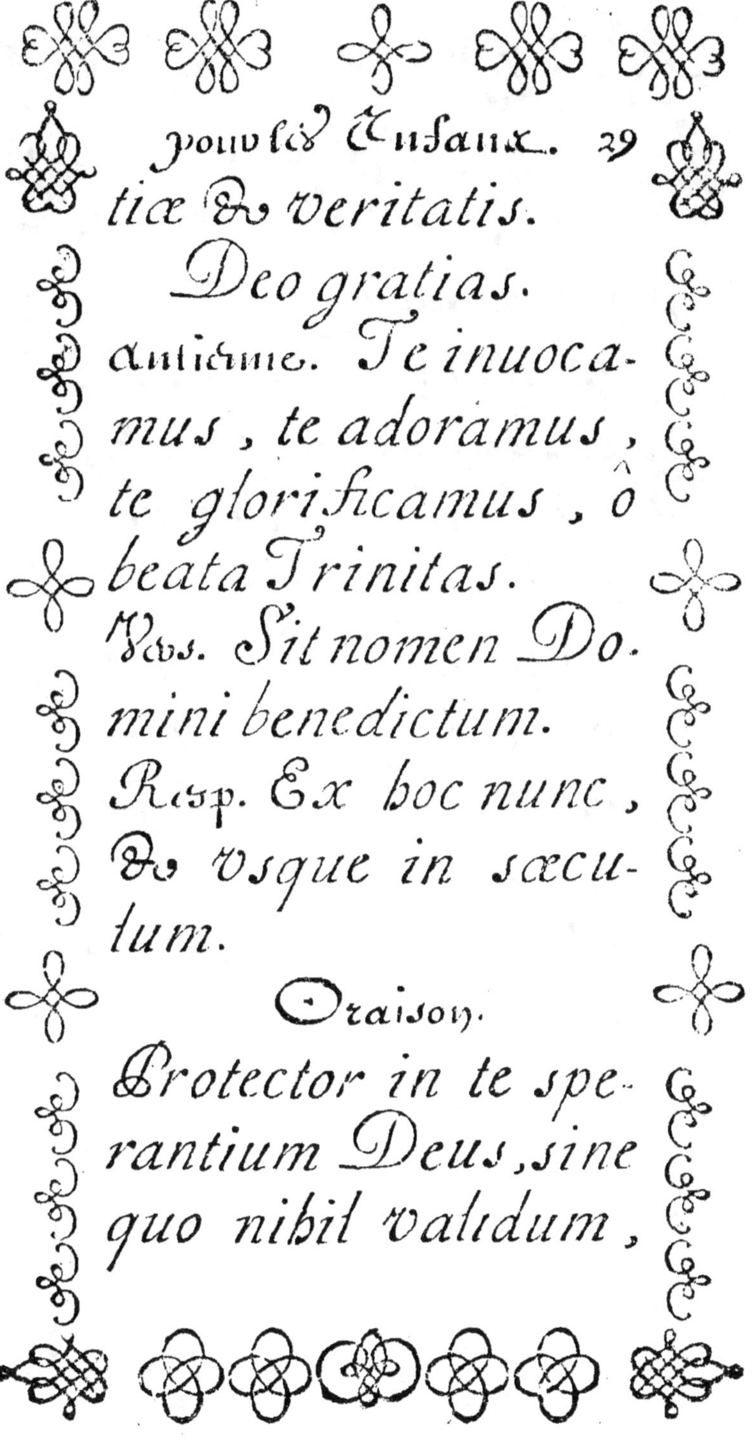

tiæ & veritatis.

Deo gratias.

antienne. Te invoca-
mus, te adoramus,
te glorificamus, ô
beata Trinitas.

Vers. Sit nomen Do-
mini benedictum.

Resp. Ex hoc nunc,
& vsque in sæcu-
lum.

Oraison.

Protector in te spe-
rantium Deus, sine
quo nihil validum,

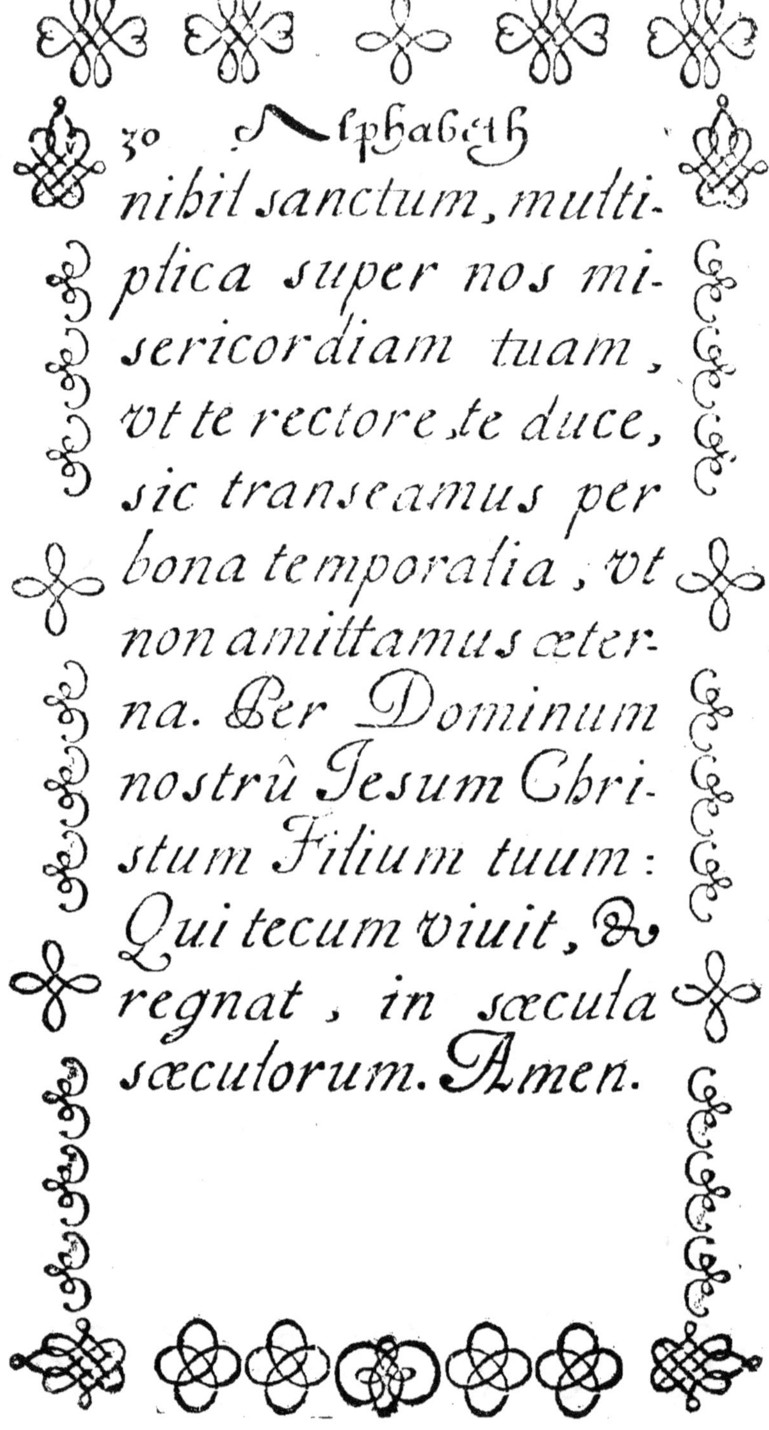

Alphabeth
nihil sanctum, multi-
plica super nos mi-
sericordiam tuam,
vt te rectore, te duce,
sic transeamus per
bona temporalia, vt
non amittamus æter-
na. Per Dominum
nostrû Jesum Chri-
stum Filium tuum:
Qui tecum viuit, &
regnat, in sæcula
sæculorum. Amen.

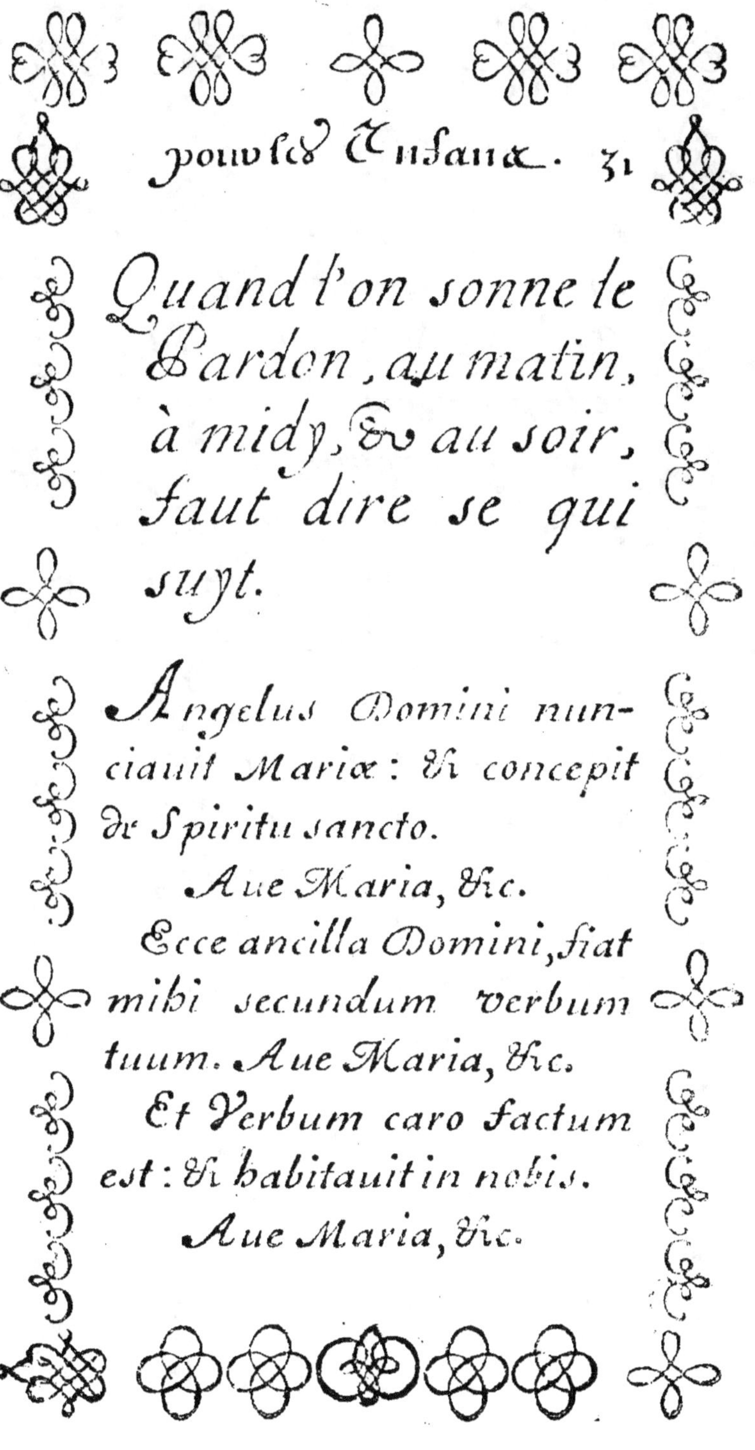

Quand l'on sonne le
Pardon, au matin,
à midy, & au soir,
faut dire ce qui
suyt.

Angelus Domini nun-
ciauit Mariæ : & concepit
de Spiritu sancto.

Aue Maria, &c.

Ecce ancilla Domini, fiat
mihi secundum verbum
tuum. Aue Maria, &c.

Et Verbum caro factum
est : & habitauit in nobis.

Aue Maria, &c.

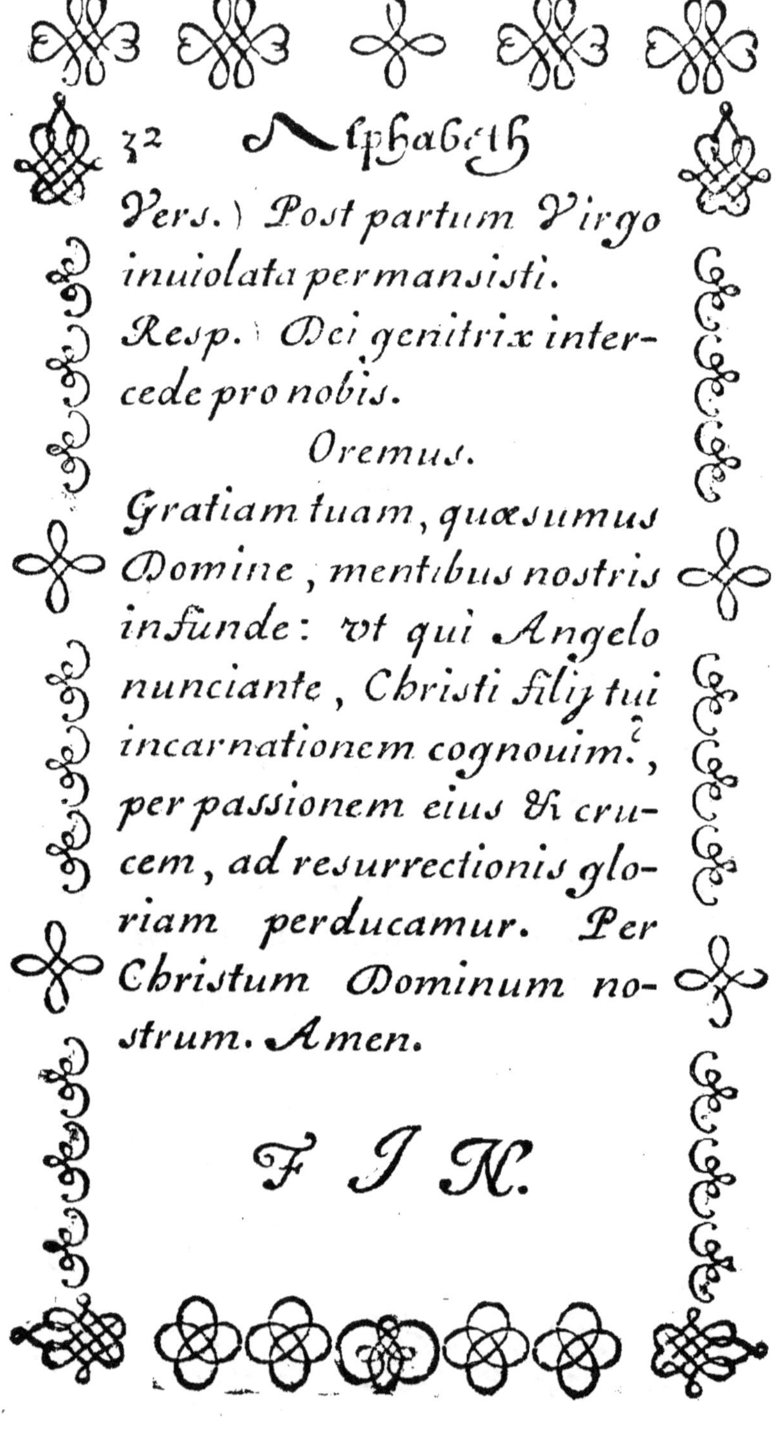

32 Alphabeth

Vers.) Post partum Virgo
inuiolata permansisti.
Resp. Dei genitrix inter-
cede pro nobis.
Oremus.
Gratiam tuam, quæsumus
Domine, mentibus nostris
infunde: vt qui Angelo
nunciante, Christi filij tui
incarnationem cognouim.,
per passionem eius & cru-
cem, ad resurrectionis gloriam perducamur. Per
Christum Dominum no-
strum. Amen.

F I N.

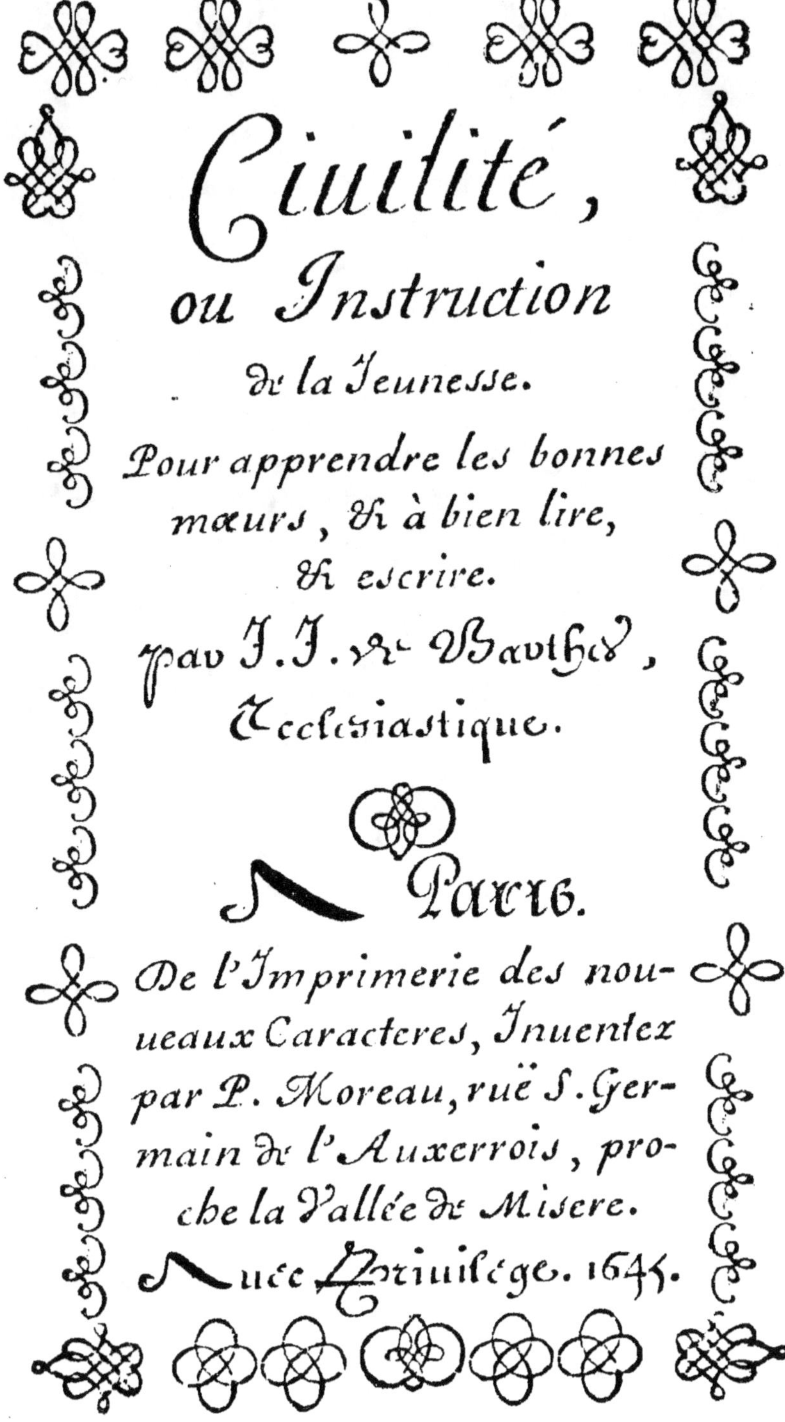

Ciuilité,
ou Instruction
de la Ieunesse.

Pour apprendre les bonnes
mœurs, & à bien lire,
& escrire.

par I.I. de Bauthé,
Ecclesiastique.

Paris.

De l'Imprimerie des nou-
ueaux Caracteres, Inuentez
par P. Moreau, ruë S. Germain de l'Auxerrois, pro-
che la Vallée de Misere.

Auec Priuilege. 1645.

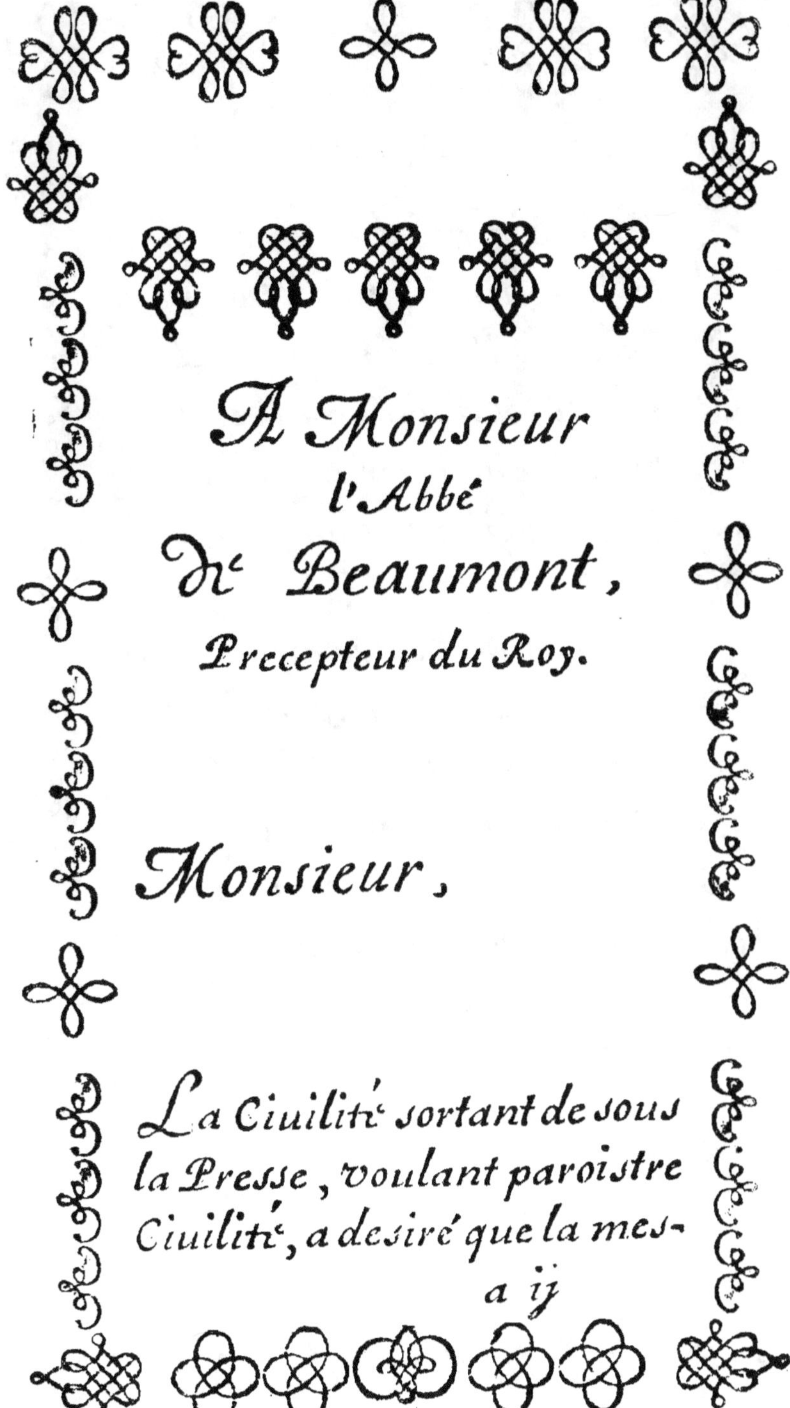

A Monsieur
l'Abbé
de Beaumont,
Precepteur du Roy.

Monsieur,

La Ciuilité sortant de sous
la Presse, voulant paroistre
Ciuilité, a desiré que la mes-

a ij

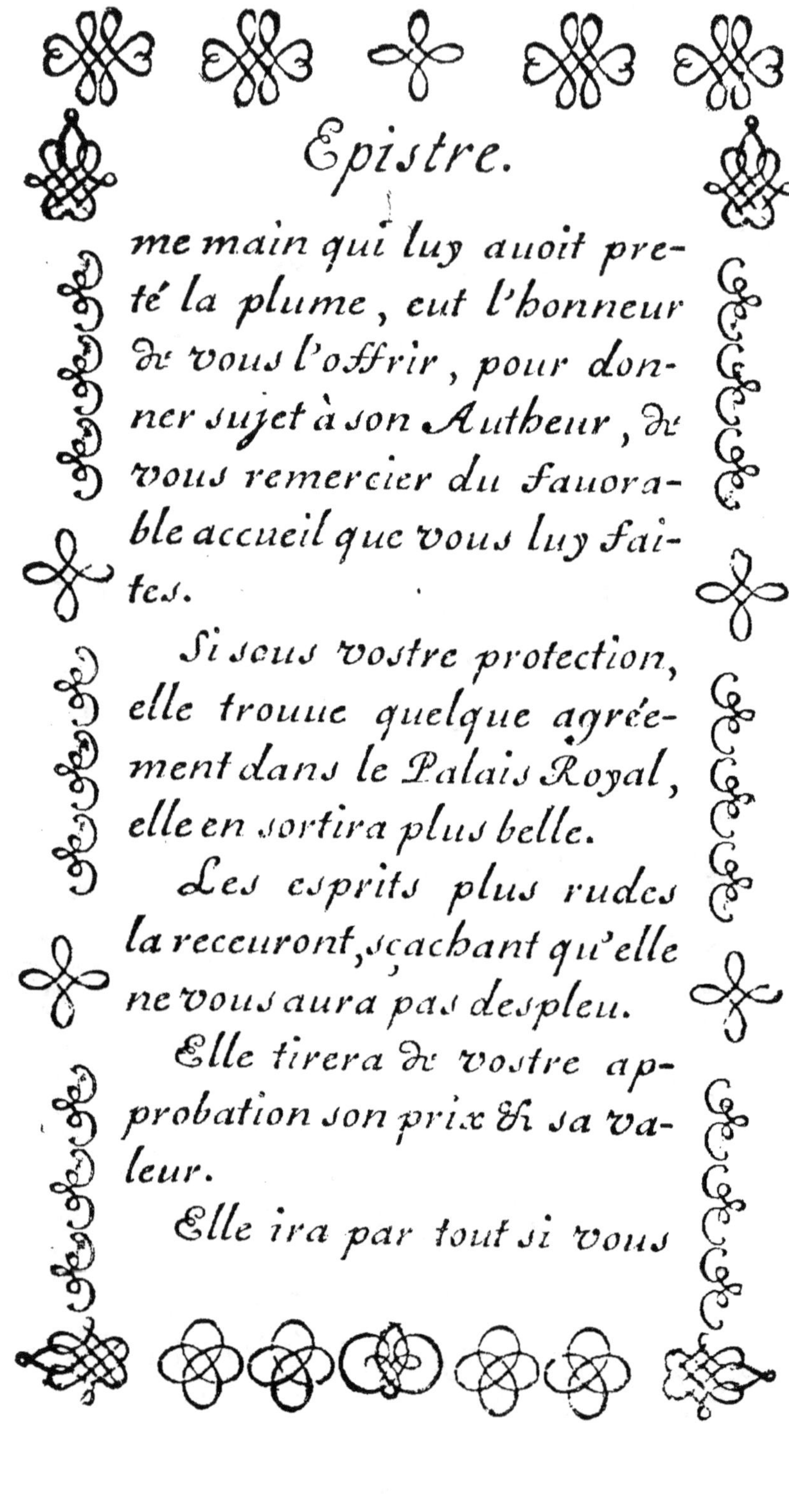

Epistre.

me main qui luy auoit preté la plume, eut l'honneur
de vous l'offrir, pour donner sujet à son Autheur, de
vous remercier du fauora-
ble accueil que vous luy fai-
tes.

Si sous vostre protection,
elle trouue quelque agrée-
ment dans le Palais Royal,
elle en sortira plus belle.

Les esprits plus rudes
la receuront, sçachant qu'elle
ne vous aura pas despleu.

Elle tirera de vostre ap-
probation son prix & sa va-
leur.

Elle ira par tout si vous

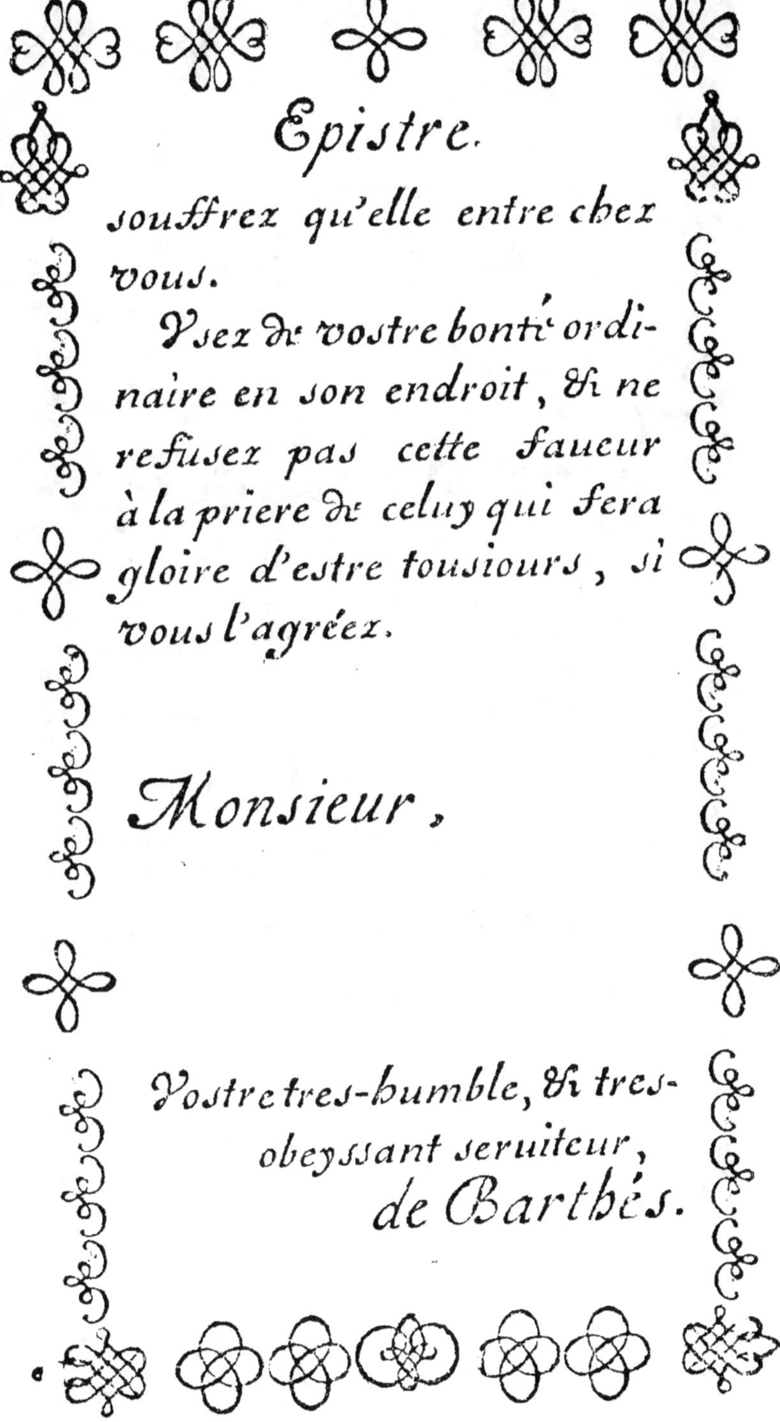

Epistre.

souffrez qu'elle entre chez vous.

Vsez de vostre bonté ordinaire en son endroit, & ne refusez pas cette faueur à la priere de celuy qui fera gloire d'estre tousiours, si vous l'agréez.

Monsieur,

Vostre tres-humble, & tres-obeyssant seruiteur,

de Barthés.

Extraict
du Priuilege,
du Roy.

Par Priuilege du
Roy, donné à Paris,
au mois de Mars,
9bj.ᶜ xlb. signé, & scellé
du grand Sceau: Il est permis à P. Moreau, Mᵉ
Escriuain Juré à Pa-
ris, & Imprimeur ord.ʳᵉ
de Sa Majesté, d'Im-
primer, vendre & distri-
buer, vn Liure intitulé,

Civilité, ou Instruction à la Jeunesse: Composé par Mr. I.I. de Barthés, Ecclesiastique. Avec deffences à toutes personnes de quelque qualité ou condition qu'ils soient, de l'Imprimer, vendre ne distribuer en quelque sorte que ce soit, durant dix ans, à peine de deux mil livres d'amande, & autres peines contenues aux Privilege.

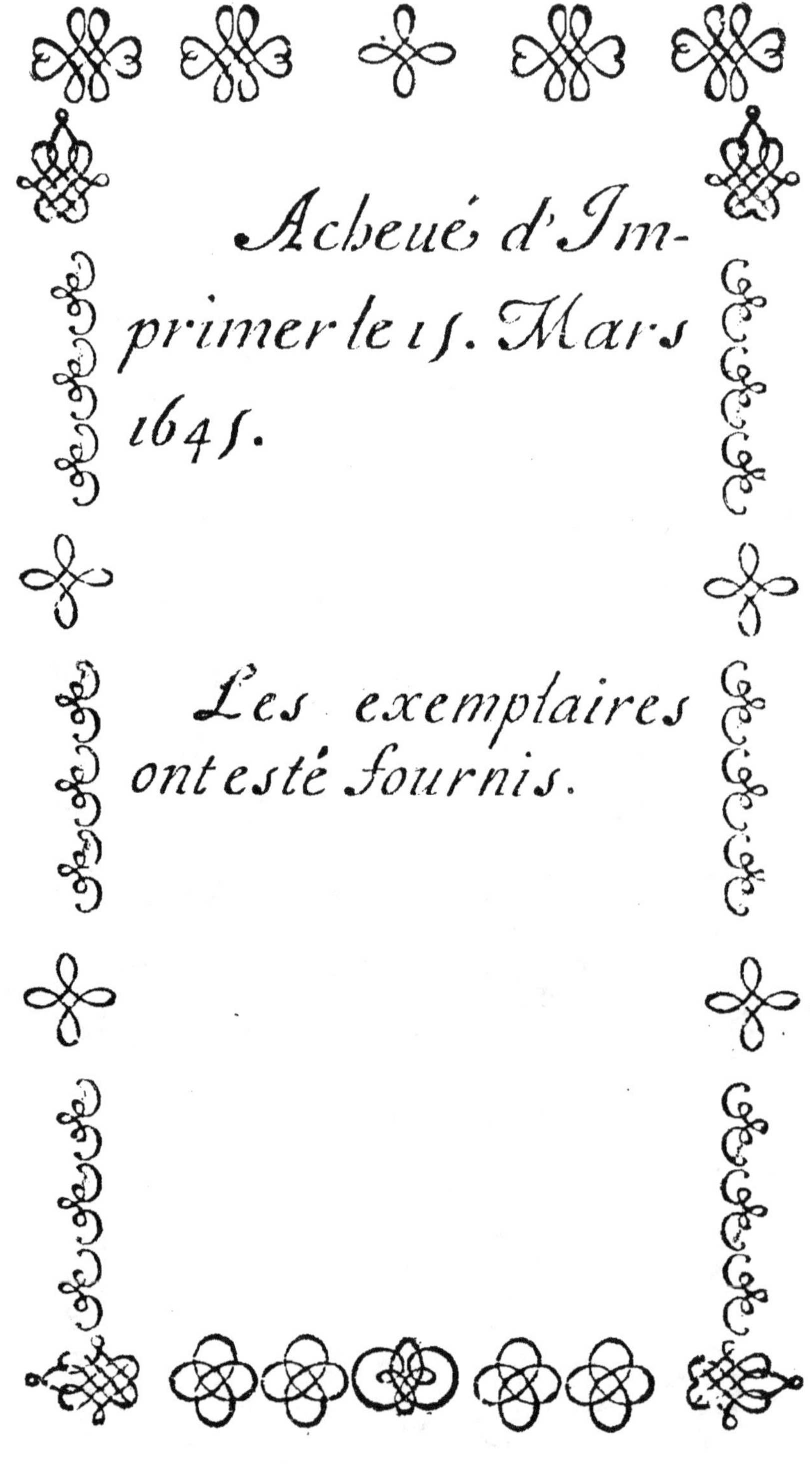
Acheué d'Im-
primer le 15. Mars
1645.

Les exemplaires
ont esté fournis.

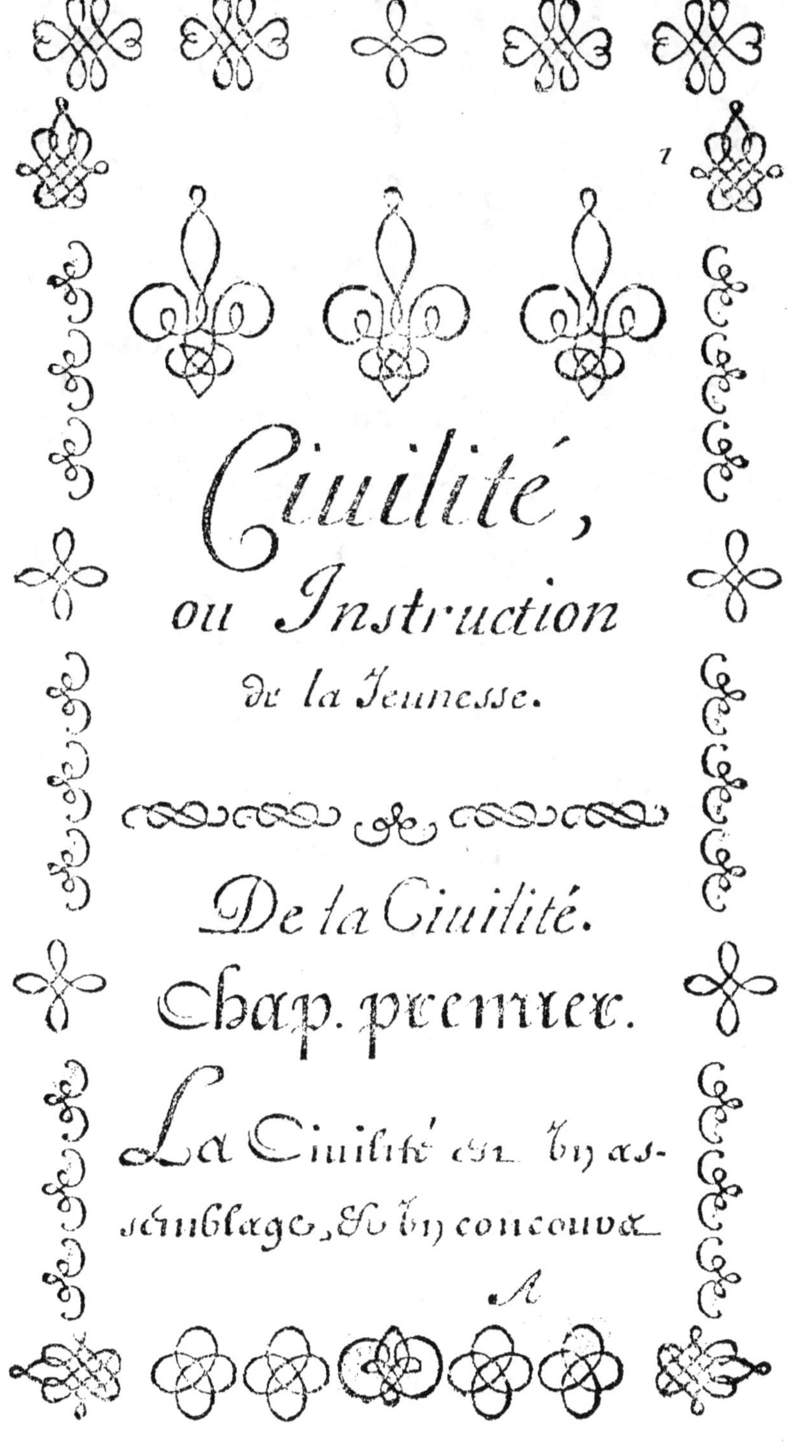

Ciuilité,
ou Instruction
de la Jeunesse.

De la Ciuilité.
Chap. premier.
La Ciuilité est un as-
semblage, & un concours
A

les belles & les bonnes
qualitez, qui rendent ce-
luy qui les possede agreable dans la conuersation,
aymable dans l'entretien,
complaisant dans la fa-
miliarité, retenu dans le
discours, accort dans la
hantise, & tout à tout
dans les choses indiffe-
rentes & hors le vice, a-
uec dessein de plaire à un
chacun, & n'offencer per-
sonne. On ayme pour
estre aymé.

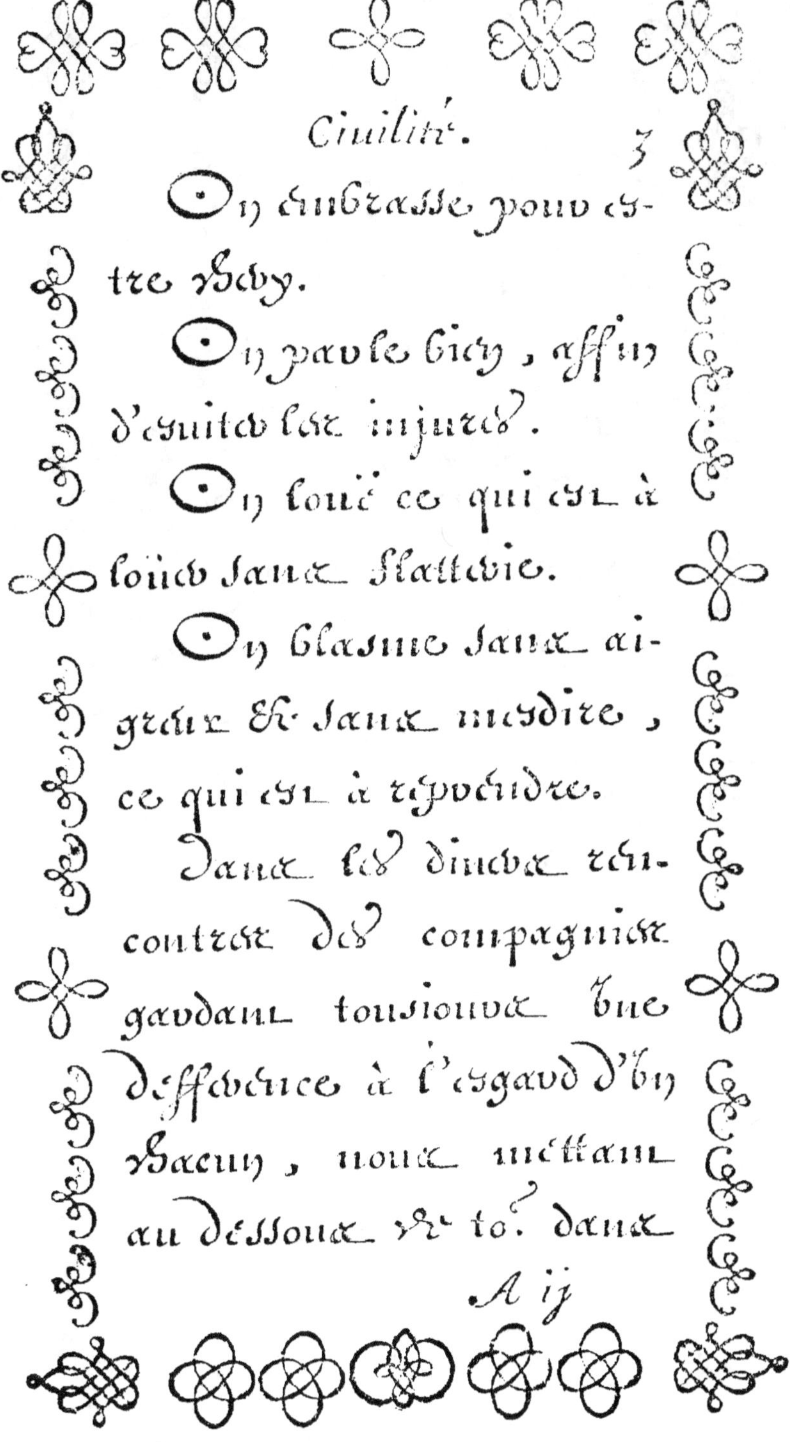

⊙ On embrasse pour es-
tre receu.

⊙ On parle bien, affin
d'euiter les injures.

⊙ On loüe ce qui est à
loüer sans flatterie.

⊙ On blasme sans ai-
greur & sans mesdire,
ce qui est à reprendre.

Dans les diuers ren-
contres des compagnies
gardant tousiours une
defference à l'esgard d'vn
chacun, nous mettant
au dessous ẽt to⁹ dans

A ij

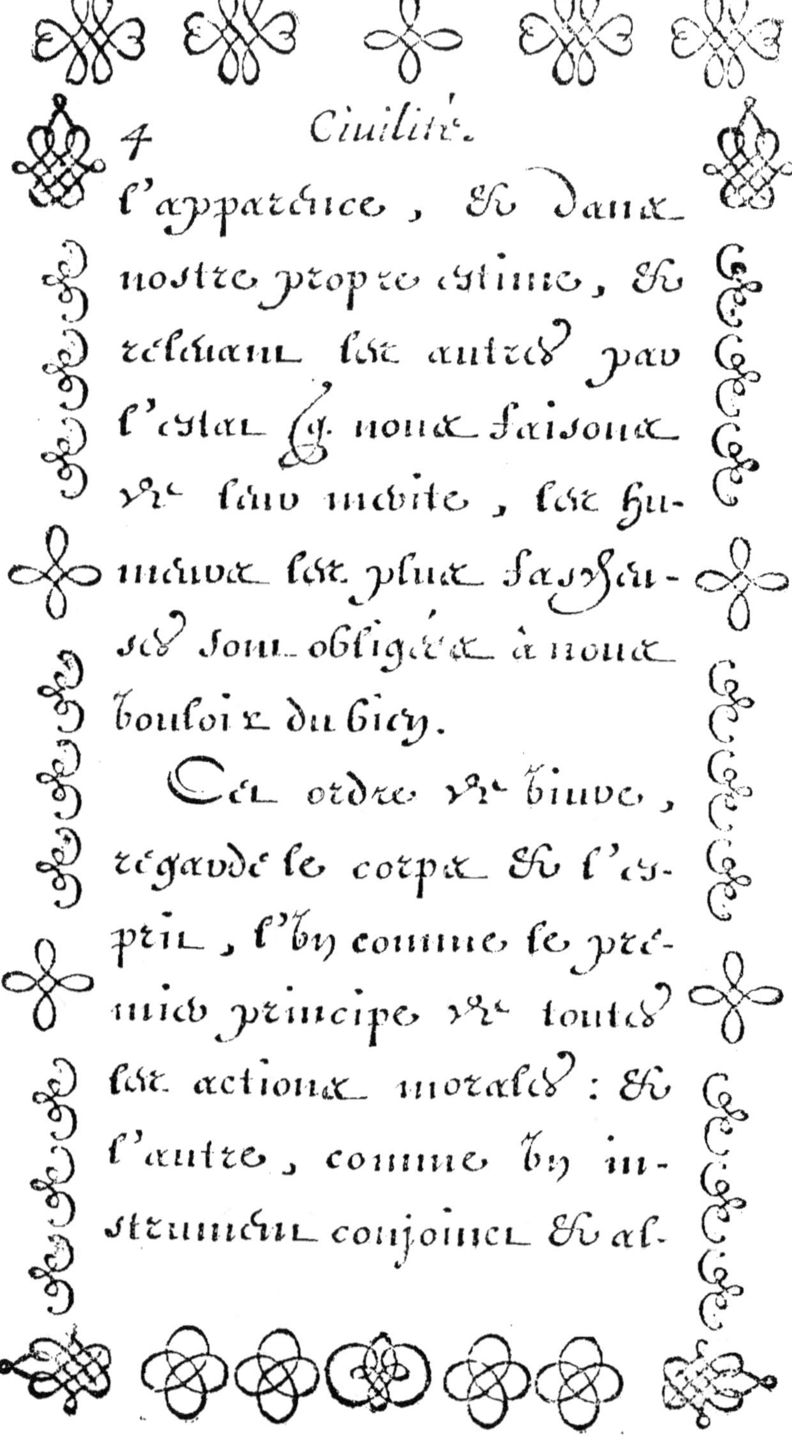

l'apparence, & dans
nostre propre estime, &
relevant les autres par
l'estat q. nous faisons
de leur merite, les hu-
mains les plus faschez
sont obligez à nous
vouloir du bien.

Cet ordre de viure,
regarde le corps & l'es-
prit, l'vn comme le pre-
mier principe de toutes
les actions morales : &
l'autre, comme vn in-
strument conjoinct & al-

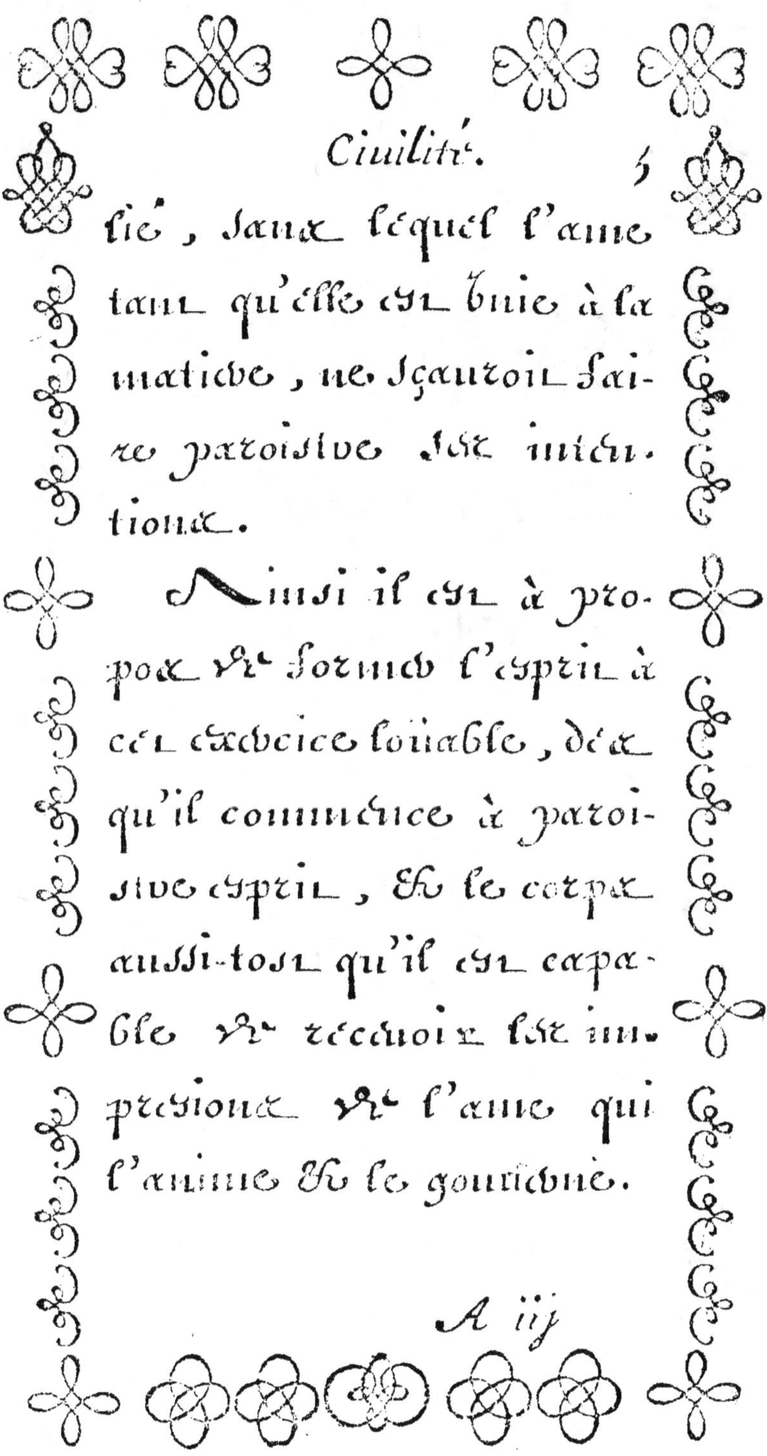

lié, sans lequel l'ame tant qu'elle est unie à la matiere, ne sçauroit faire paroistre ses intentions.

Ainsi il est à propos de former l'esprit à cet exercice loüable, dés qu'il commence à paroistre esprit, & le corps aussi-tost qu'il est capable de recevoir les impressions de l'ame qui l'anime & le gouverne.

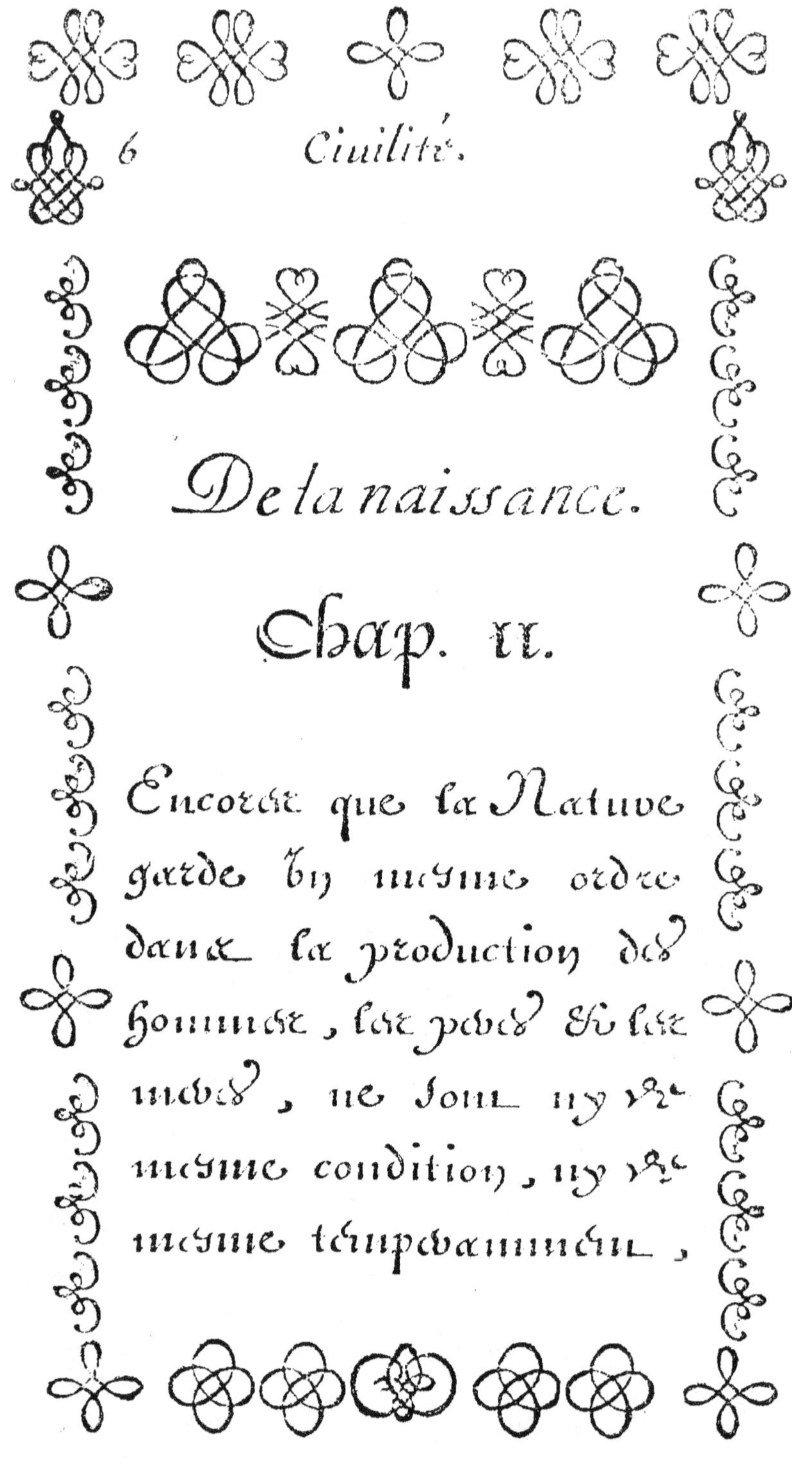

De la naissance.

Chap. II.

Encore que la Nature garde en mesme ordre dans la production des hommes, les peres & les meres, ne sont ny de mesme condition, ny de mesme temperamment,

ny en mesme inebile et
bevtu.

Les influences et les
aspects des Astres, ne
sont pas pareils.

Le Ciel ne regarde
pas tous ceux qui nais-
sent en mesme œil.

Le ruisseau ressemble
à la Source d'où il coule.

Les fruicts ont du
rapport à l'arbre qui les
produit.

Les raison suit la
planette, et les enfans

reçoiuent l'inclination
naturelle au bien ou au
mal de leurs parens.

L'aigle ne met point
au iour une Colombe.

L'Espervier ne vient
point d'vn Butor.

Chacun engendre son
semblable d'ordinaire: s'il
arriue autrement, c'est
le desreglement des hu-
mains; l'excez & la fu-
reur des passions, &
l'alliance d'vn sang bas-
tard ou corrompu, qui
mettent

mettent au monde des
auortons à la honte & à
la confusion des plus no-
bles familles.

On se doit resjouyr
d'estre bien nay, c'est à
dire, d'auoir des parens
d'vne éminente vertu, de
qui on prend vn tempera-
ment doux, traittable,
facile & aduenant, ex-
empt de trouble, d'agi-
tation violente, & pro-
pre à receuoir les mou-
uemens & les Idées

B

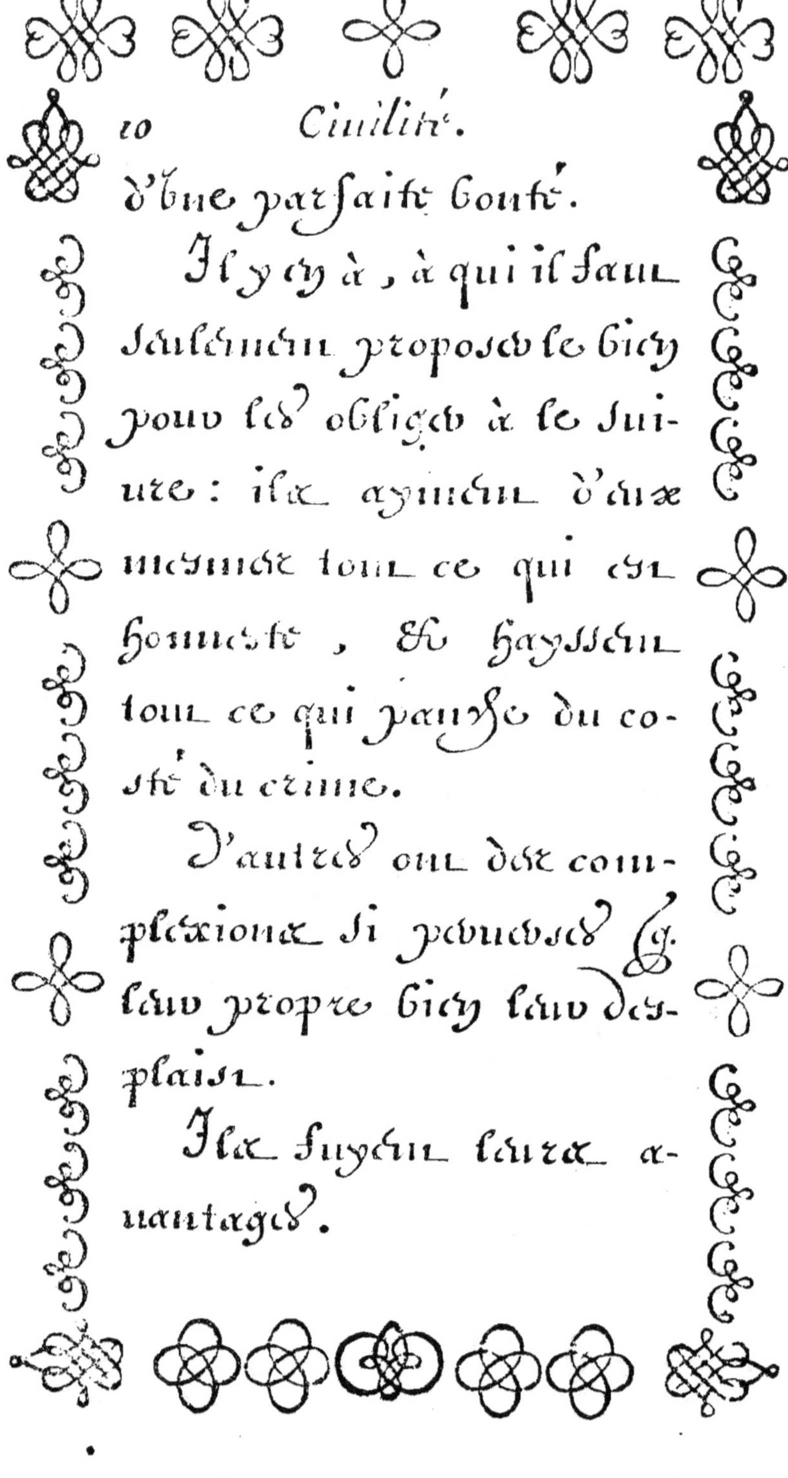

d'vne parfaite bonté.

Il y en a, à qui il faut
seulement proposer le bien
pour les obliger à le suiure : ils aymeut d'aux
mesmes tout ce qui est
honneste, & hayssent
tout ce qui panche du co-
sté du crime.

D'autres ont des com-
plexions si peruerses (q.
leur propre bien leur des-
plaist.

Ils fuyent leurs a-
uantages.

Ilz n'ont de l'affe-
ction ny de l'amour que
pour le desordre.

Leur plaisir c'est de
faire mal ; & leur joye
& contentement, c'est
de suiure la corruption
de la Nature, & donner
de la satisfaction à leurs
passions, & à leurs
sens.

Heureux celuy, (dit le
sage) qui a eu pour sa
part en naissant une
ame bonne, & qui se

laisse aller au bien sans
contredit, le reuere auec
ardeur, l'embrasse auec
affection & le conserue a-
uec soin quand il le pos-
sede.

L'esprit en cette trem-
pe suit comme la cire
molle la main du maistre
qui le forme & le con-
duit, il va au deuant des
instructions, il est tout &
vertu en puissance, pro-
duisant le bien à mesme
temps qu'il le conçoit

& donnant vne grandes
experiences à l'aduentu, vne
tout ce qu'on peut atten-
dre d'vn naturel parfait
& accomply.

Neantmoins il n'y à
point vne nature si alte-
ré ny si panchante vers
le mal, dont on ne puisse
corriger les deffauts par
la doctrine & l'instru-
ction.

Auec artifice & in-
dustrie on appriuoise les
Lions & les Ours.

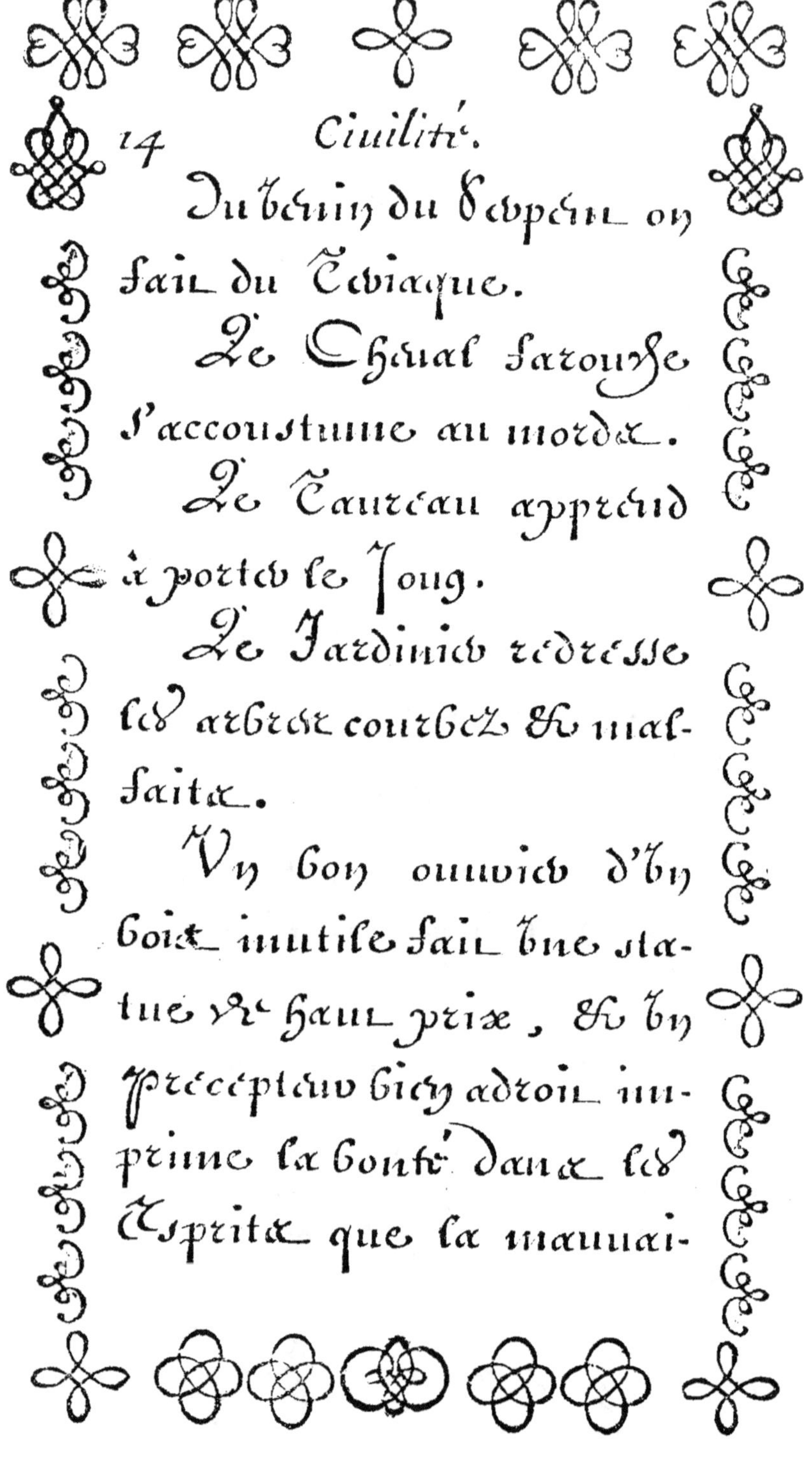

Du venin du vipere on
fait du Theriaque.

Le Cheual farouche
s'accoustume au mords.

Le Taureau apprend
à porter le Joug.

Le Jardinier redresse
les arbres courbez & mal-
faits.

Vn bon ouurier d'vn
bois inutile fait vne sta-
tue de haut prix, & vn
precepteur bien adroit imprime la bonté dans les
Esprits que la mauuai-

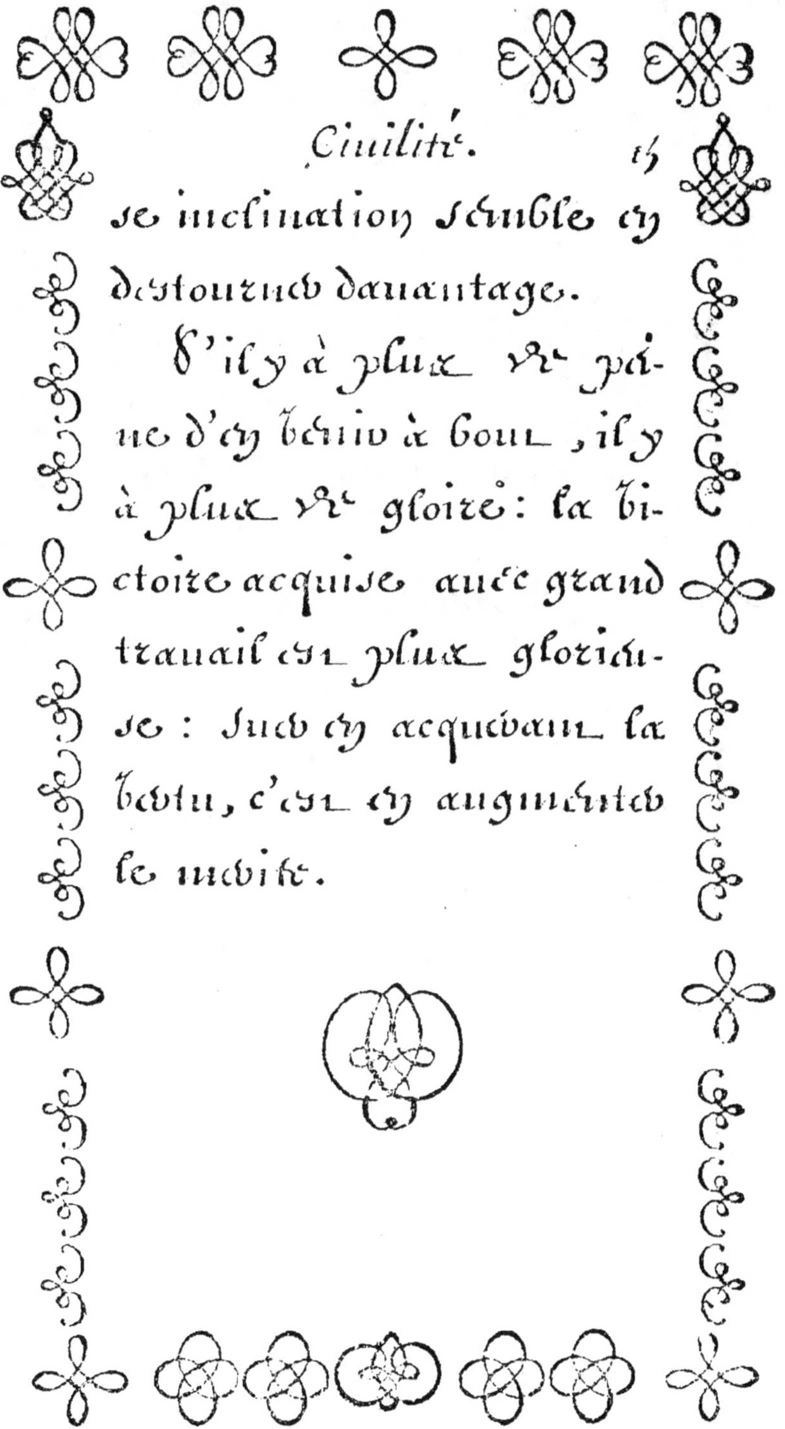

se inclination semble ẽ
destourné dauantage.

S'il y à plus de pei-
ne d'en venir à bout, il y
à plus de gloire: la bi-
ctoire acquise auec grand
trauail en plus glorieu-
se: ainsi en acquerant la
vertu, c'est en augmentec
le merite.

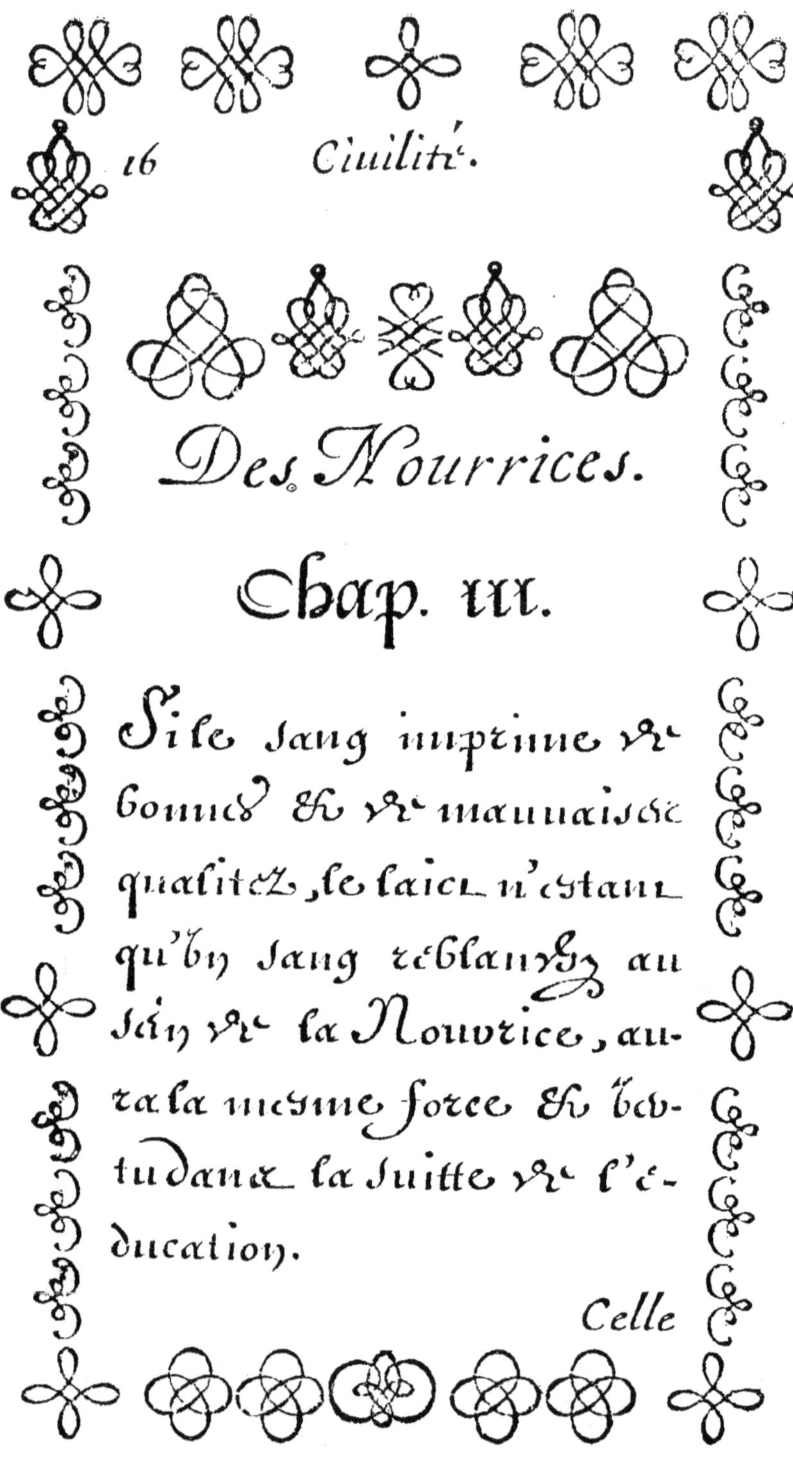

Des Nourrices.

Chap. III.

Si le sang imprime de bonnes & de mauuaises qualitez, le laict n'estant qu'vn sang reblanchy au sein de la Nourrice, aura la mesme force & habitude en la suitte de l'éducation.

Celle

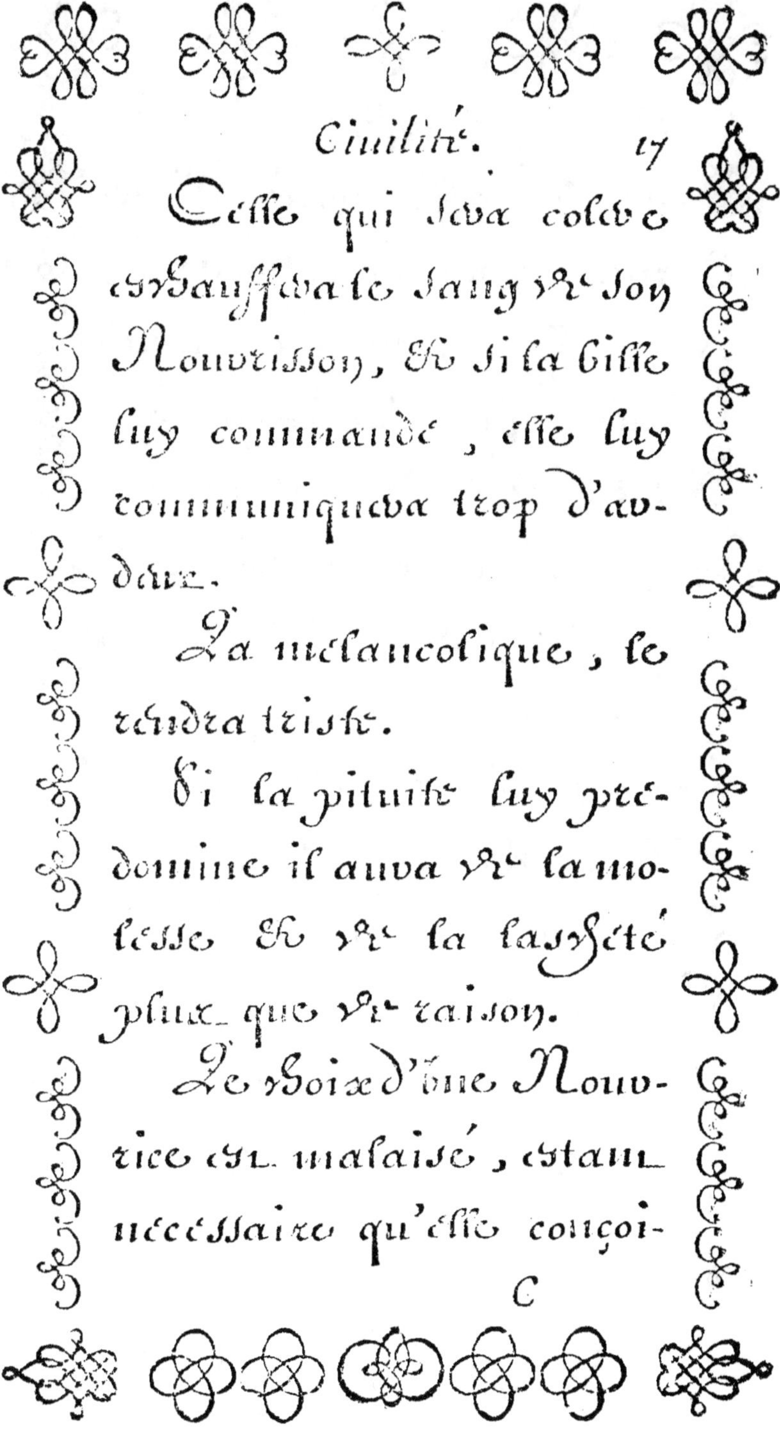

Celle qui sera colere
eschauffera le sang de son
Nourrisson, Et si la bille
luy commande, elle luy
communiquera trop d'au-
dace.

La melancolique, le
rendra triste.

Si la pituite luy pre-
domine il aura de la mo-
lesse Et de la lascheté
plus que de raison.

Le choix d'une Nour-
rice est malaisé, estant
necessaire qu'elle conçoi-

C

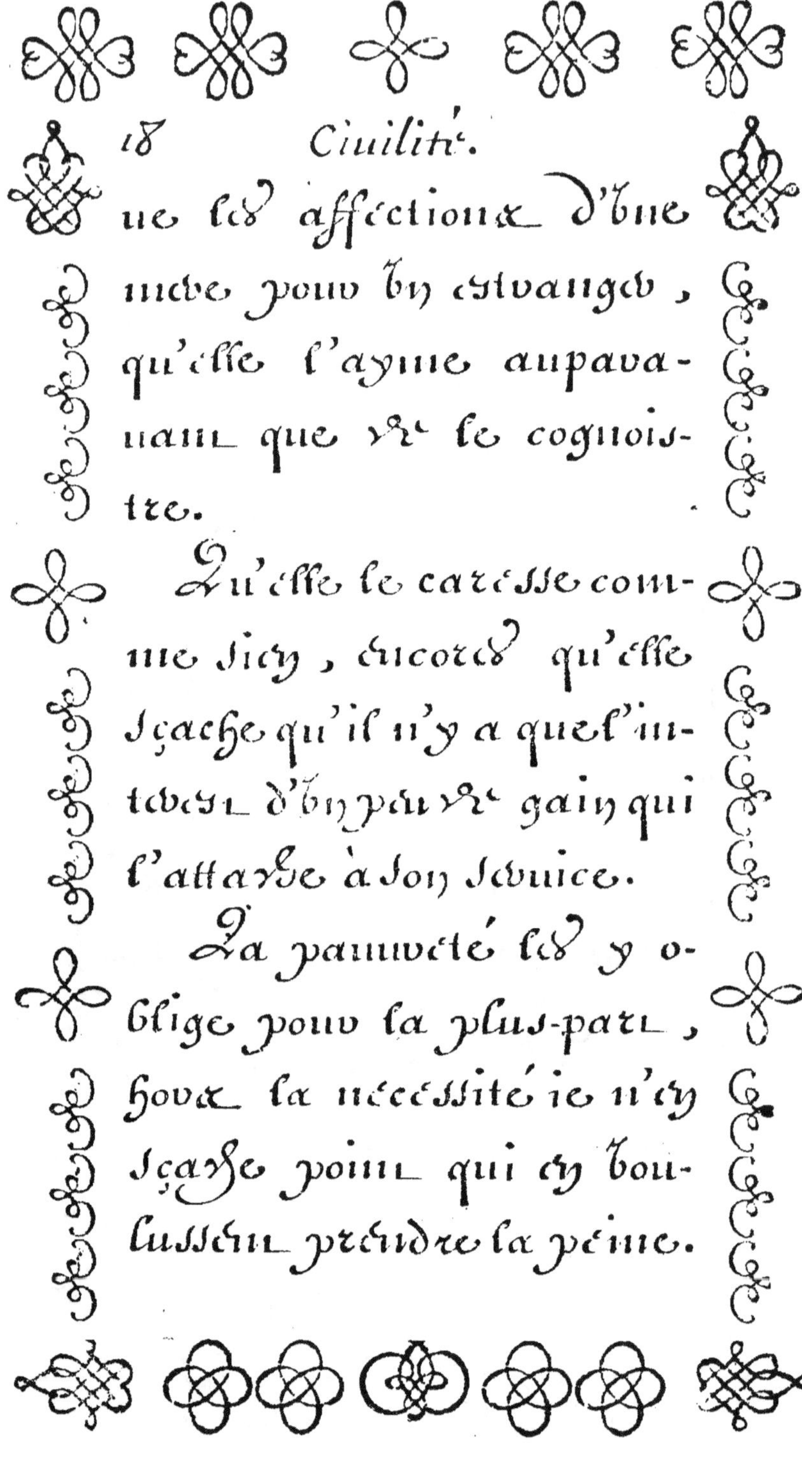

ue les affections d'vne
mere pour vn estranger,
qu'elle l'ayme auparauant que de le cognoistre.

Qu'elle le caresse com-
me d'icy, discords qu'elle
sçache qu'il n'y a que l'interest d'vn pauure gain qui
l'attache à son seruice.

La pauureté les y o-
blige pour la plus-part,
hors la necessité ie n'en
sçache point qui en bou-
lussent prendre la peine.

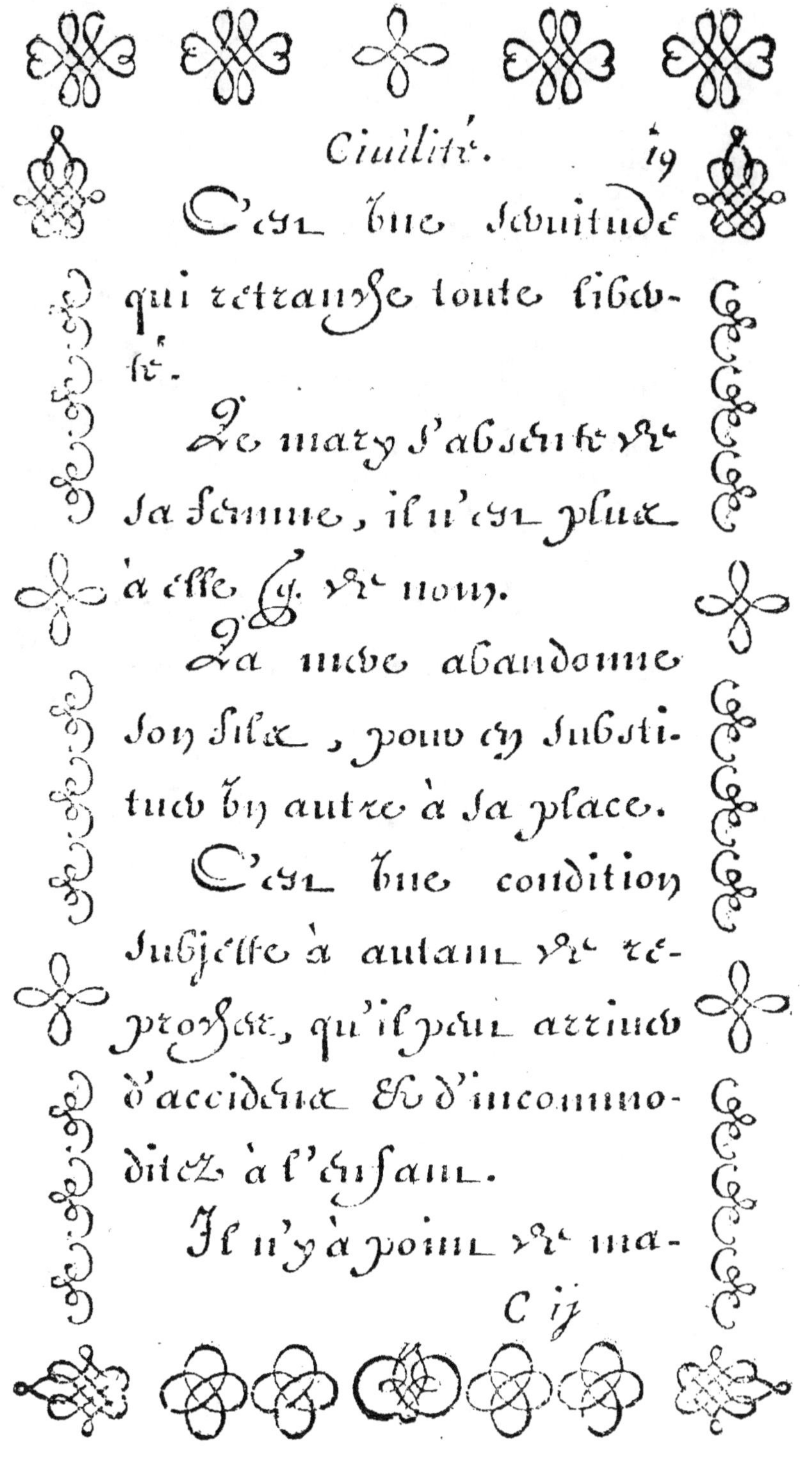

C'est une seruitude qui retranche toute liberté.

Le mary s'absente de sa femme, il n'est plus à elle (q. de nous).

La mere abandonne son fils, pour en substi-
tuer un autre à sa place.

C'est une condition subjette à autant de re-
proche, qu'il peut arriuer d'accidens & d'incommo-
ditez à l'enfant.

Il n'y a point de ma-

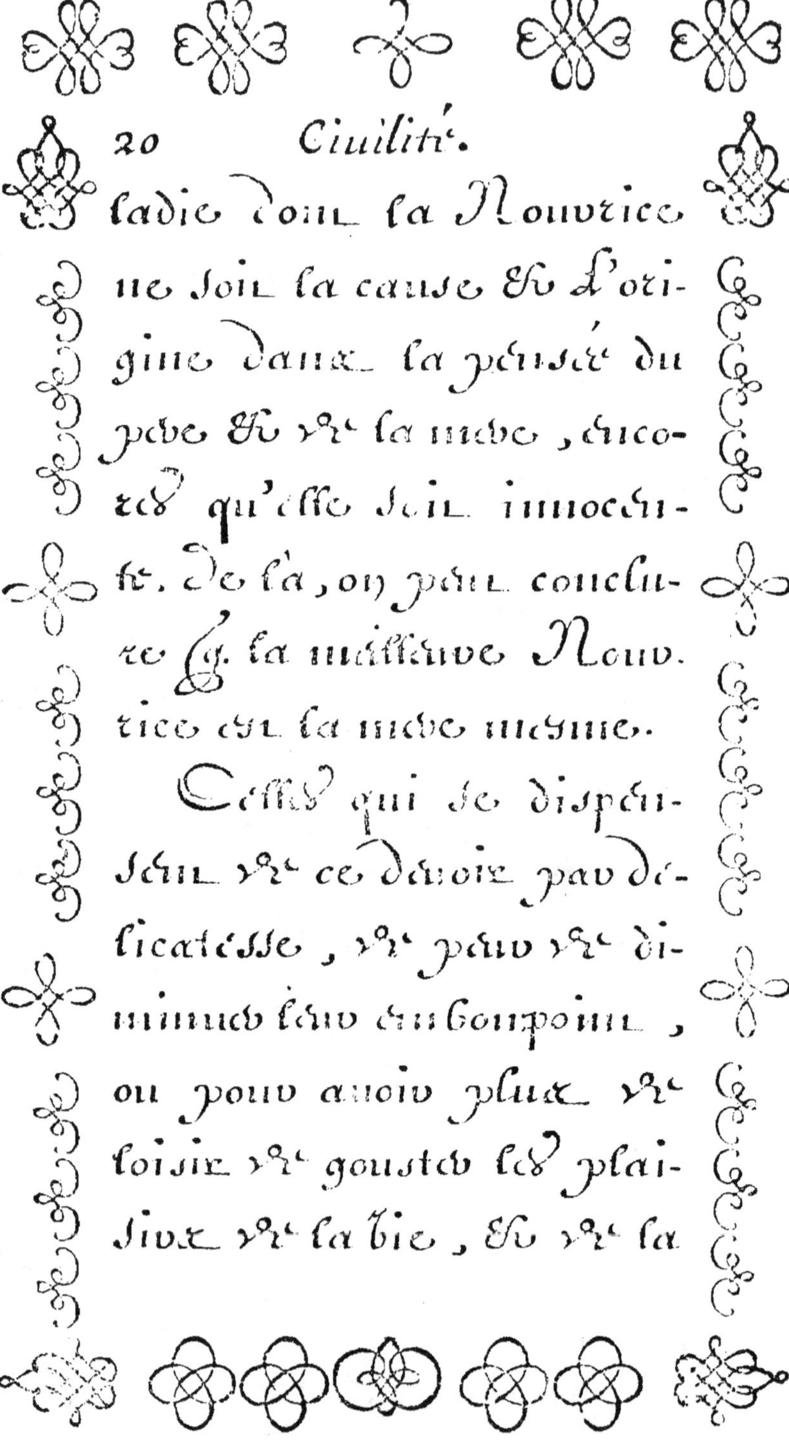

ladie dont la Nourrice
ne soit la cause & l'ori-
gine dans la pensée du
pere & de la mere, encore
qu'elle soit innocen-
te. De là, on peut conclu-
re q. la meilleure Nour-
rice est la mere mesme.

Celles qui se dispen-
sent de ce devoir par dé-
licatesse, ou pour ne pas di-
minuer leur embonpoint,
ou pour auoir plus de
loisir de gouster les plaisirs de la vie, & de la

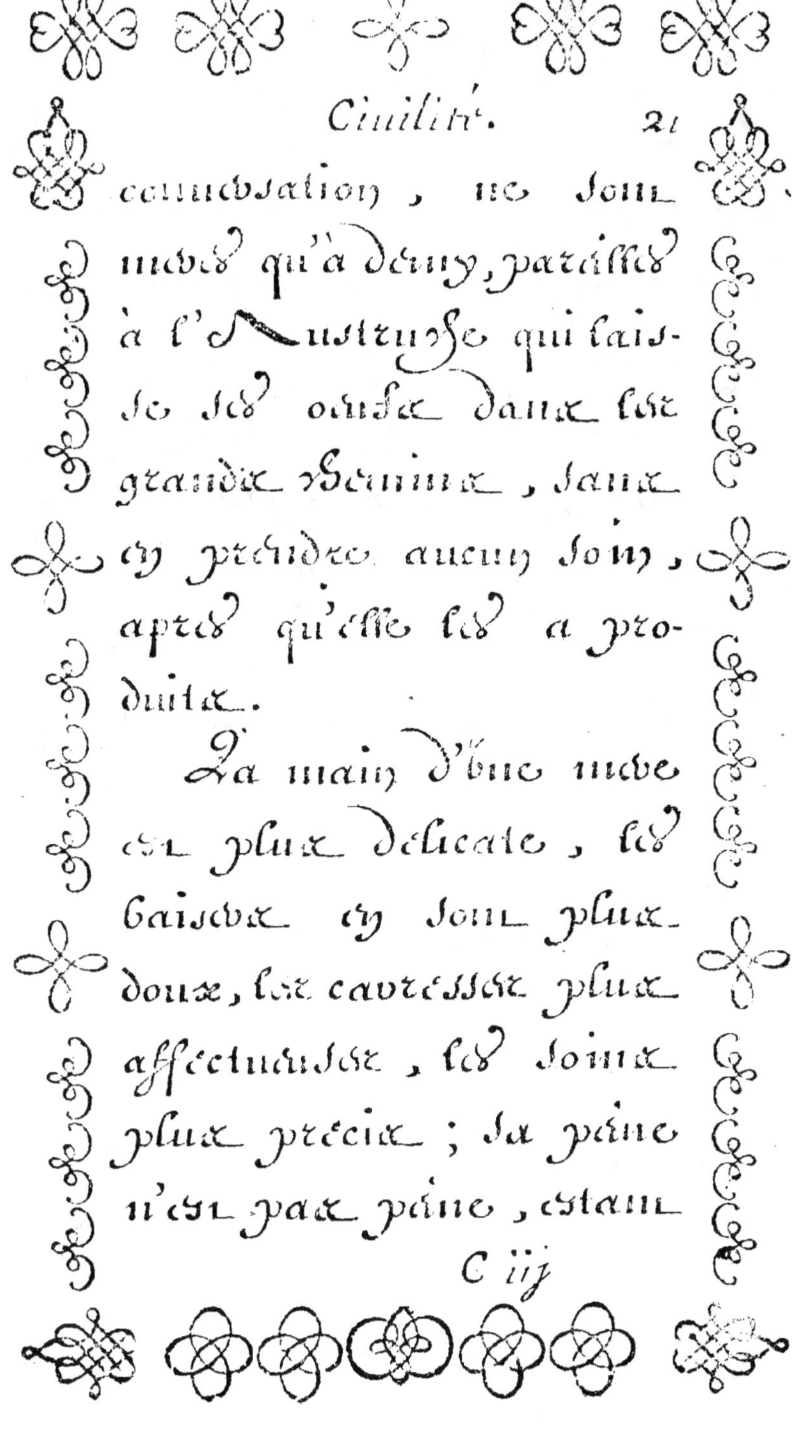

conversation, ne sont
mûrs qu'à demy, paroissent
à l'Austruche qui lais-
se ses œufs dans les
grands chemins, sans
en prendre aucun soin,
après qu'elle les a pro-
duits.

La main d'une mère
est plus délicate, ses
baisers en sont plus
doux, ses caresses plus
affectueuses, ses soins
plus précis ; sa peine
n'est pas peine, estant

C iij

vtile à celuy qu'elle ẽbau-
comme vn autre soy-mes-
me.

Elle baille sans inquié-
tude, le Seul auec plaisir,
& quand il souffre il n'y
a point de remede, ny
de soulagement dont elle
ne face la recherche pour
le secourir.

Il y à bien de la diffe-
rance d'vne Mere nour-
rice, & d'vne Nourrice
qui n'est mere que de
laict.

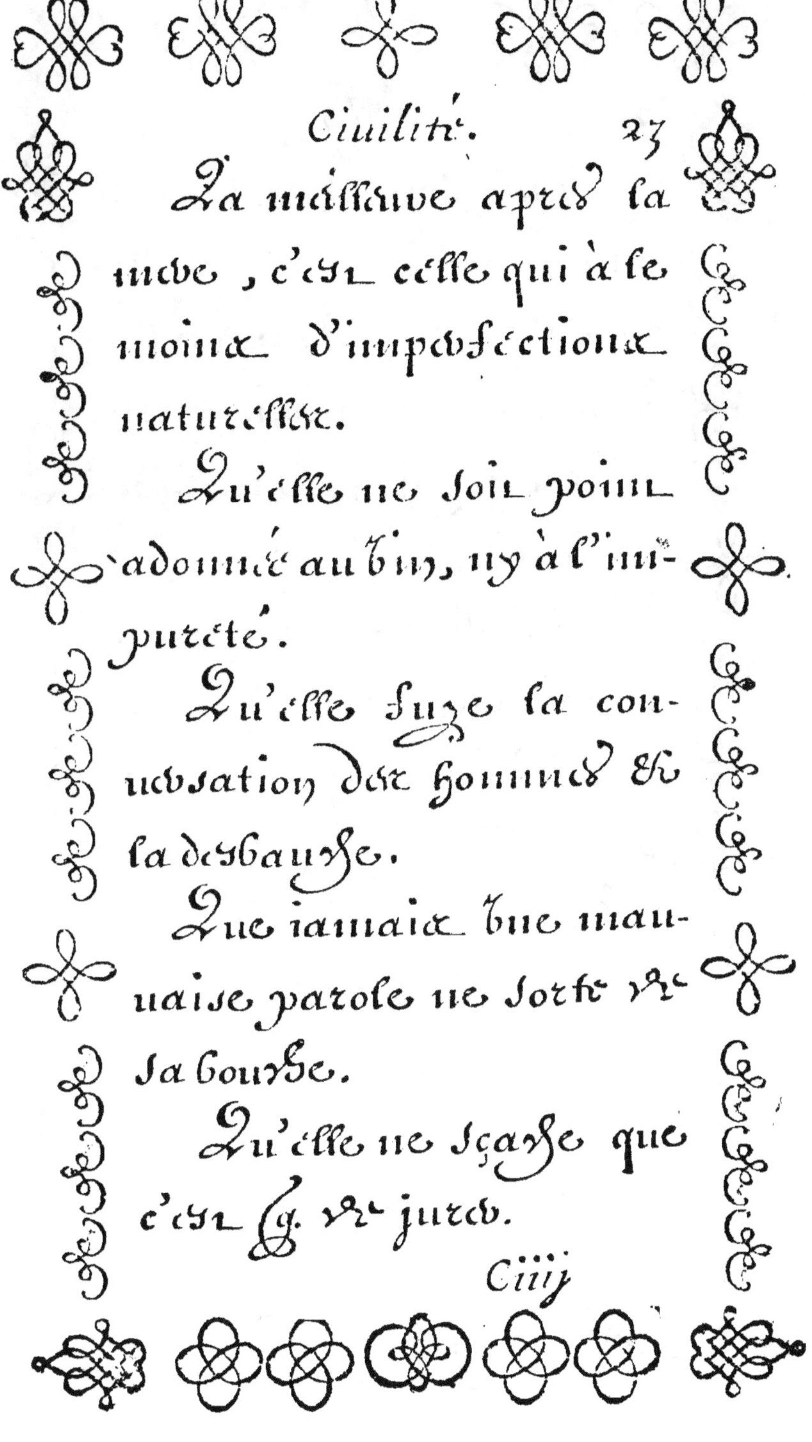

La maistresse apres la mere, c'est celle qui à le moins d'imperfections naturelles.

Qu'elle ne soit point adonnée au vin, ny à l'impureté.

Qu'elle fuye la conuersation des hommes & la desbauche.

Que iamais vne mauuaise parole ne sorte de sa bouche.

Qu'elle ne sçache que c'est (q. de jurer.

Ciiij

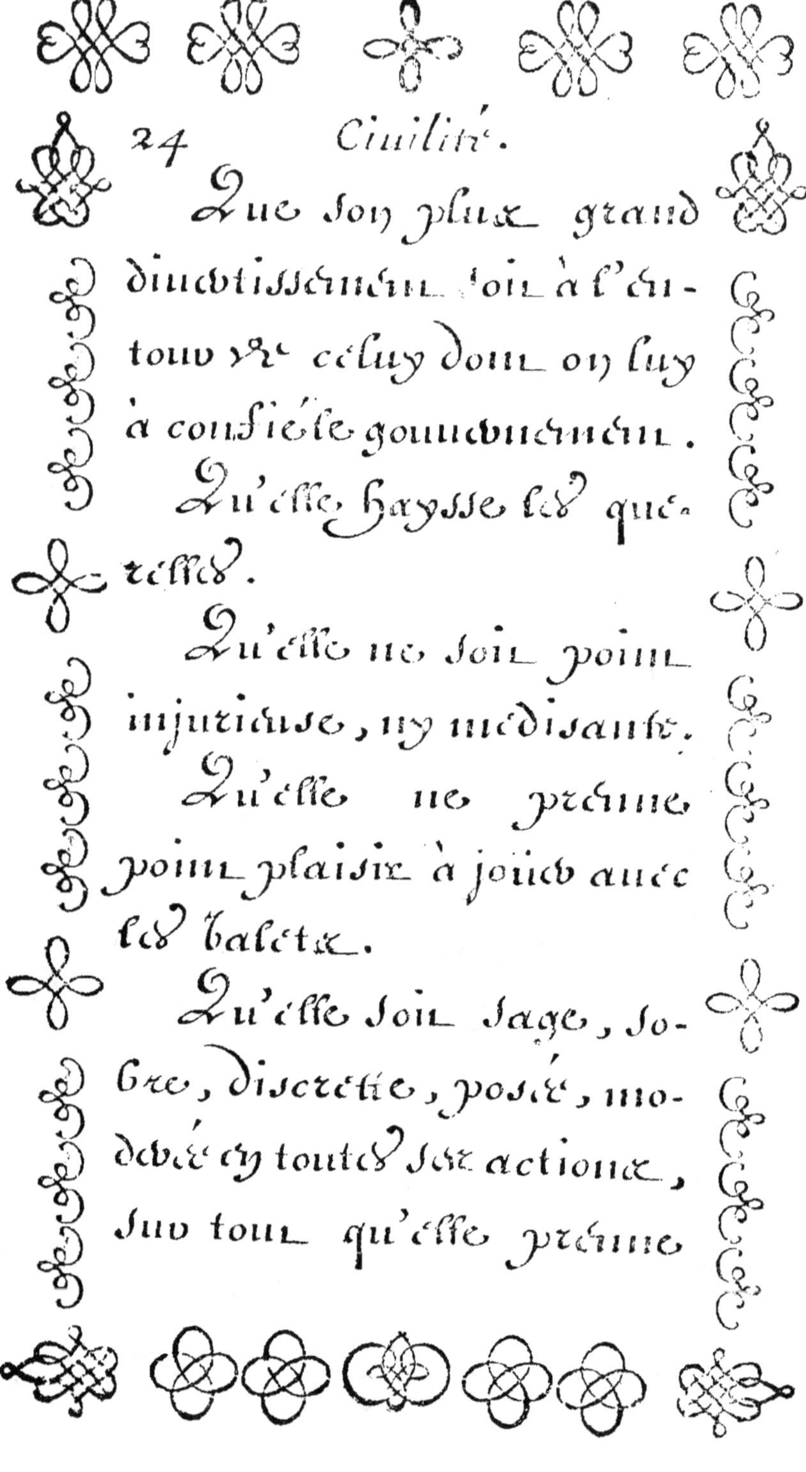

Que son plus grand
divertissement soit à l'entour de celuy dont on luy
a confié le gouvernement.

Qu'elle haysse les que-
relles.

Qu'elle ne soit point
injurieuse, ny medisante.

Qu'elle ne prenne
point plaisir à jouer avec
les balets.

Qu'elle soit sage, so-
bre, discrette, posée, mo-
derée en toutes ses actions,
sur tout qu'elle prenne

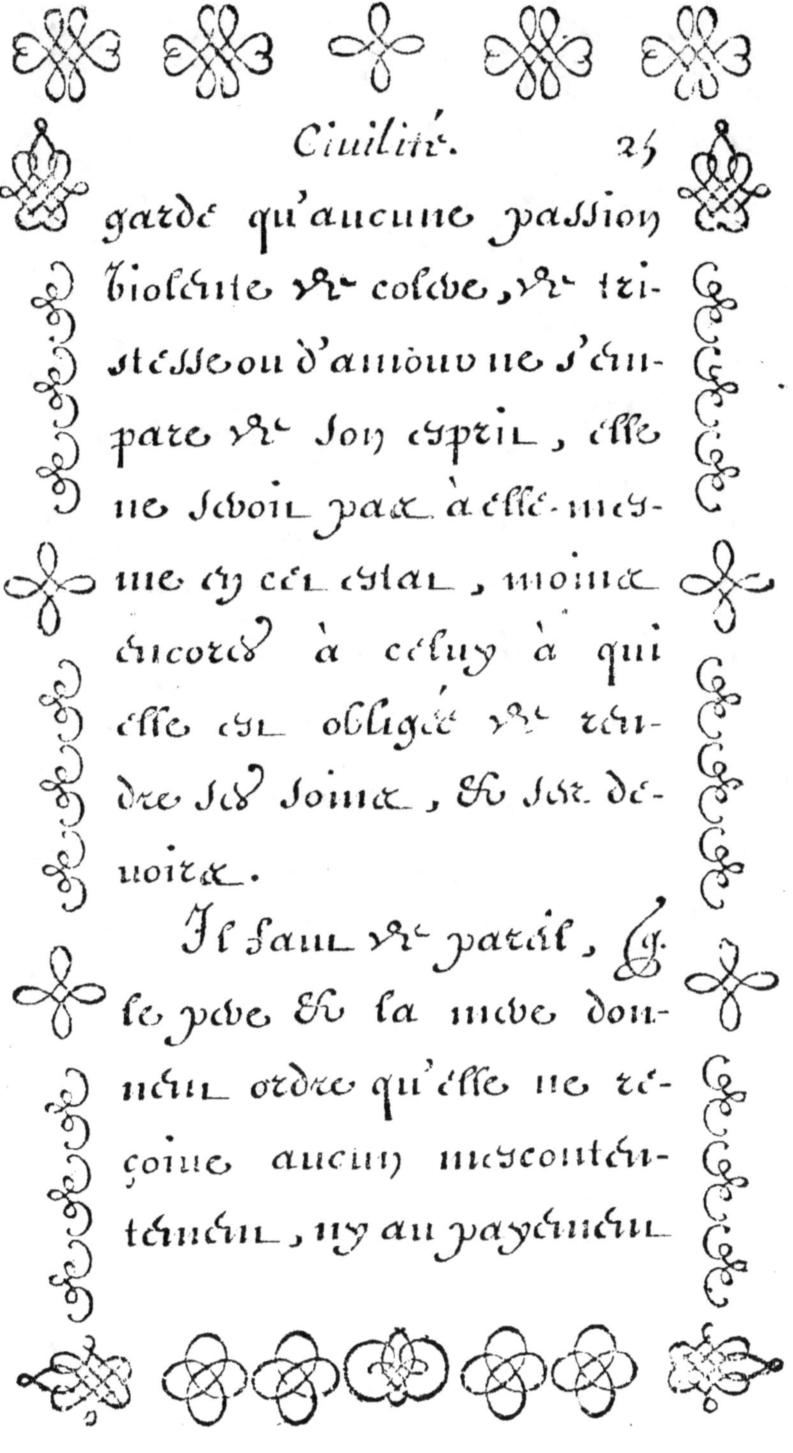

garde qu'aucune passion
violente ni colere, ni tri-
stesse ou d'amour ne s'em-
pare ni son esprit, elle
ne sçvoit pas à elle-mes-
me ny cel estat, moins
encore à celuy à qui
elle est obligée ni ren-
dre ses soins, & ses de-
voirs.

Il faut ni parail, que
le pere & la mere don-
nent ordre qu'elle ne re-
çoive aucun mescontan-
tement, ny au payement

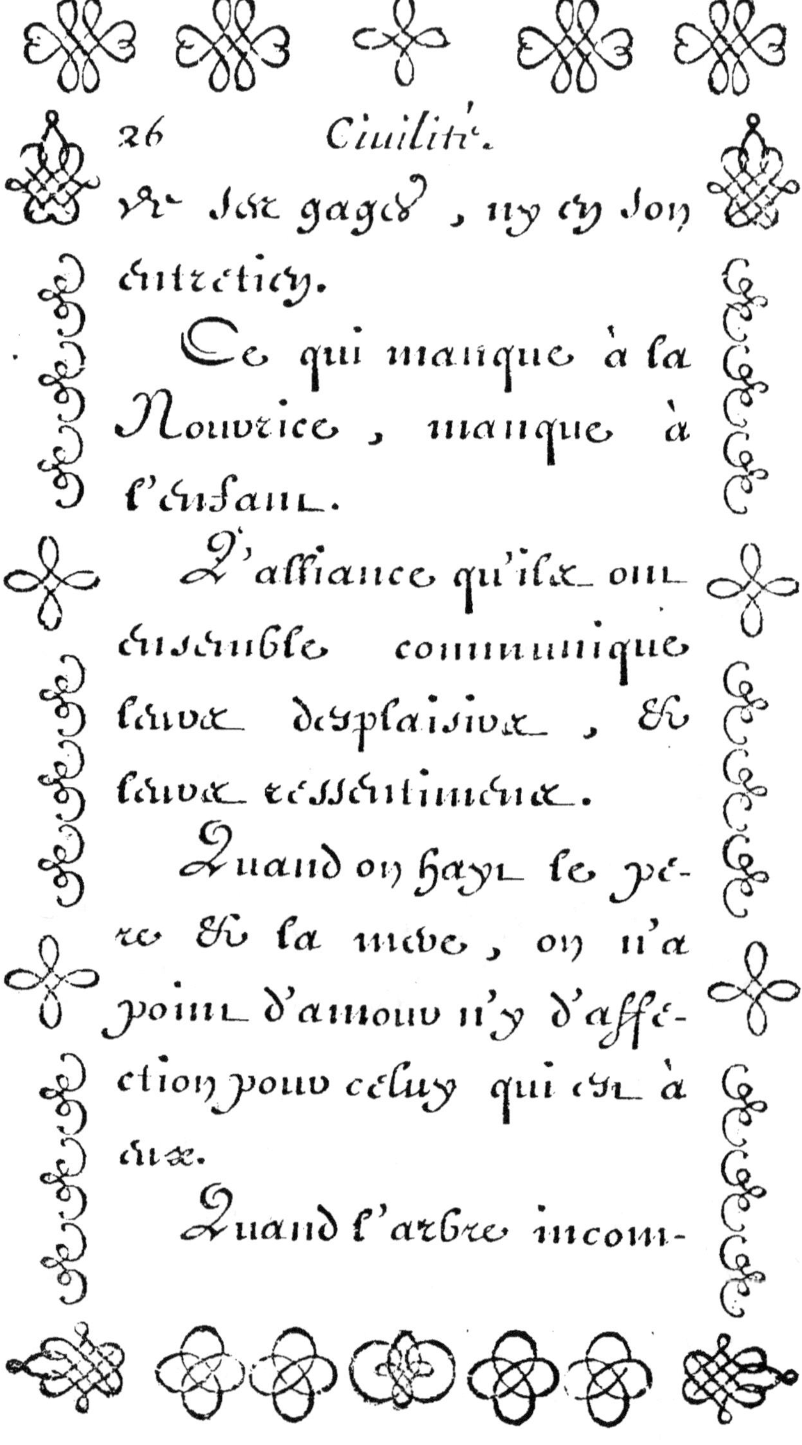

ne sur gagé, ny en son entretien.

Ce qui manque à la Nourrice, manque à l'enfant.

L'alliance qu'ils ont ensemble communique leurs desplaisirs, & leurs ressentimens.

Quand on hayt le père & la mère, on n'a point d'amour ny d'affection pour celuy qui est à eux.

Quand l'arbre incom-

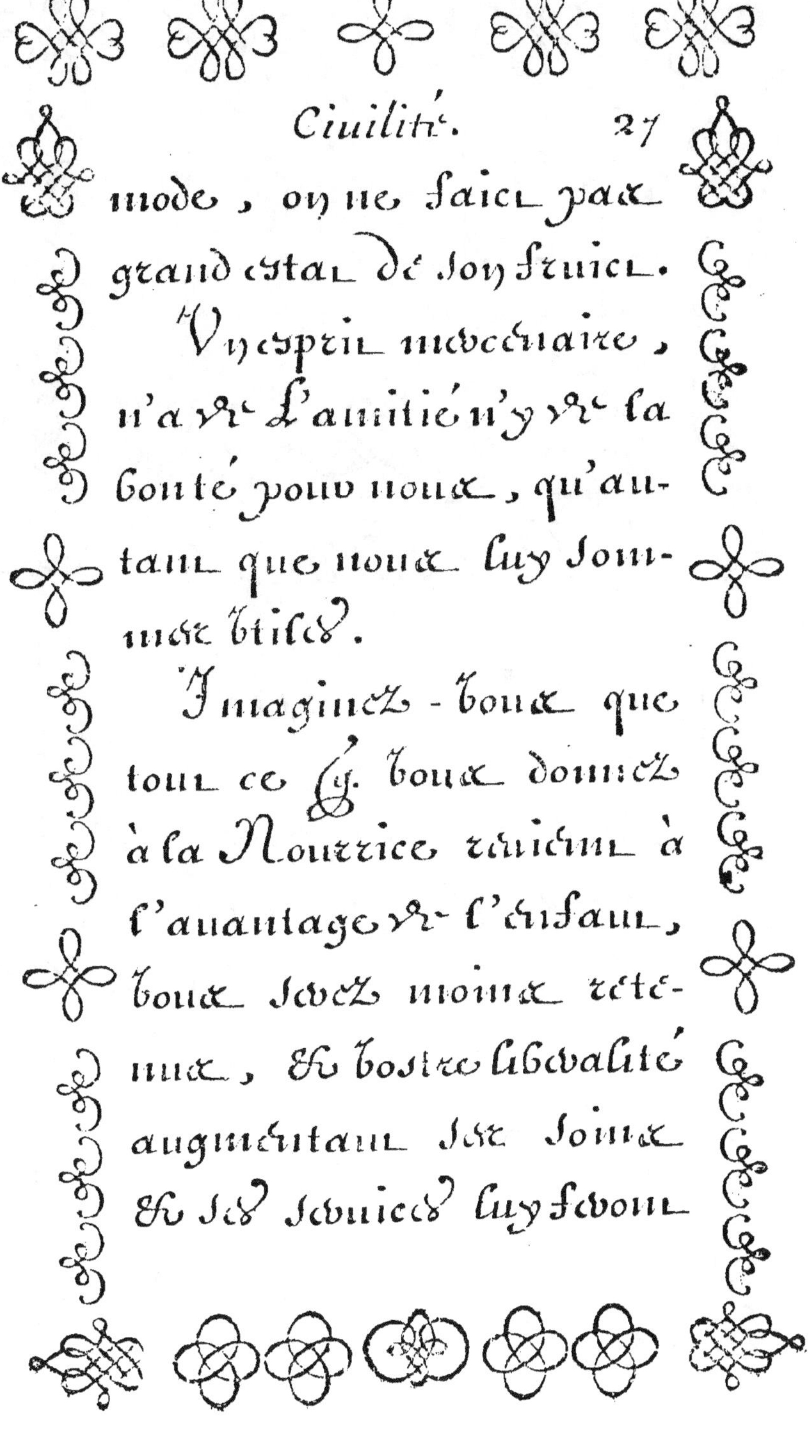

mode, on ne faict pas
grand estat de son fruict.

Vn esprit mercenaire,
n'a ny l'amitié n'y ny la
bonté pour nous, qu'au-
tant que nous luy som-
mes vtiles.

Imaginez-vous que
tout ce que vous donnez
à la Nourrice tournent à
l'auantage de l'enfant,
vous serez moins rete-
nus, Et vostre liberalité
augmentant ses soins
Et ses seruices luy feront

merite les qualitez d'vne bonne mere.

Du Maillot.

Chap. IIII.

Qu'on prenne gavde à la posture en laquelle on met l'enfant dans le Mail-lot, qu'vn pied ne soit pas plus allongé que l'autre.

Les membres reçoi-
uent des mauuaises con-
formations dans leur
tendresse.

On fait des boyteux
& des pieds-bots sans
y penser.

Que l'on n'enrauclisse
point la teste dans les
espaules, ce seroit une
disposition à deuenir bos-
su.

Que le bonnet & le
beguin ne donnent point
une forme mal-seante à

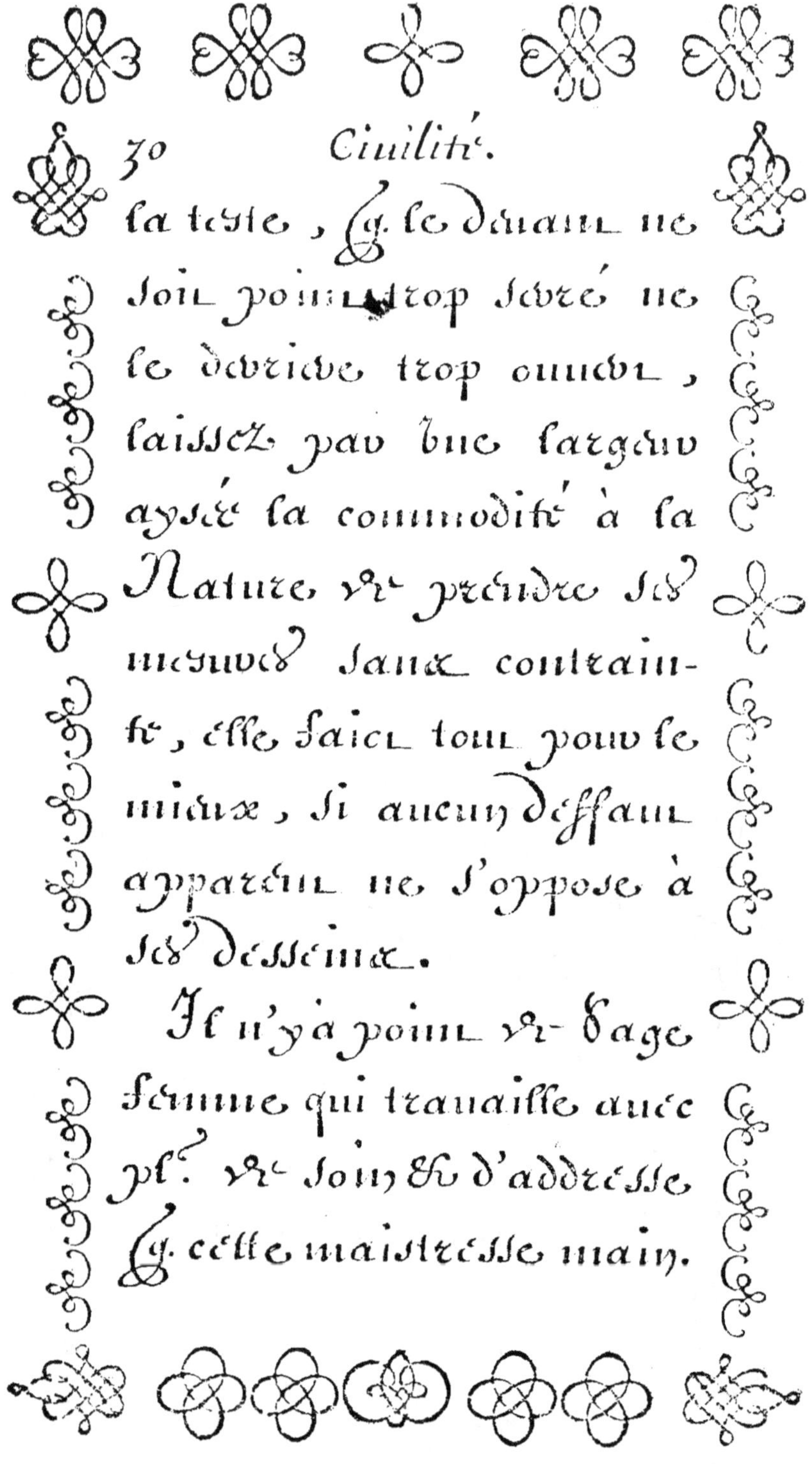

la teste, (q. le deuant ne
soit point trop serré ne
le derriere trop ouuert,
laissez par une largeur
aysée la commodité à la
Nature de prendre ses
mesures sans contrain-
te, elle faict tout pour le
mieux, si aucun deffaut
apparent ne s'oppose à
ses desseins.

Il n'y a point de sage
femme qui trauaille auec
pl. de soin, & d'addresse
(q. cette maistresse main.

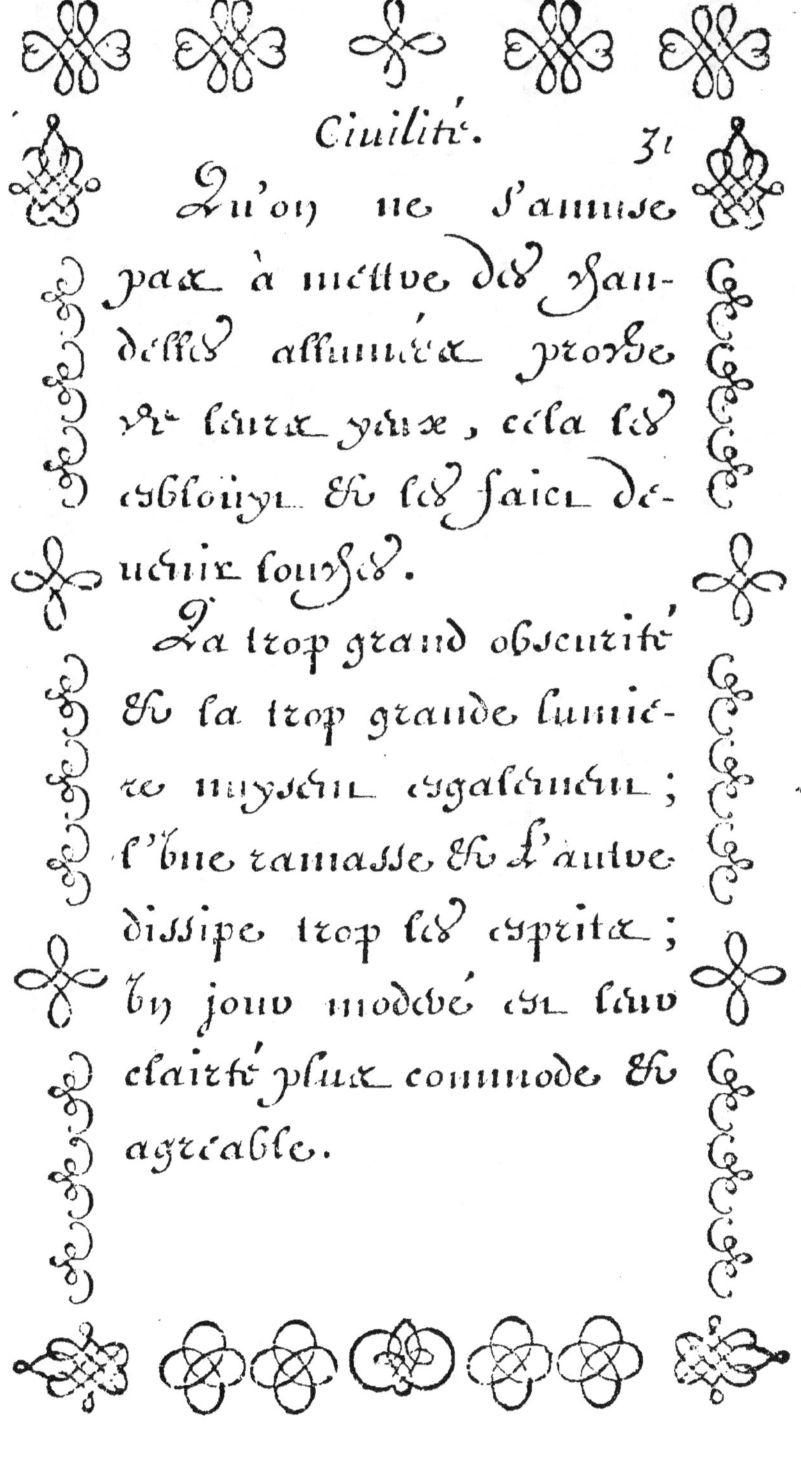

Qu'on ne s'amuse pas à mettre des chandelles allumées proche de leurs yeux, cela les esblouït & les fait devenir louches.

La trop grand obscurité & la trop grande lumière nuysent esgalement; l'une ramasse & l'autre dissipe trop les esprits; un jour moderé ou une clairté plus commode & agreable.

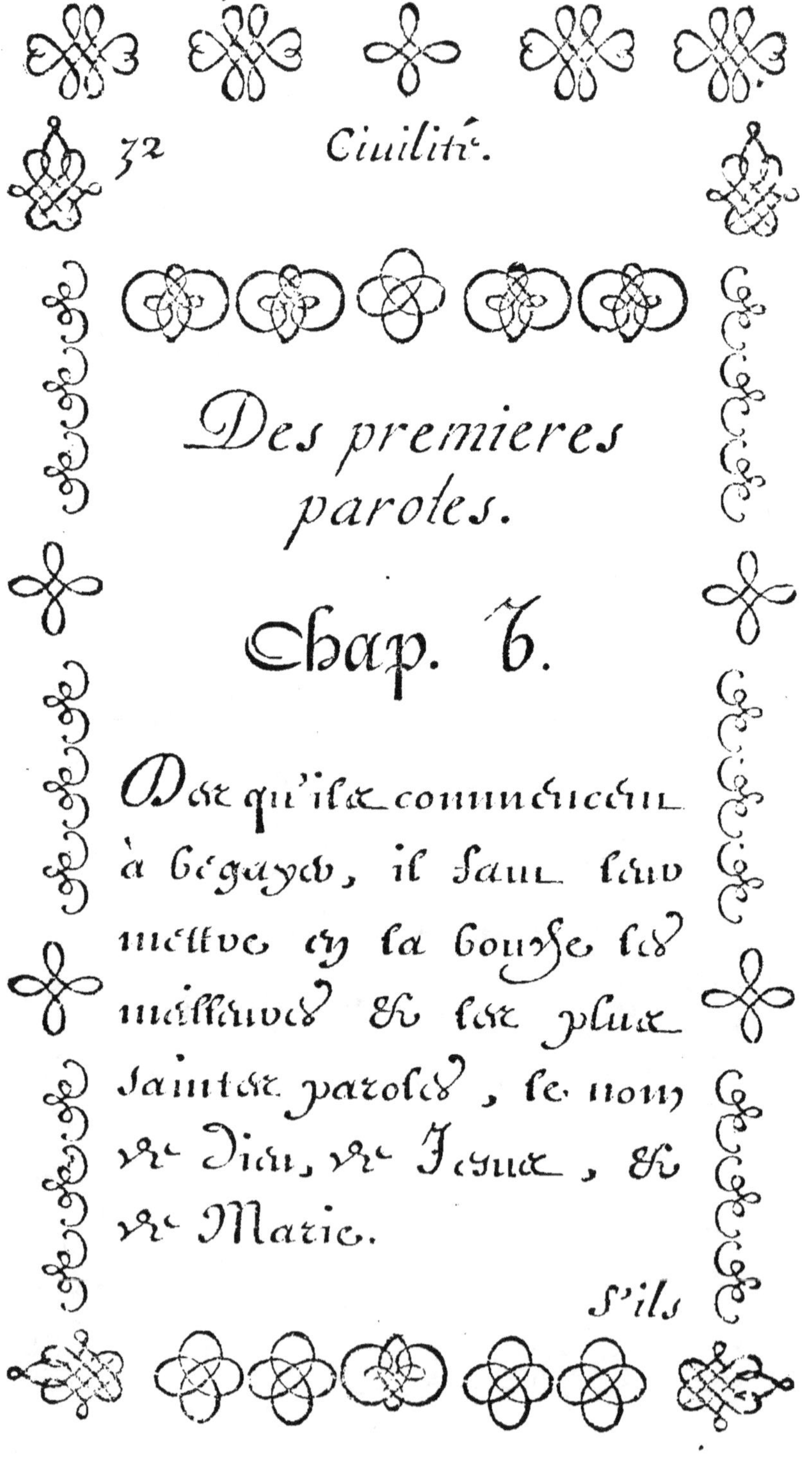

Des premieres paroles.

Chap. 6.

Dez qu'ilz comenceront à begayer, il faut leur mettre en la bouche les meilleures & les plus saintes paroles, le nom de Dieu, de Jesus, & de Marie.

S'ils

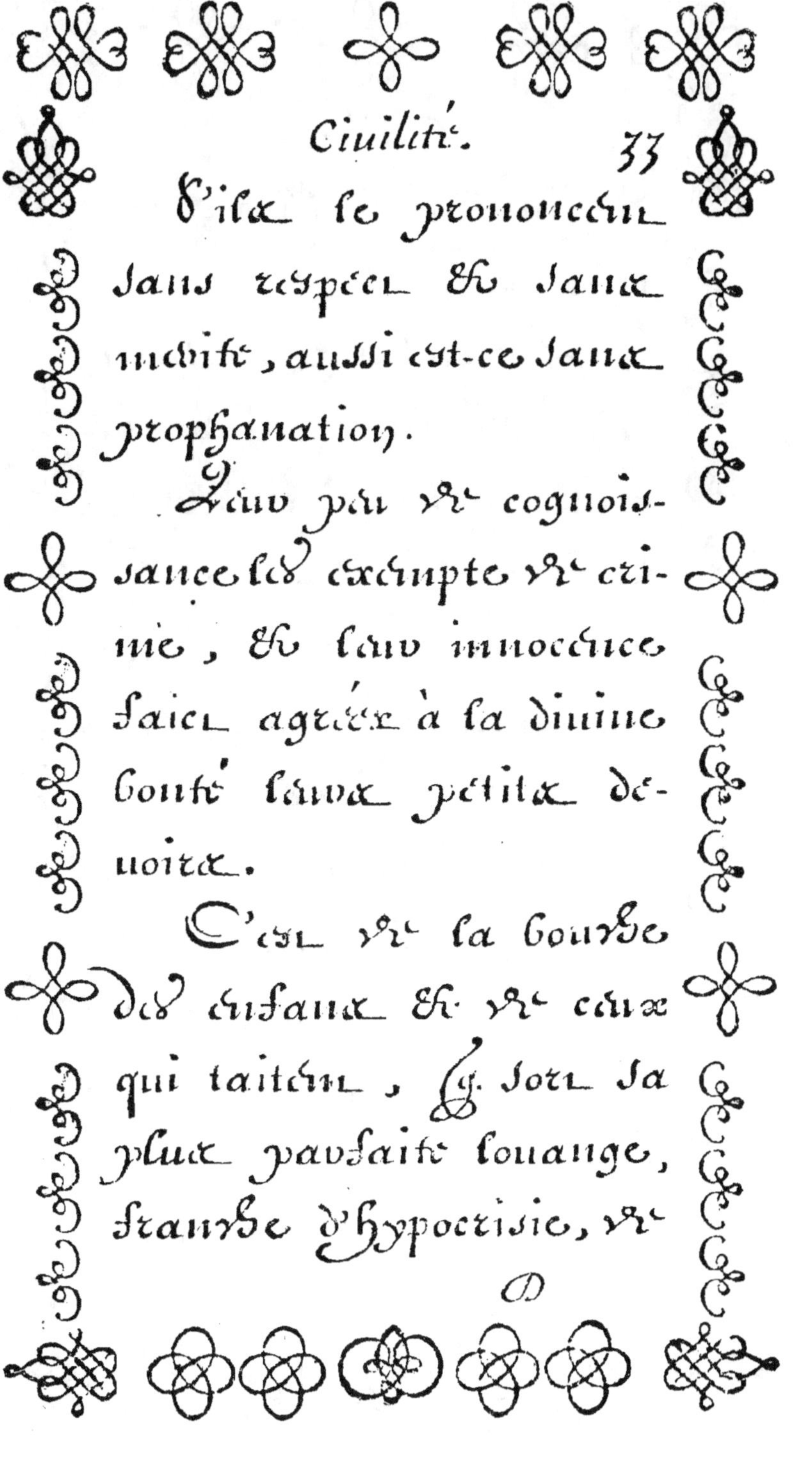

s'ils se prononcent
sans respect & sans
merite, aussi est-ce sans
prophanation.

Leur peu de cognois-
sance les exempte de cri-
me, & leur innocence
faict agréer à la divine
bonté leurs petits de-
uoirs.

C'est de la bouche
des enfans & de ceux
qui taitent, q. soit sa
plus parfaite louange,
franche d'hypocrisie, de

D

dissimulation, & re con-
trainte.

Les enfans re laict
ont esté la premiere vi-
ctime offerte à Iesus-
Christ, ou plustost cha-
que innocent a esté offert
à Dieu en holocauste, en la
place d'vn Dieu enfant.

Ils parloient par
leurs playes, honnorant
par leur mort l'Autheur
& le principe re leur
vie.

Les noms d'amour,

... Papa & ... Ma-
man ...; Ils doi-
uent cette recognoissance
à leur pere, à leurs
soins, & à leurs cares-
ses.

Ces mots proferez à
demy ... bonne grace, es-
suyent tous les desplai-
sirs & les ennuys qu'il
conuient prendre à l'edu-
cation des petits en-
fans.

On leur enseignera à
leuer les yeux au Ciel, à

D ij

joindre les mains, & à
former sur eux le signe
de la Croix.

On ne souffrira point
qu'ils entendent aucune
parole sale, deshonneste,
injurieuse, ou blaspheme:
moins encore qu'ils
viennent à les prononcer.

On esloignera d'eux
tous ceux dont la condi-
tion est attachée & liée,
pour l'ordinaire au vice
& à l'imperfection, com-
me lacquais, seruantes,

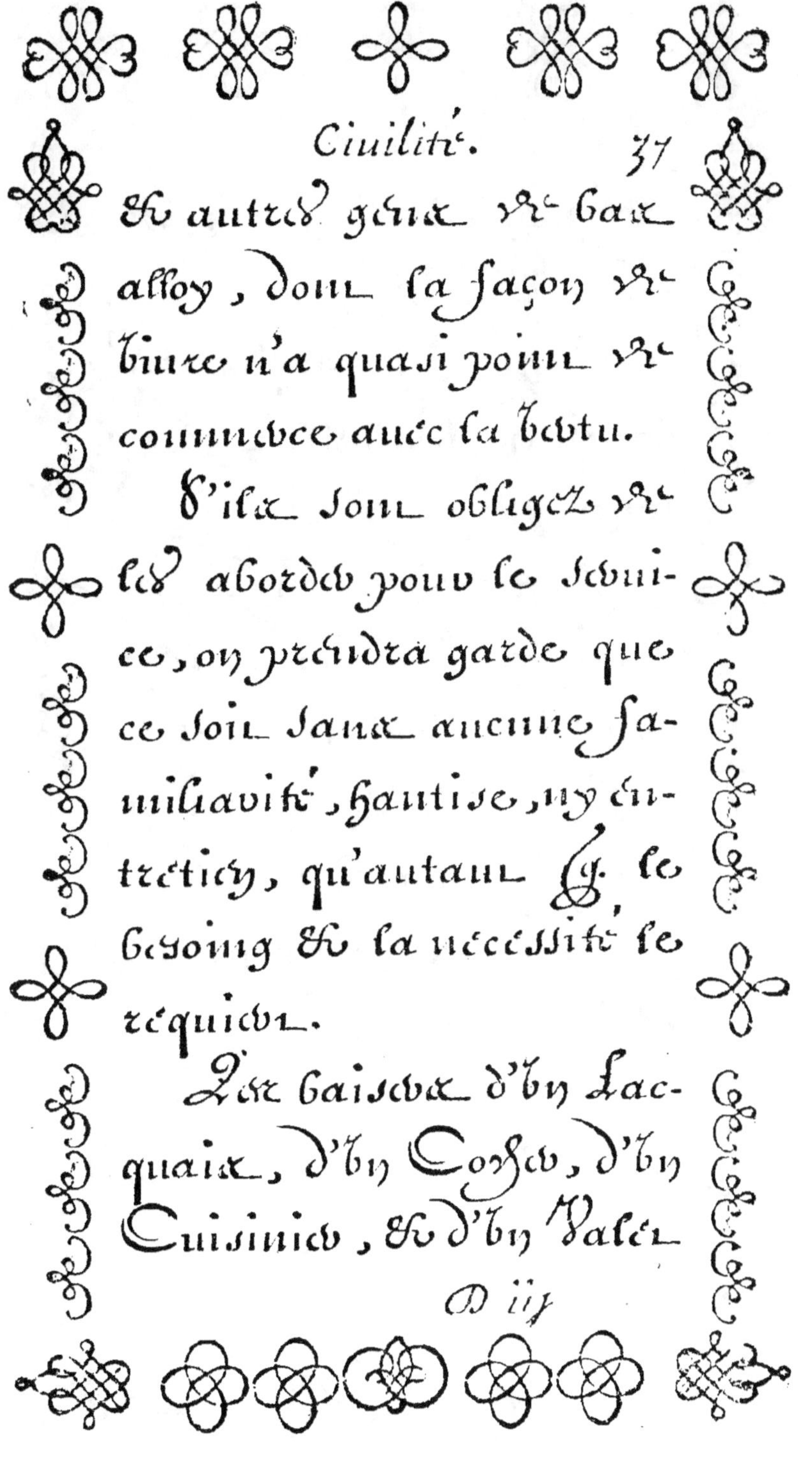

& autres gens de bas
alloy, dont la façon de
viure n'a quasi point de
commerce auec la vertu.

S'ils sont obligez de
les aborder pour le seruice, on prendra garde que
ce soit sans aucune fa-
miliarité, hantise, ny entretien, qu'autant que le
besoing & la nécessité le
requiert.

Que baisent d'vn Lac-
quais, d'vn Cocher, d'vn
Cuisinier, & d'vn Valet

38 *Ciuilité.*

La Chambre, doiuent estre bannie.

Tant de differentes halaines ternissent l'air teint.

Tant de bouches ne sont pas tousiours remplies d'vn bon air.

Tant de souffles donnent mauuaise couleur.

Il y a des yeux qui les rendent malades.

Les corps sont quelques fois dans des dispositions contagieuses.

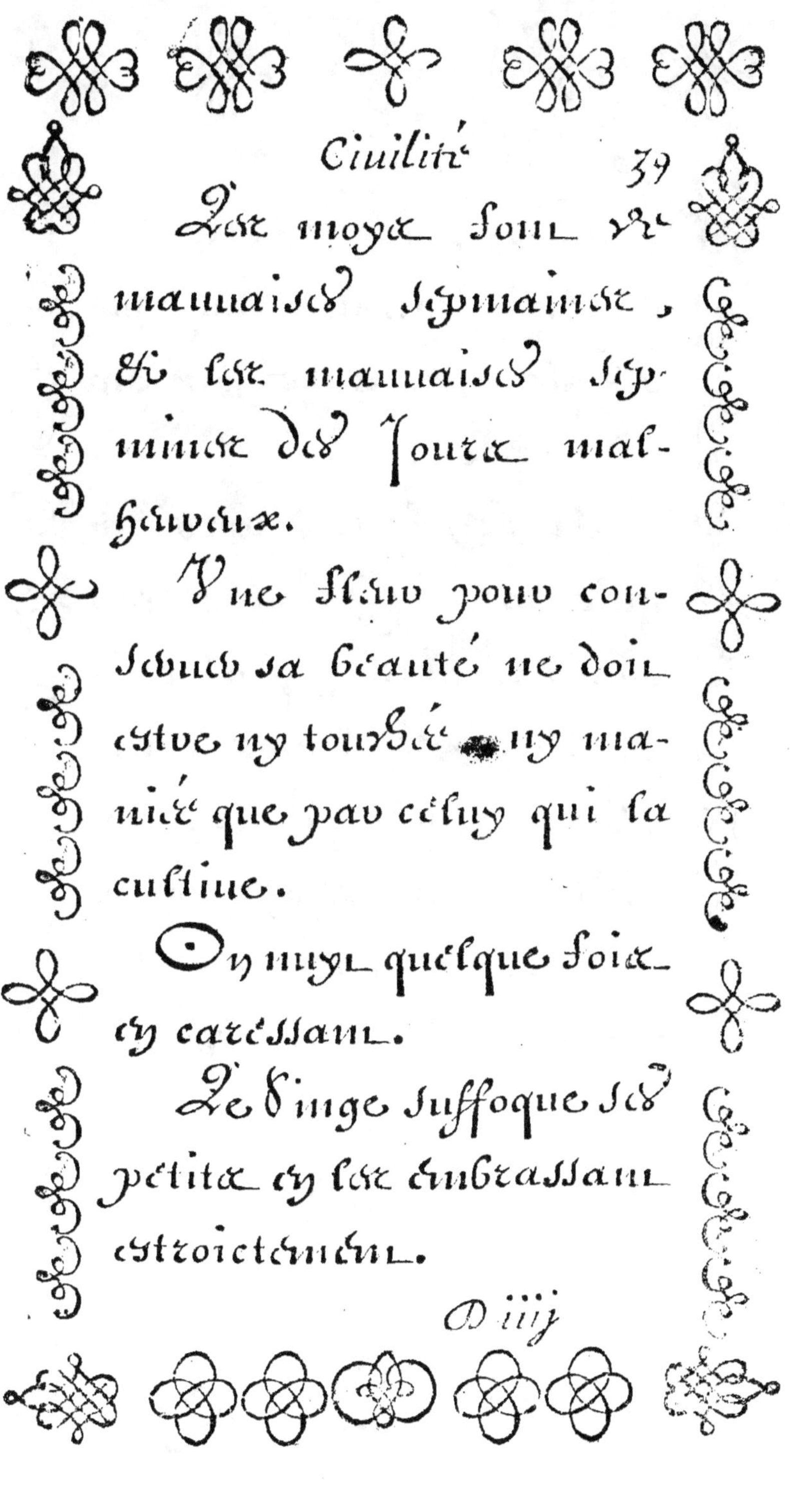

Les moyẽ sont re-
mauuaises sepmaines ,
& les mauuaises sep-
mines des Jours mal-
heureux.

Vne fleur pour con-
seruer sa beauté ne doit
estre ny tourbée ny ma-
niée que par celuy qui la
cultiue.

On nuyt quelque fois
en caressant.

Le singe suffoque ses
petits en les embrassant
estroictement.

D iiij

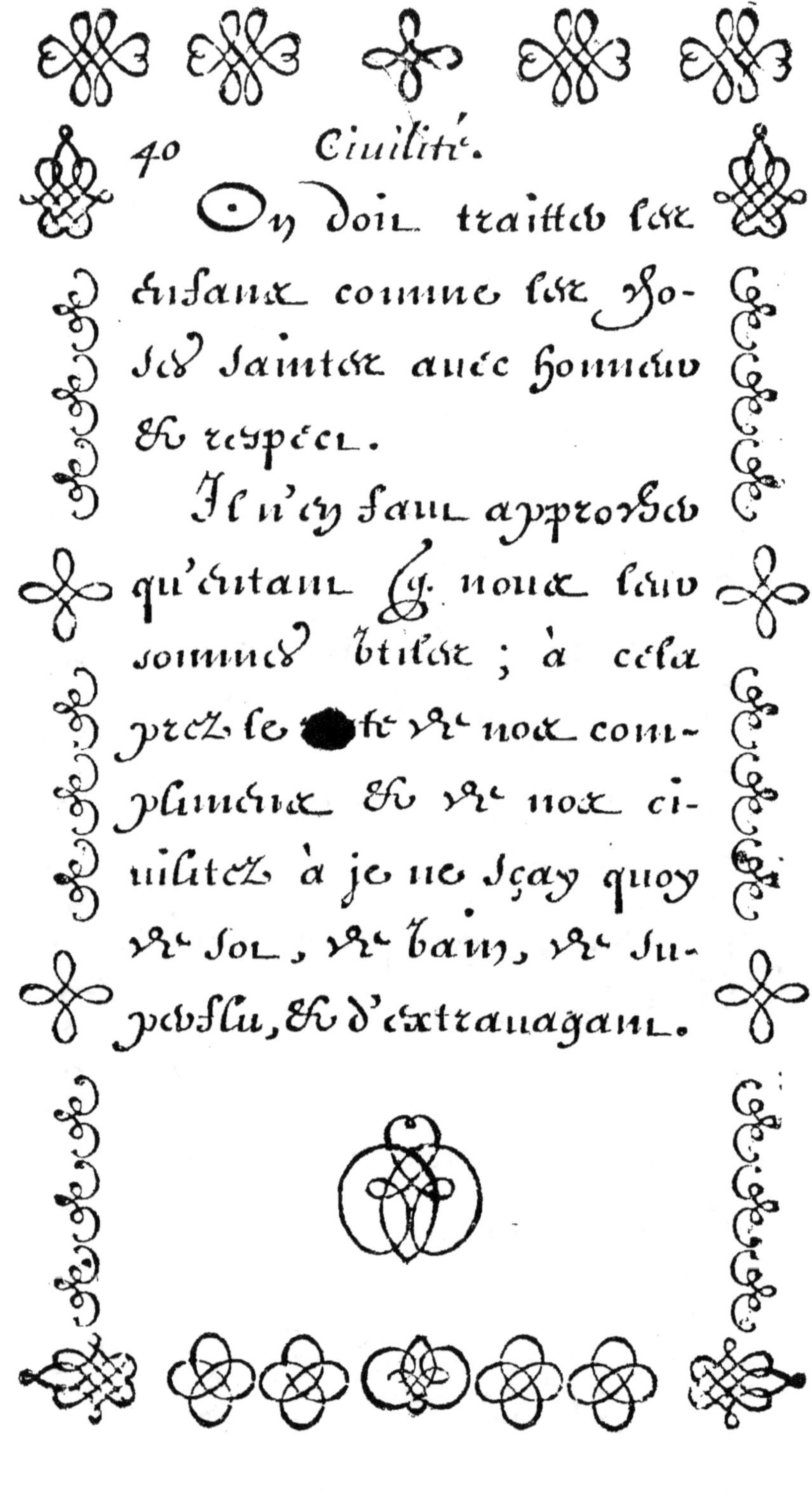

40   Ciuilité.

On doit traitter les
enfans comme les Cho-
ses Saintes auec honneur
& respect.

Il n'ey faut approcher
qu'étant (y nous leur
sommes vtiles ; à cela
prez le ●●●●●●● nos com-
plaindre & nos nos ci-
uilitez à je ne sçay quoy
nos Sol, nos bain, nos superflu, & d'extrauagant.

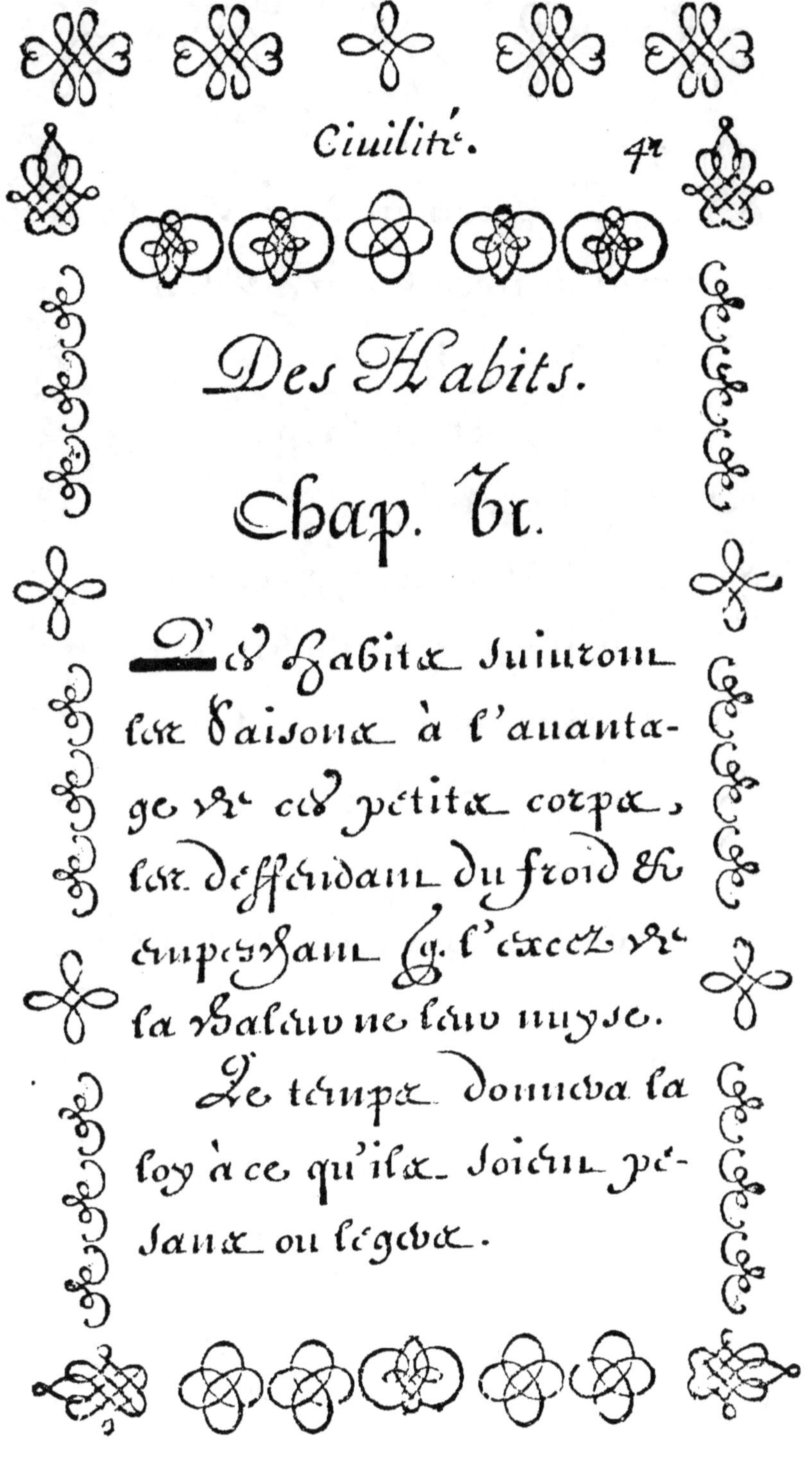

Des Habits

Chap. 61.

Les Habits suiuront les saisons à l'auantage des petits corps, les deffendant du froid &
empeschant q. l'excez de la chaleur ne leur nuyse.

Le temps donnera la
loy à ce qu'ils soient pe-
sans ou legers.

La commodité de la
croissance seruira de mo-
de & de façon.

Ny trop larges, ny
trop serrez.

Ny longs ny courts.

S'ils traisnoient, ce-
la embarrasseroit leurs
pieds, & les feroit tres-
bucher à chasque pas.

S'ils estoient si rele-
uez de terre le moindre
changement de temps
les exposeroient aux Ca-
thares & aux maladies.

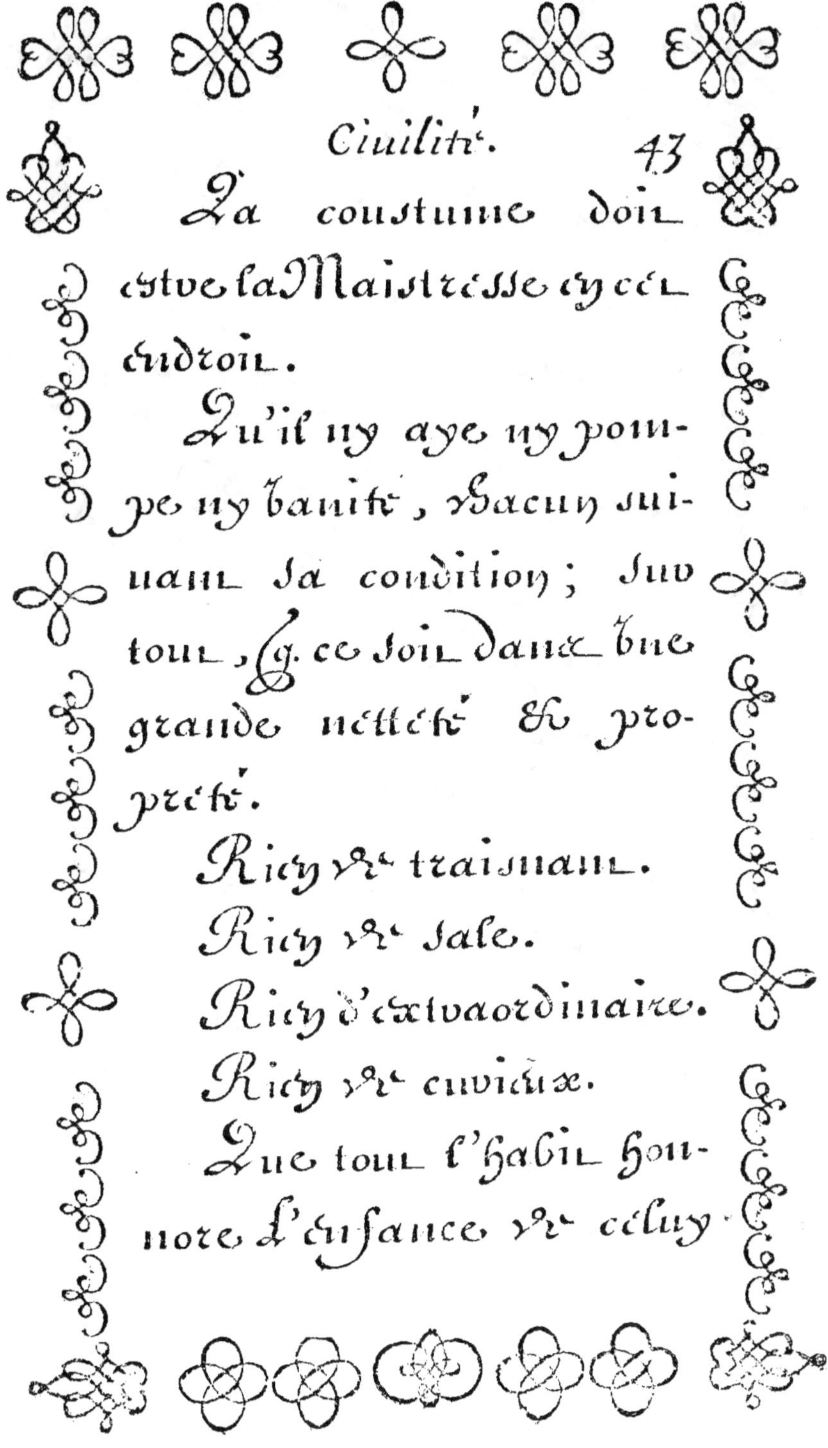

La coustume doit
estre la Maistresse en cet
endroit.

Qu'il ny aye ny pom-
pe ny banité, chacun sui-
uant sa condition; Sur
tout, q. ce soit dans vne
grande netteté & pro-
preté.

Rien de traisnant.
Rien de sale.
Rien d'extraordinaire.
Rien d'enuieux.
Que tout l'habit hon-
nore l'enfance en celuy

qui le porte, & ne face
point paroistre l'indis-
crétion, la sotise, & l'orgueil que celle qui se gouuerne.

Les petits Enfans
publient dans leurs a-
ctions, leurs gestes, leurs
paroles, & leur main-
tien; les biens, ou les ver-
tus de ceux à qui ils ap-
partiennent; ce sont des
tables rases, qui recoi-
uent toute sorte d'impres-
sions sans les pouuoir

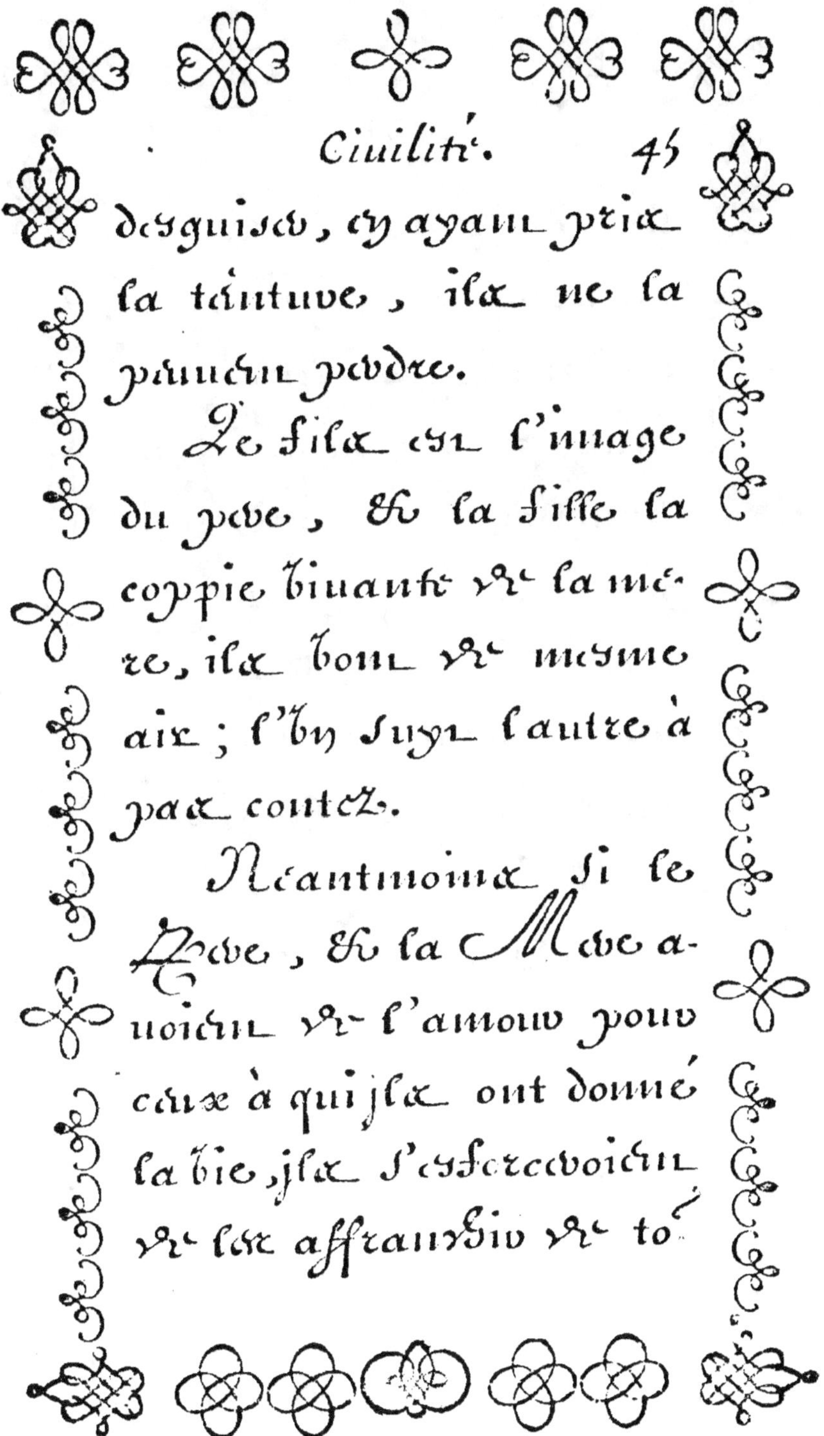

desguisés, en ayant pris la teinture, ilz ne la pourront perdre.

Le filz est l'image du pere, & la fille la coppie viuante de la me-re, ilz sont de mesme air; l'vn suit l'autre à pas contez.

Neantmoins si le Pere, & la Mere a-uoient de l'amour pour ceux à qui ilz ont donné la vie, ilz s'efforceroient de les affranchir de to'

les deffauts dont leur
nature est surchargée,
rendants parfaits au-
tant que le trauail, l'instruction, & l'industrie
humaine le permet,
ceux qu'ils espérent laisser au monde pour leurs
successeurs & héritiers.

Il faut hayr en nos
descendans ce q. nous
ne pouuons approuuer
en nostre conduite.

Quoy qu'on se flatte,
& q. l'estime de nous-

mesmes soit tousiours
auantageuse, si est-ce
qu'il y à vn mouuement
secret, qui dit; (q) le mal
est mal, ne pouuant per-
mettre qu'on luy attribuë
l'honneur, la gloire, &
la recompense deuë au
veritable bien.

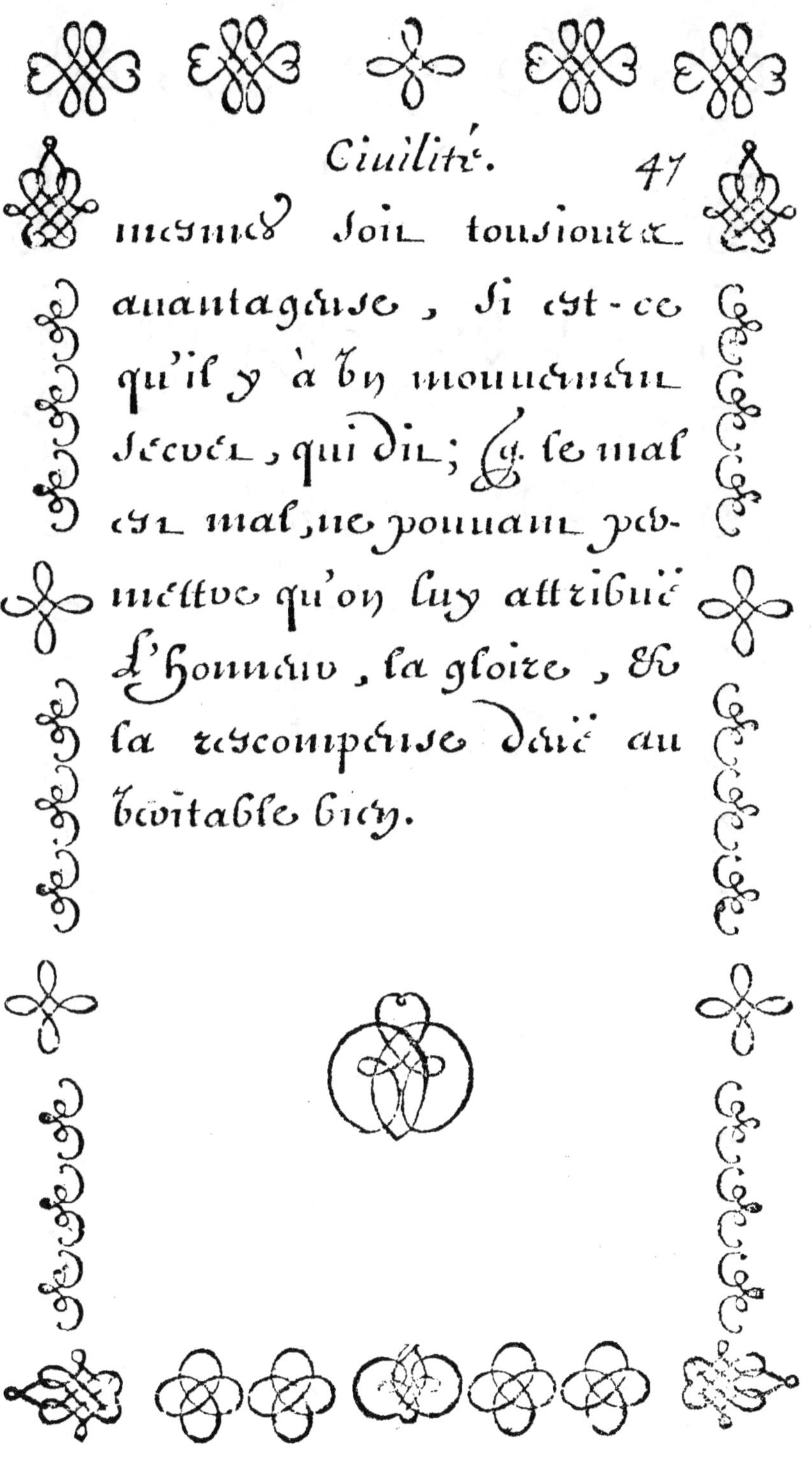

Des premieres années.

Chap. bu.

Les premieres années
de nostre vie, tant plus
de l'animal que de l'hom-
me, plus du sang que de
la raison, & de la ma-
tiere que de l'esprit sont
employées

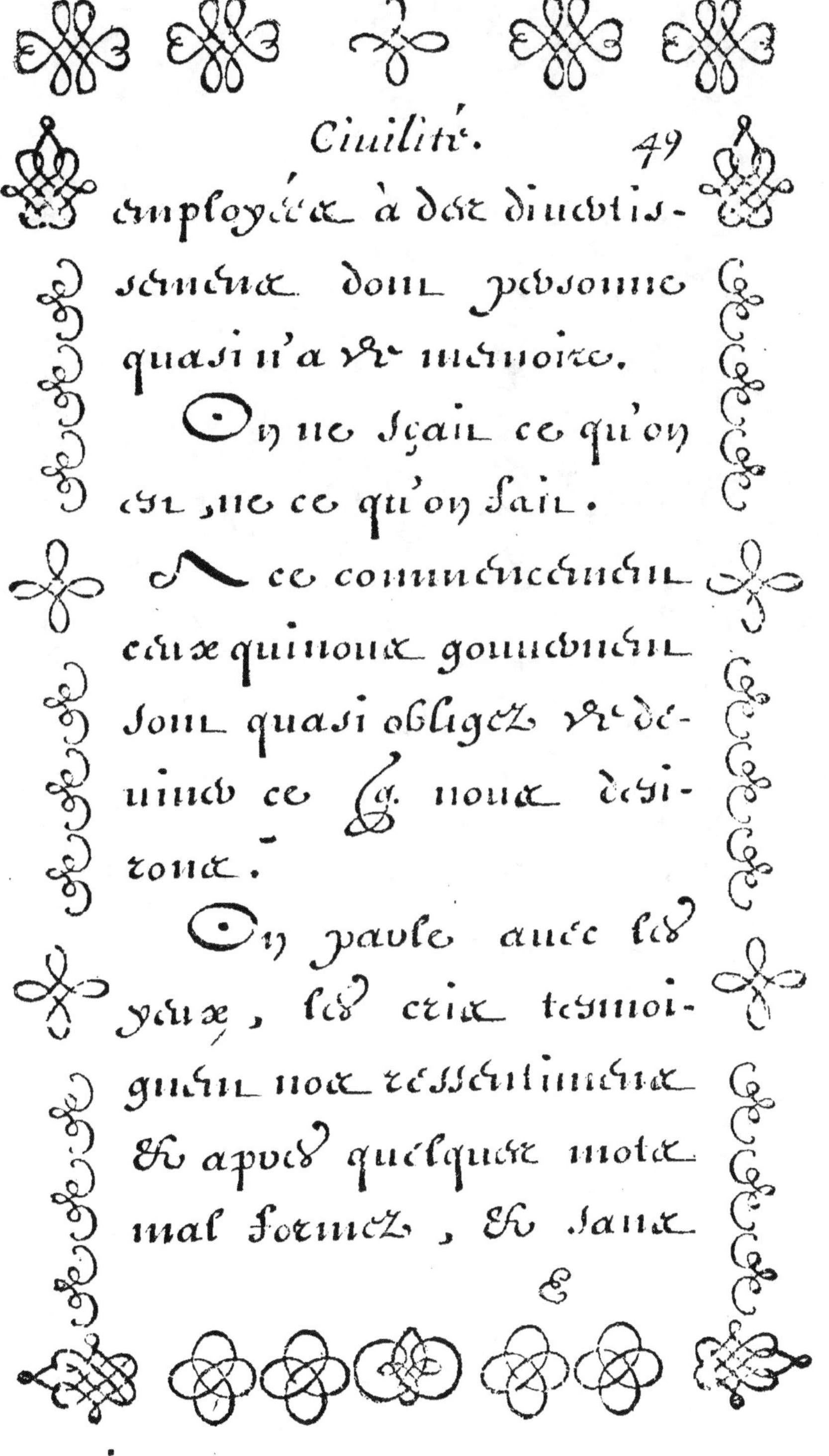

employées à dex diuertis-
semens dont personne
quasi n'a ÷ memoire.

⊙ On ne sçait ce qu'on
est ,ne ce qu'on fait.

Ne communicquent
ceux qui nous gouuernent
sont quasi obligez de de-
uiner ce q. nous desi-
rons.

⊙ On parle auec les
yeux, les cris tesmoi-
gnent nos ressentimens
& apres quelques mots
mal formez, & sans

E

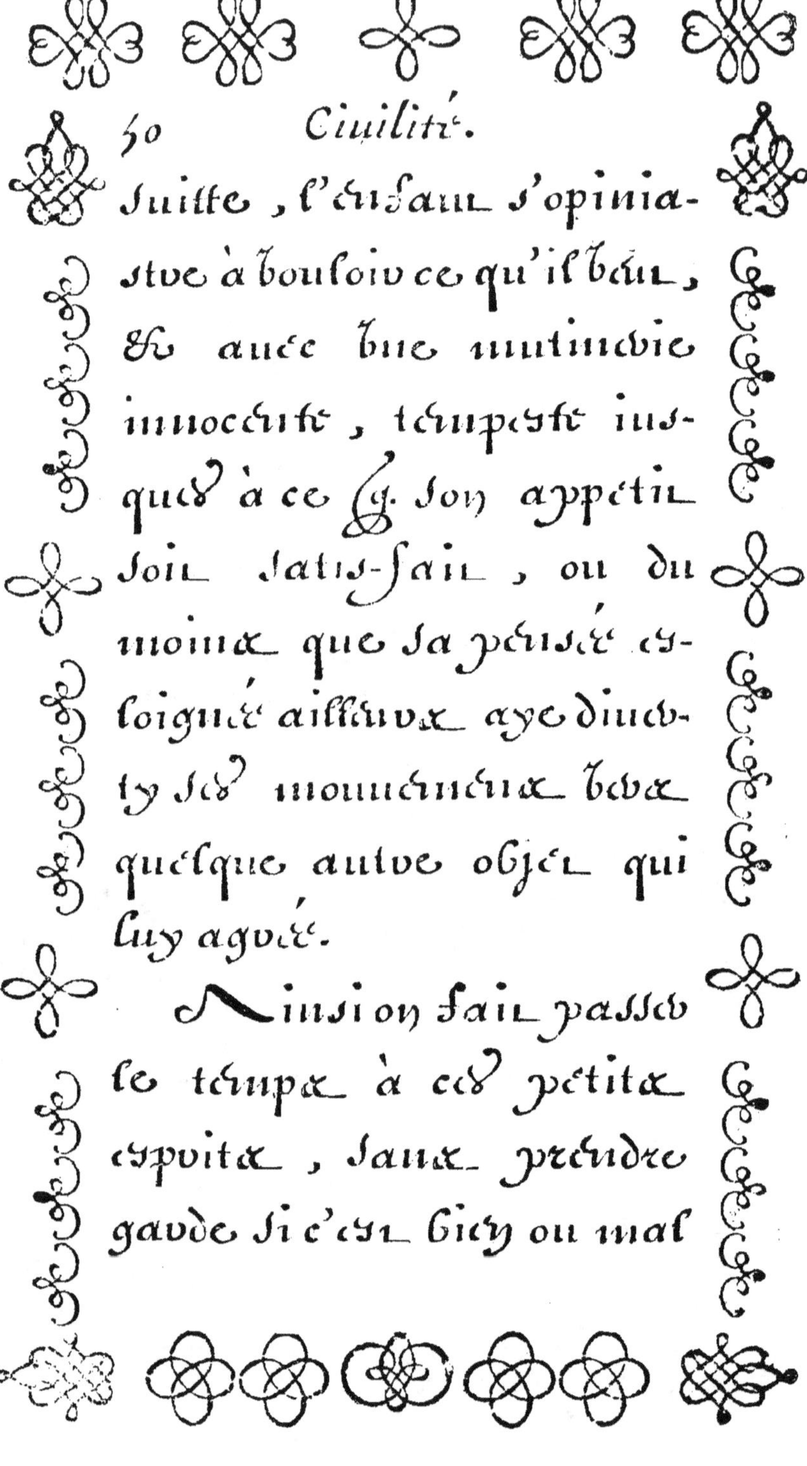

suitte, l'enfant s'opinia-
stre à vouloir ce qu'il veut,
& auec vne mutine
innocence, tempeste ius-
ques à ce q. son appetit
soit satis-fait, ou du
moins que sa pensée es-
loignée ailleurs aye diuer-
ty ses mouuemens vers
quelque autre objet qui
luy agrée.

Ainsi on fait passer
le temps à ces petits
esprits, sans prendre
garde si c'est bien ou mal

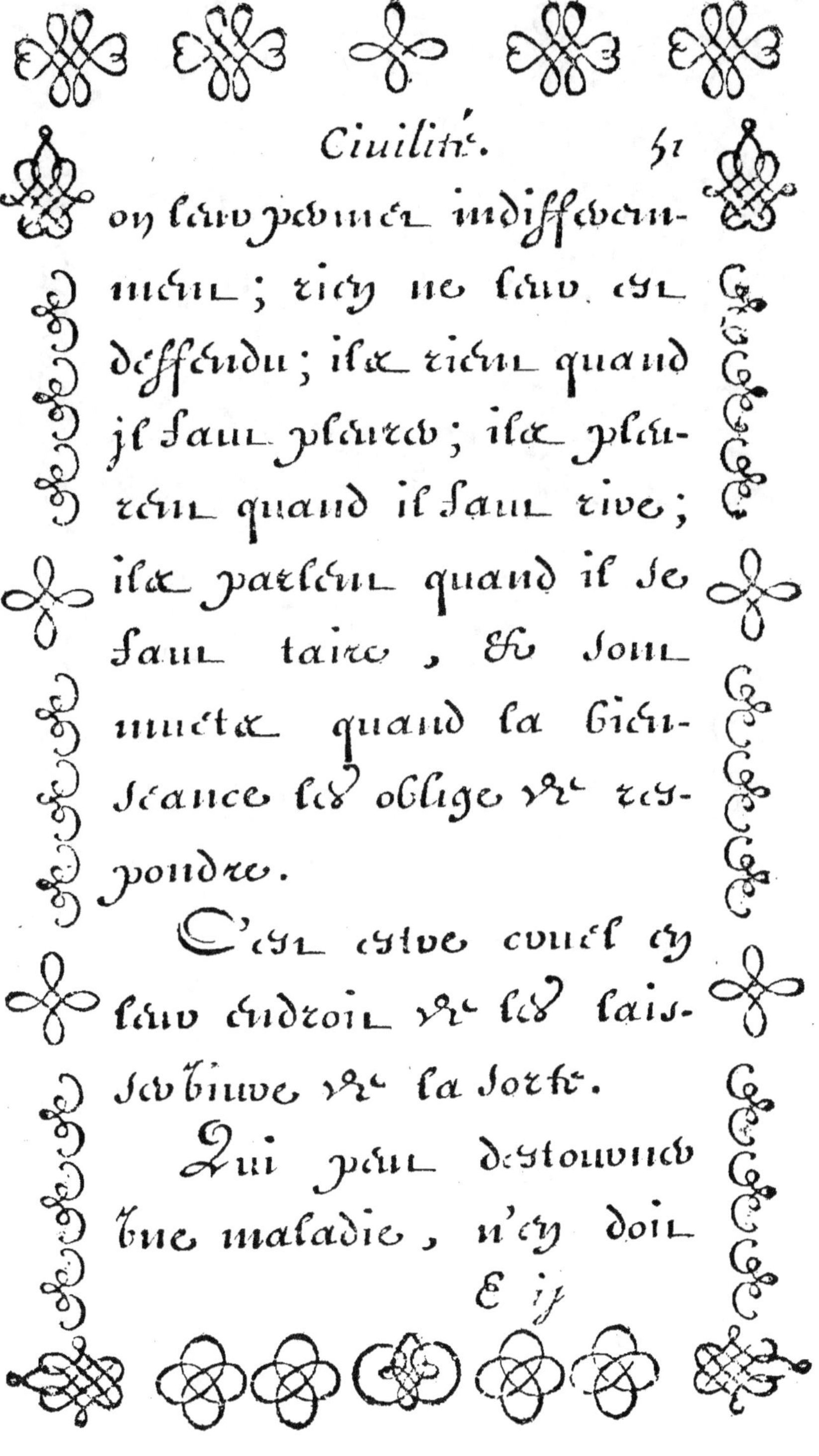

on laiſſ paruiner indiffarem-
ment; rien ne laiſſ eſt
deffendu; ils rient quand
il faut plaire; ils plai-
rent quand il faut rire;
ils parlent quand il se
faut taire, & sont
muets quand la bien-
séance les oblige de res-
pondre.

C'est estre conseil en
laiſſ endroit de les laisser viure de la sorte.

Qui peut destourner
vne maladie, n'en doit

point souffrir l'abord,
sous prétexte de la gué-
rir.

Pourquoy me laisser
accabler & prendre d'vn
mal, dont ie ne pourray
estre affranchy qu'auec
peine.

Pourquoy me laisser
aller dans le précipice
pour m'en retirer.

La main seroit plus
fauorable qui iroit au deuant de la cheute.

Les remedes qui pre-

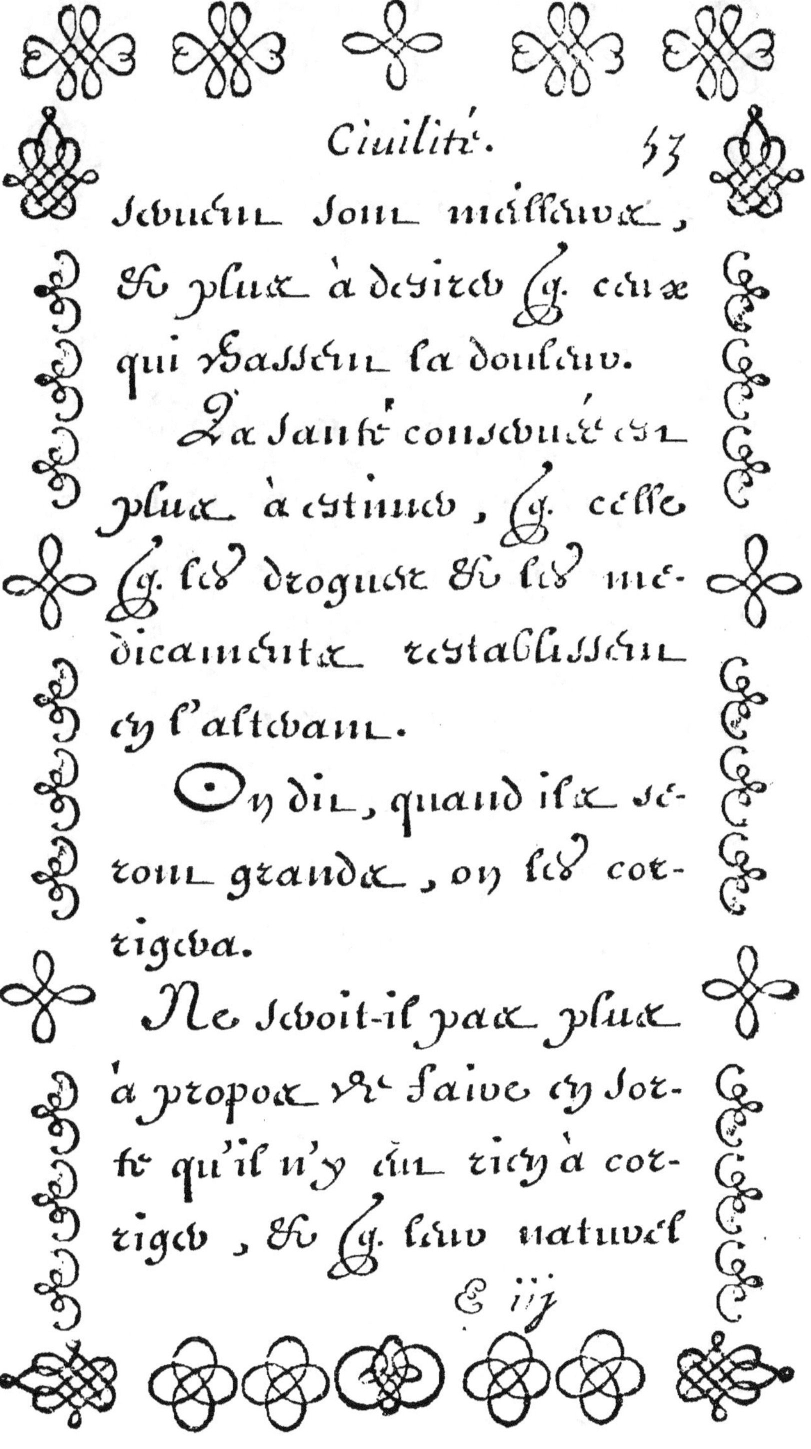

feruent font meſſeures,
& plus à deſirer q. ceux
qui chaſſent la douleur.

La ſanté conſeruée eſt
plus à eſtimer, q. celle
q. les drogues & les me-
dicamentz reſtabliſſent
ey l'alterant.

On dit, quand ilx ſe-
ront grandx, on les cor-
rigera.

Ne ſeroit-il pax plus
à propox les faire ey ſor-
te qu'il n'y eut riey à corriger, & q. leur naturel

E iij

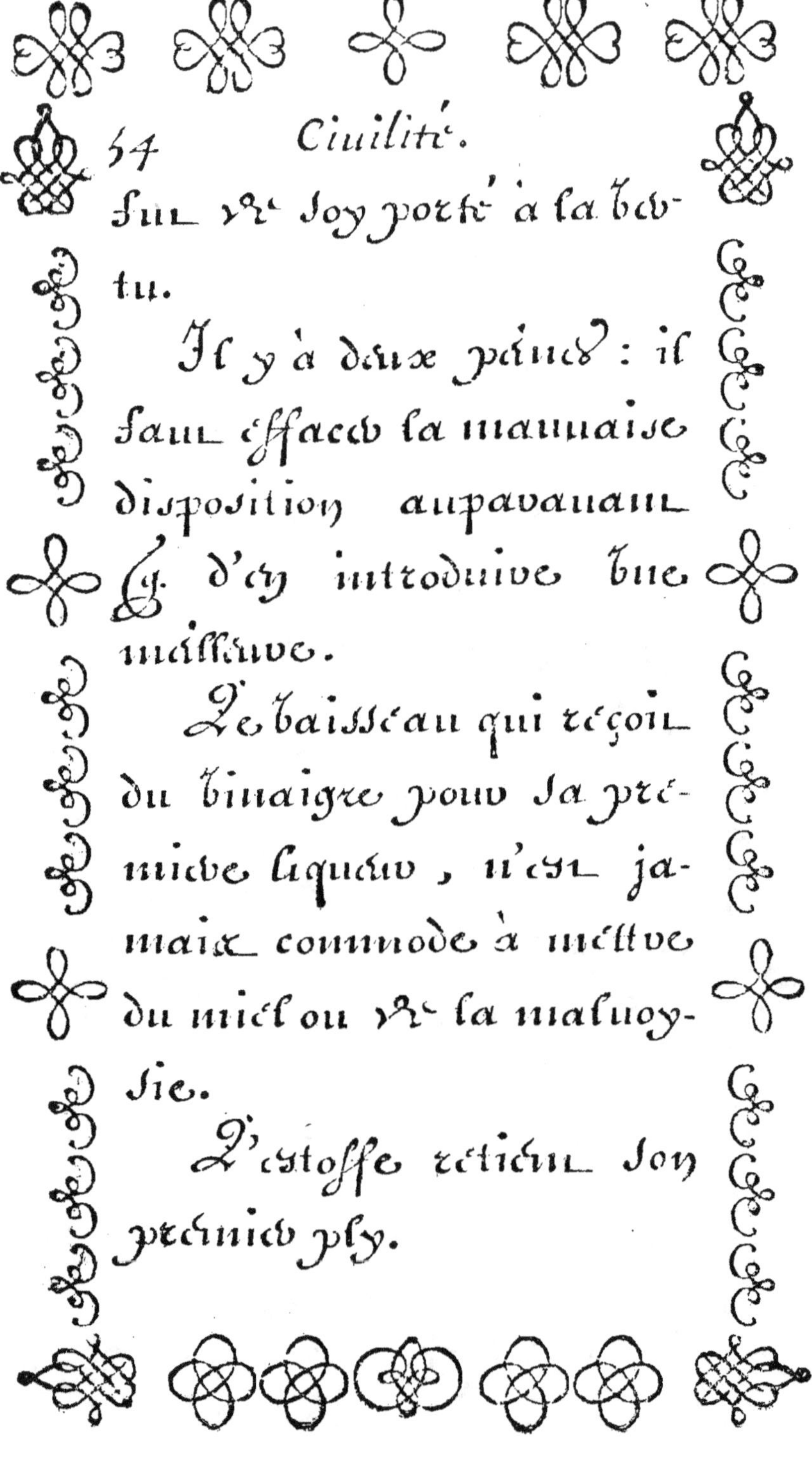

fur r.e foy porté a la vertu.

Il y à deux poincts : il
faut effacer la mauuaise
disposition auparauant
q. d'en introduire vne
meilleure.

Le vaisseau qui reçoit
du vinaigre pour sa pre-
miere liqueur, n'est ja-
mais commode à mettre
du miel ou r.e la maluoy-
sie.

L'estoffe retient son
premier ply.

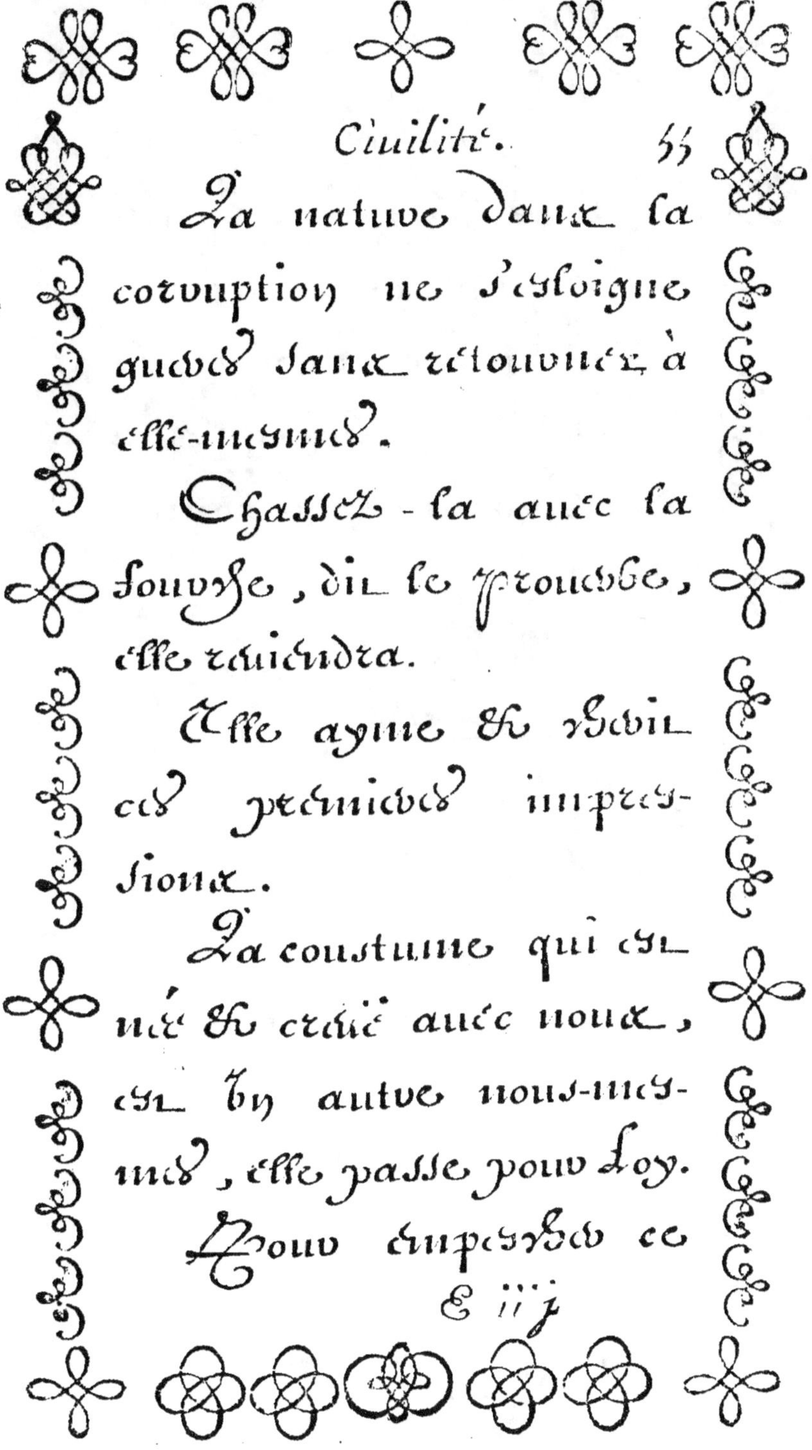

La nature dans la corruption ne s'esloigne gueres sans retourner à elle-mesme.

Chassez-la auec la fourche, dit le prouerbe, elle reuiendra.

Elle ayme & suit ses premieres impres-sions.

La coustume qui est née & creüe auec nous, en fin autre nous-mes-mes, elle passe pour Loy.

Pour empescher ce

E iiij

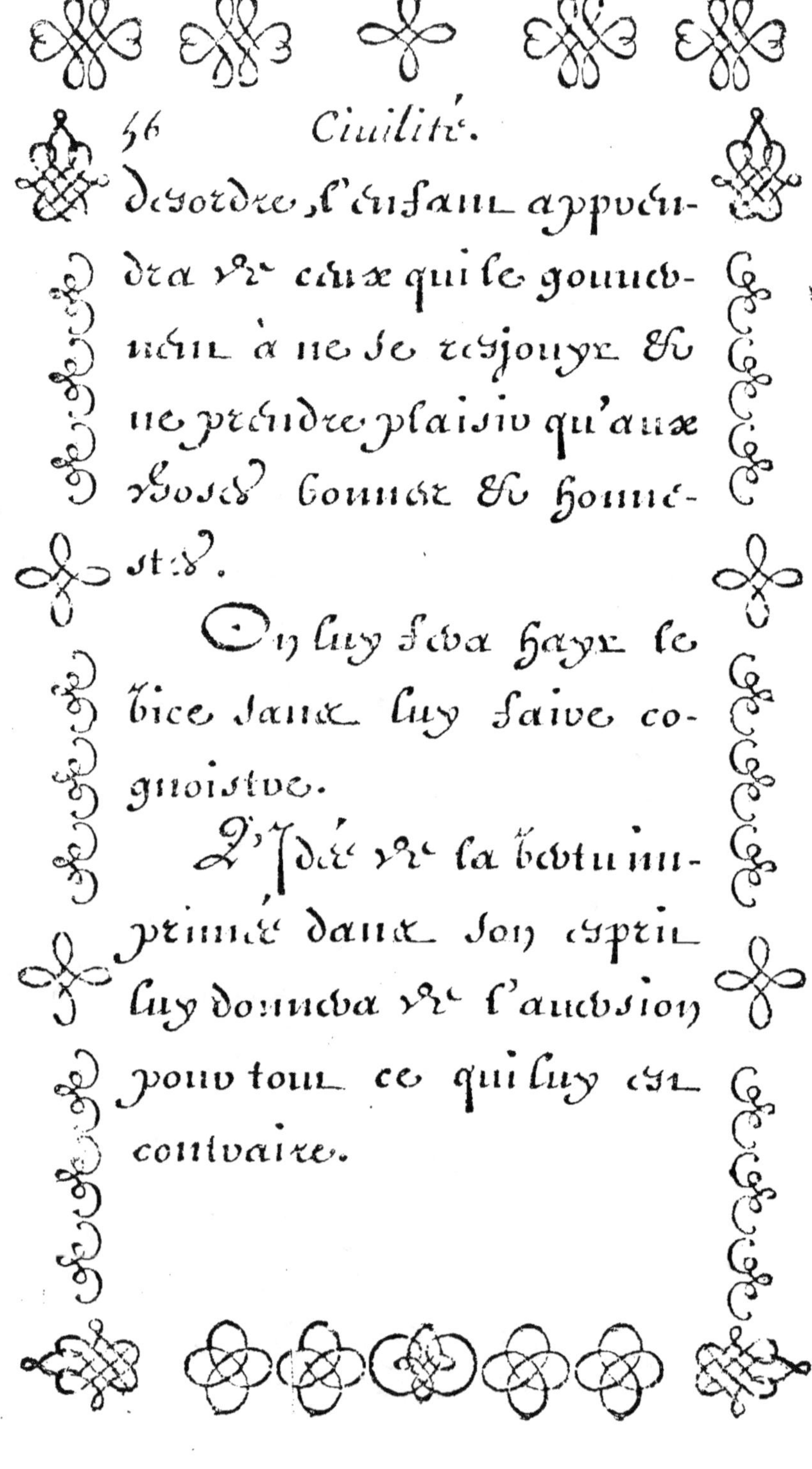

desordre, l'enfant apprendra de ceux qui le gouuernent à ne se resjouyr & ne prendre plaisir qu'aux choses bonnes & honnestes.

On luy fera hayr le vice dans luy faire cognoistre.

Et l'idée de la vertu imprimée dans son esprit luy donnera de l'auersion pour tout ce qui luy est contraire.

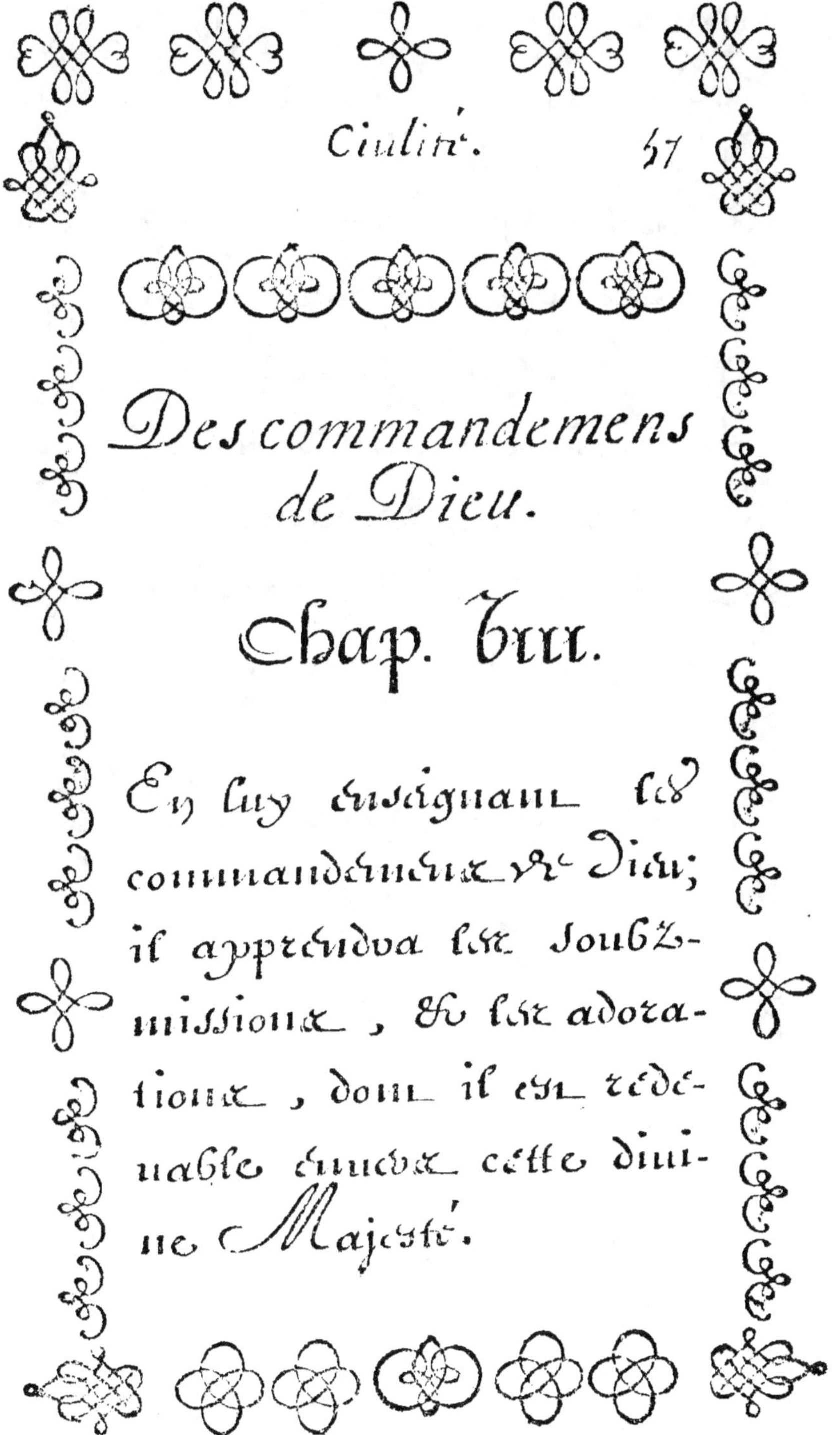

Des commandemens de Dieu.

Chap. viii.

En luy enseignant les commandemens de Dieu; il apprendra les soubz-missions, & les adorations, dont il est rede-uable enuers cette diui-ne Majesté.

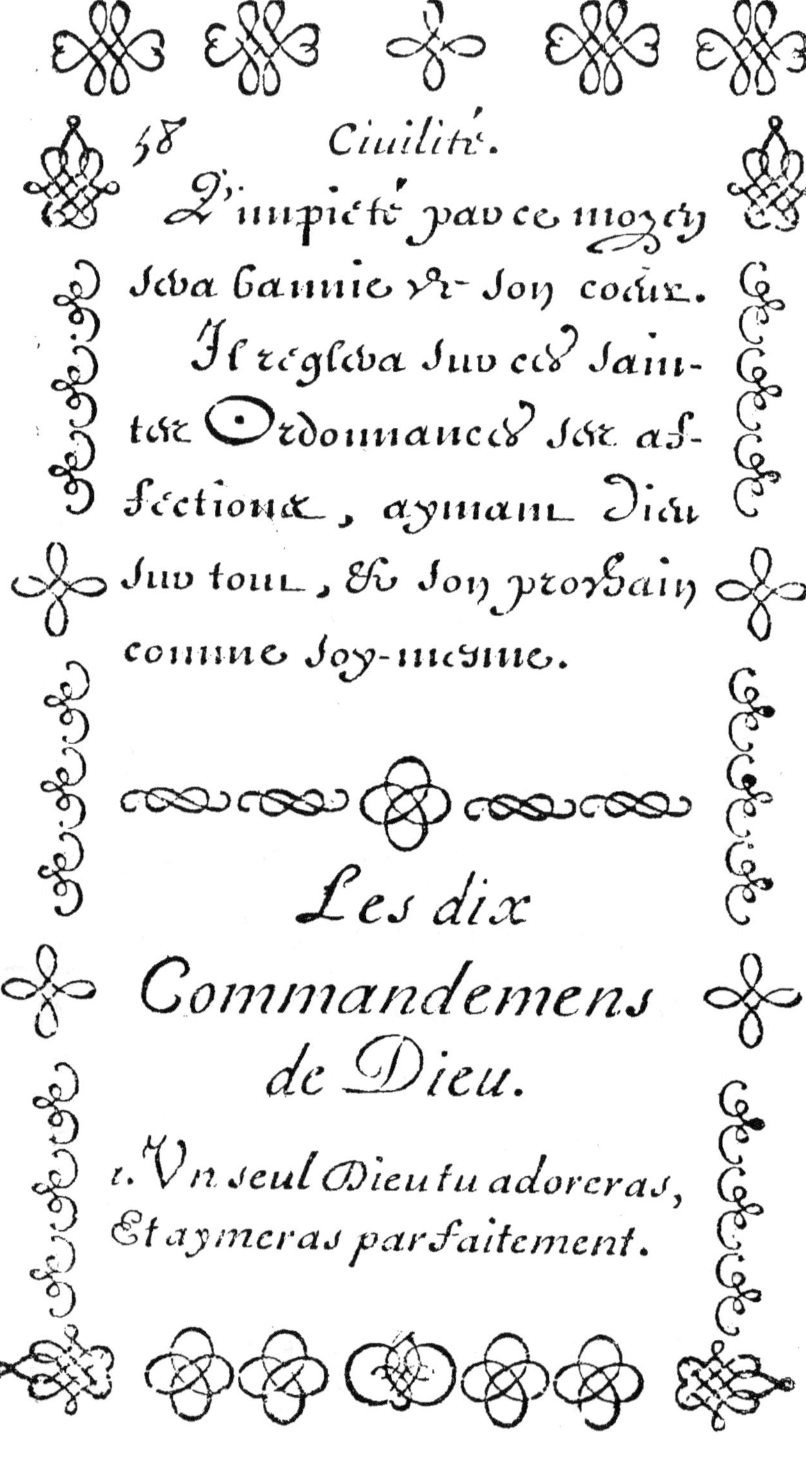

L'impieté par ce moyen
se va bannir de son cœur.
Il reglera sur ces sain-
tes Ordonnances ses af-
fections, aymant Dieu
sur tout, & son prochain
comme soy-mesme.

Les dix Commandemens de Dieu.

1. Vn seul Dieu tu adoreras,
Et aymeras parfaitement.

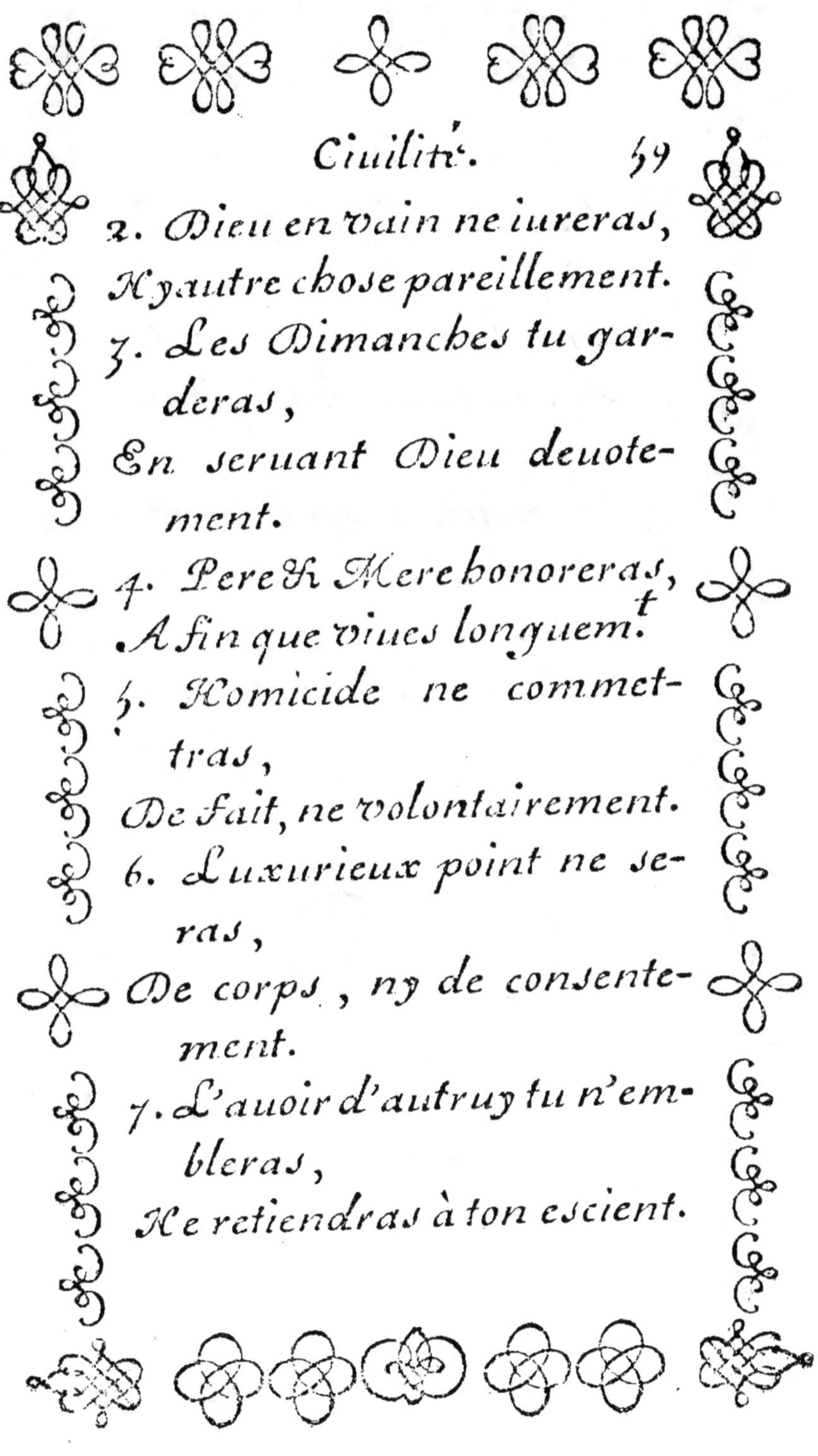

2. Dieu en vain ne iureras,
Ny autre chose pareillement.
3. Les Dimanches tu gar-
deras,
En seruant Dieu deuote-
ment.
4. Pere & Mere honoreras,
Afin que viues longuem.^t
5. Homicide ne commet-
tras,
De fait, ne volontairement.
6. Luxurieux point ne se-
ras,
De corps, ny de consente-
ment.
7. L'auoir d'autruy tu n'em-
bleras,
Ne retiendras à ton escient.

8. Faux témoignage ne di-
ras,

Ne mentiras aucunement.

9. L'œuure de chair ne desireras,

Qu'en mariage seulement.

10. Biens d'autruy ne con-
uoiteras,

Pour les auoir injustement.

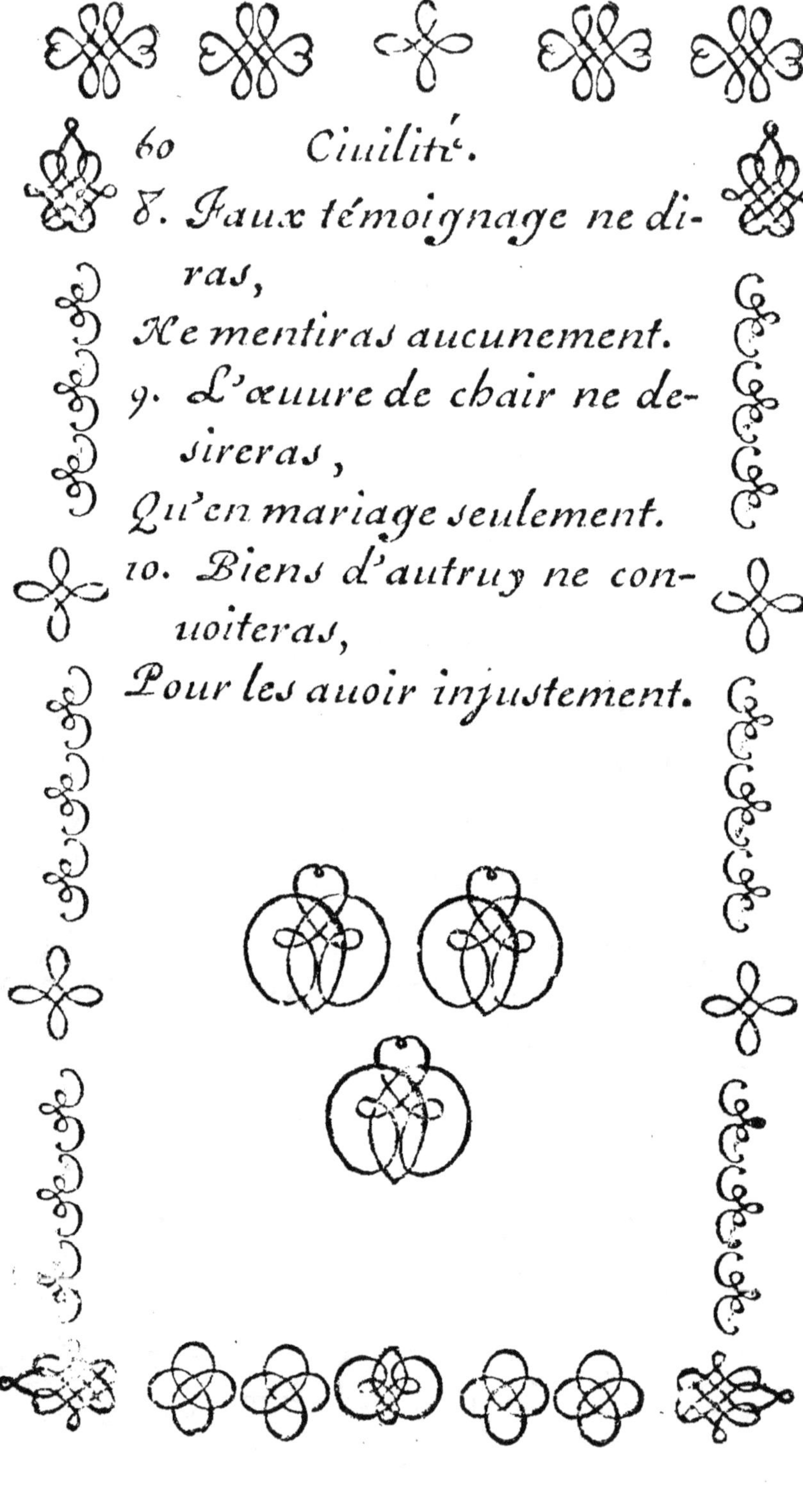

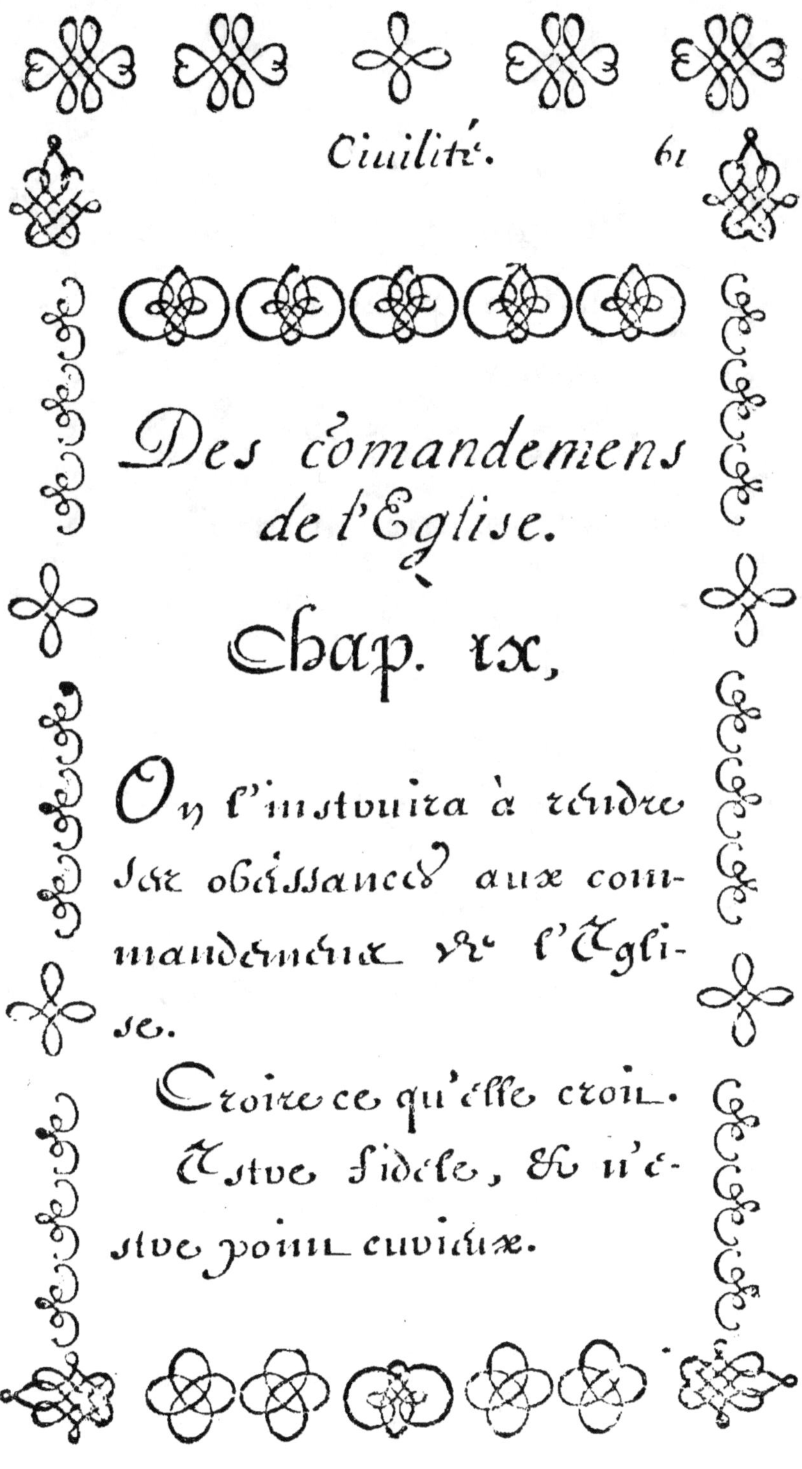

Des comandemens de l'Eglise.

Chap. ix,

On l'instruira à rendre sa obéissance aux commandemens de l'Eglise.

Croire ce qu'elle croit.
Estre fidele, & n'e-
stre point curieux.

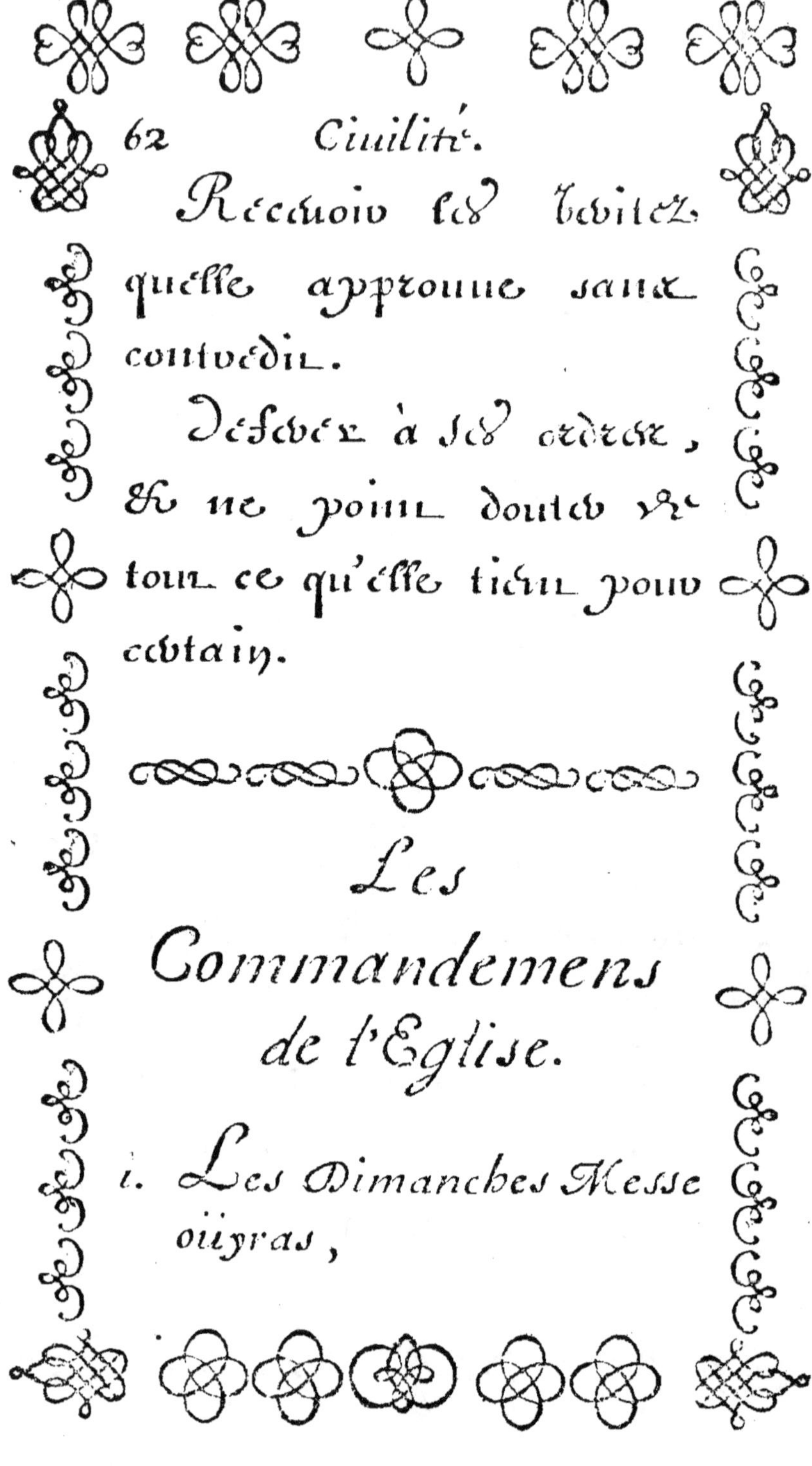

62   Ciuilité.

Reçeuoir les veritez
qu'elle approuue sans
contredit.

Déferer à ses ordres,
& ne point douter de
tout ce qu'elle tient pour
certain.

Les Commandemens de l'Eglise.

1. Les Dimanches Messe
oüyras,

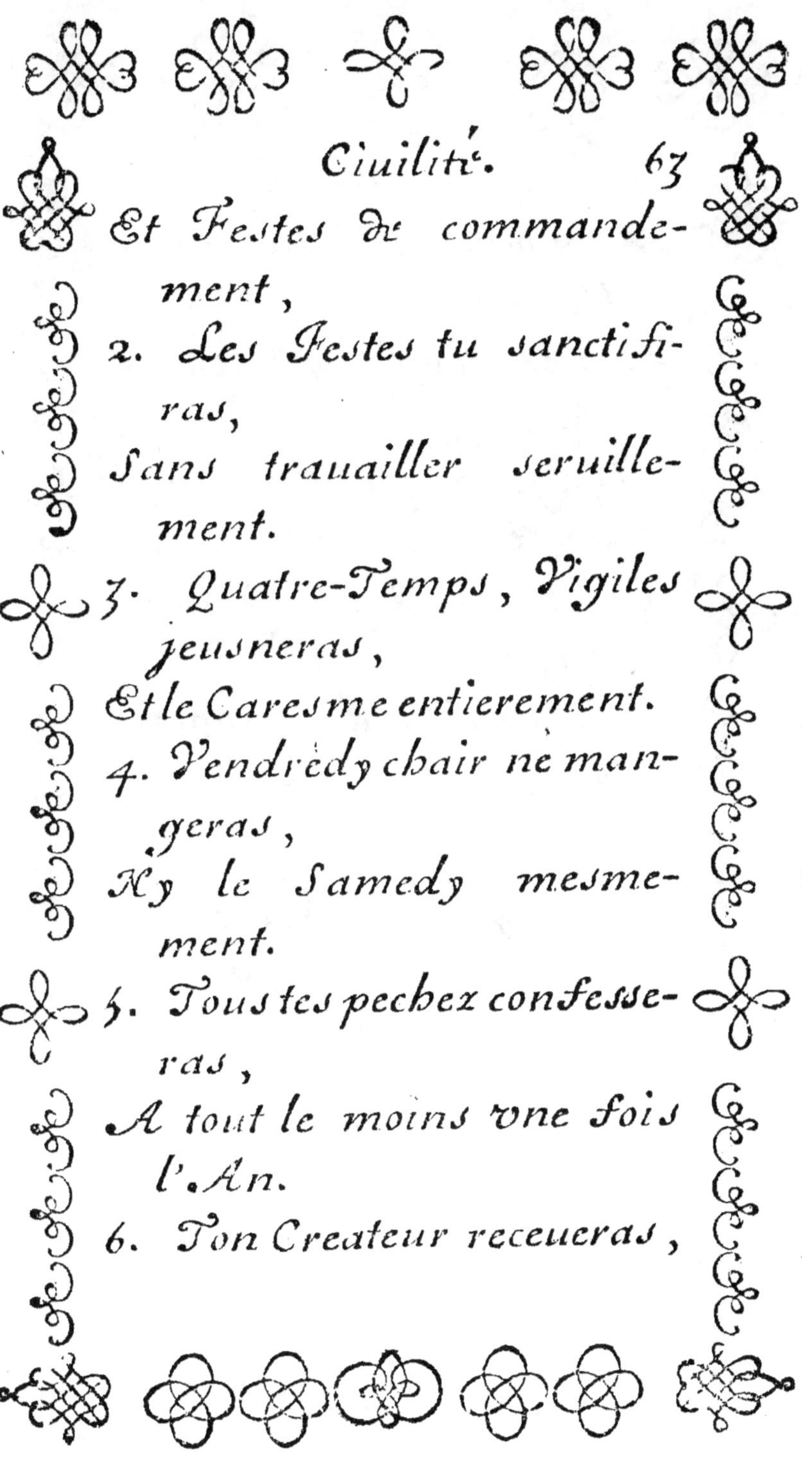

Et Festes de commande-
ment,

2. Les Festes tu sanctifi-
ras,

Sans trauailler seruille-
ment.

3. Quatre-Temps, Vigiles
jeusneras,

Et le Caresme entierement.

4. Vendredy chair ne man-
geras,

Ny le Samedy mesme-
ment.

5. Tous tes pechez confesse-
ras,

A tout le moins vne fois
l'An.

6. Ton Createur receueras,

Au moins à Pasques hum-
blement.

7. Les Nopces ne celebre-
ras,

Aux jours que l'Eglise def-
fend.

8. Et quand excommunié
seras,

Fais toy absoudre promptement.

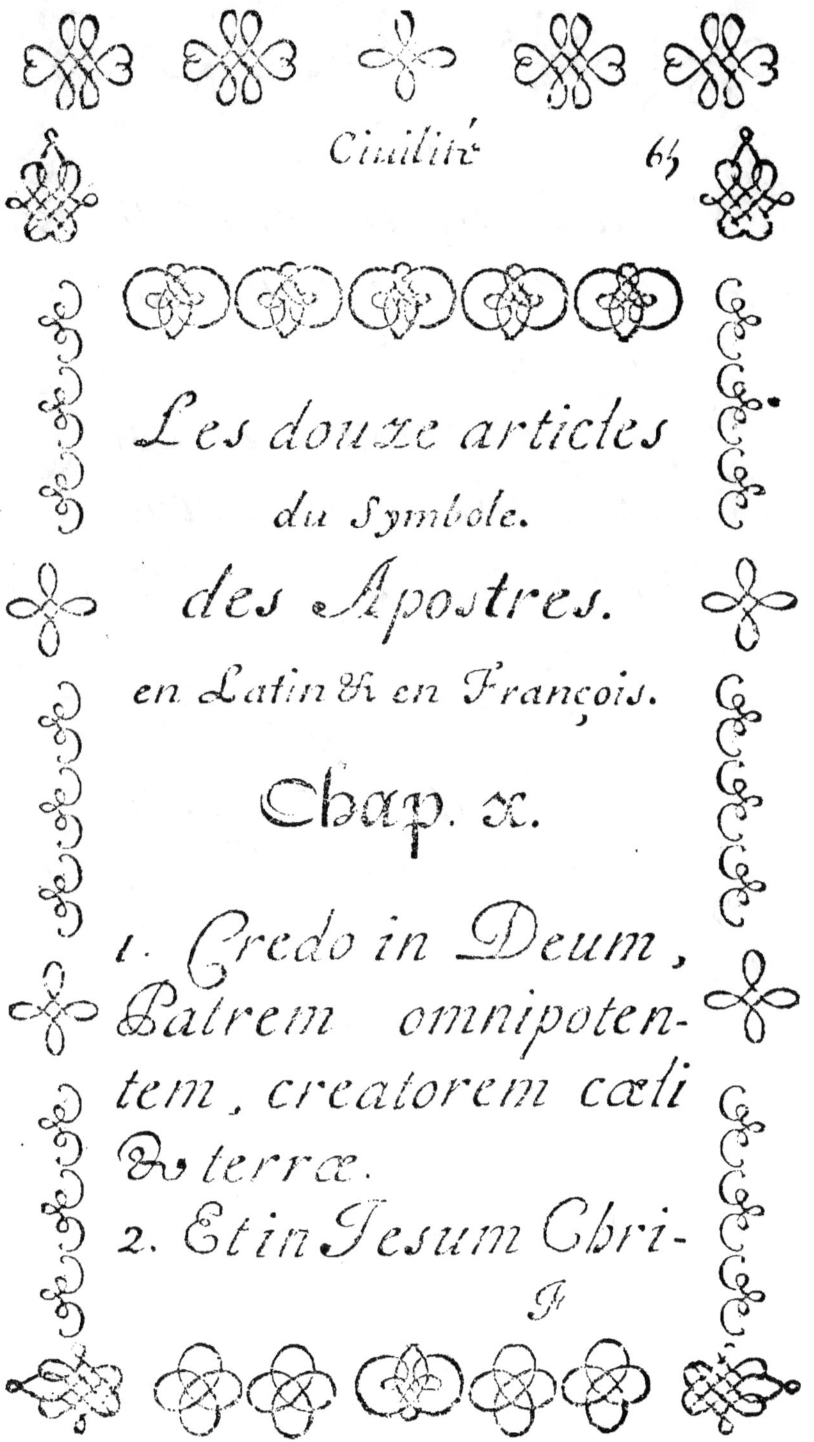

Civilité 65

Les douze articles
du Symbole.
des Apostres.
en Latin & en François.

Chap. x.

1. Credo in Deum,
Patrem omnipoten-
tem, creatorem cæli
& terræ.
2. Et in Jesum Chri-
I

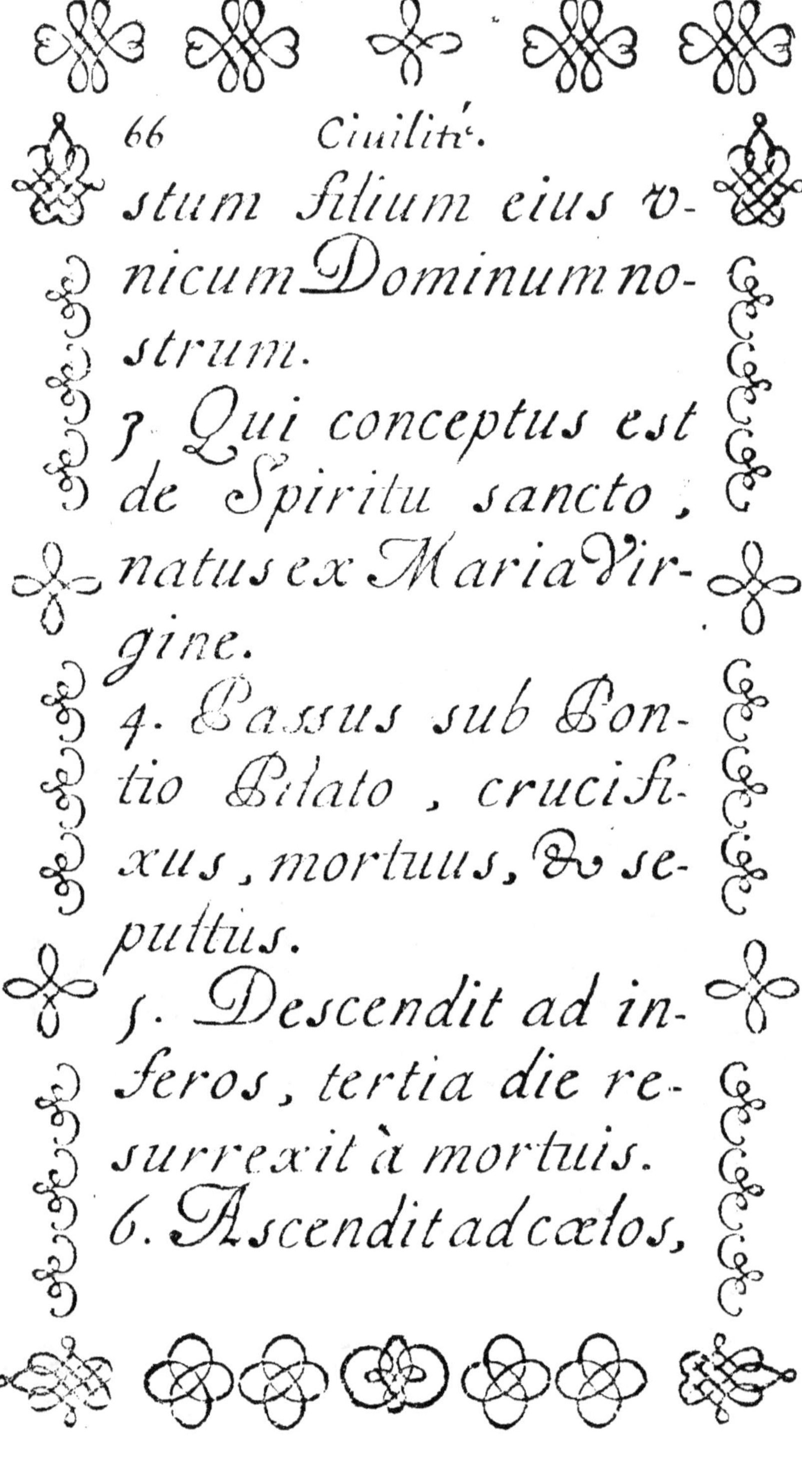

stum filium eius v-
nicum Dominum no-
strum.

3. Qui conceptus est
de Spiritu sancto,
natus ex Maria Vir-
gine.

4. Passus sub Pon-
tio Pilato, crucifi-
xus, mortuus, & se-
pultus.

5. Descendit ad in-
feros, tertia die re-
surrexit à mortuis.

6. Ascendit ad cælos,

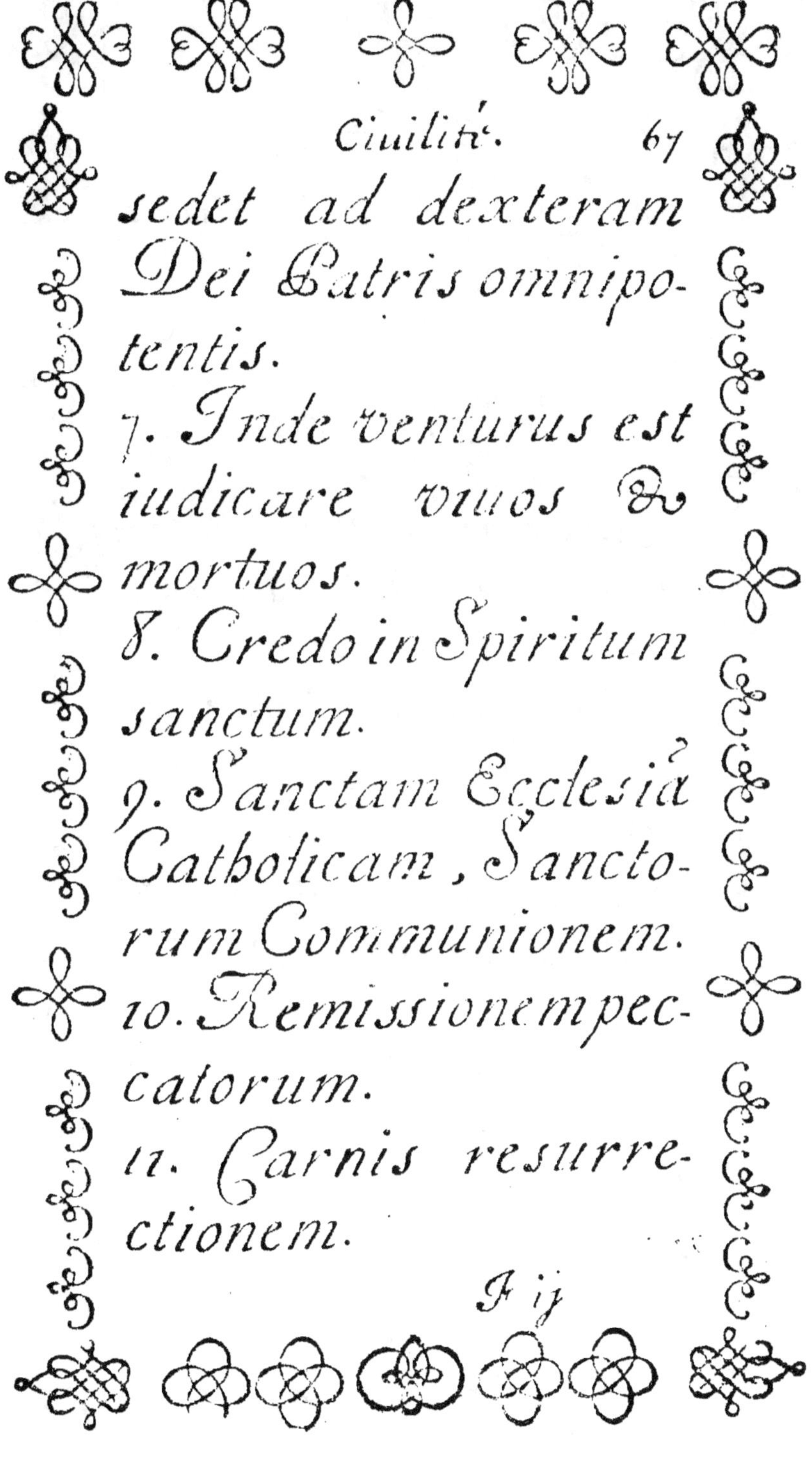

sedet ad dexteram
Dei Patris omnipo-
tentis.
7. Inde venturus est
iudicare viuos &
mortuos.
8. Credo in Spiritum
sanctum.
9. Sanctam Ecclesia
Catholicam, Sancto-
rum Communionem.
10. Remissionem pec-
catorum.
11. Carnis resurre-
ctionem.

12. *Vitam æternam. Amen.*

En François.

1. Je croy en Dieu le Pere Tout-puissant, Createur du Ciel & de la terre.

2. Et en Jesus-Christ son Fils vnique, nostre Seigneur.

3. Qui a esté conceu du saint Esprit, nay de la Vierge Marie.

4. A souffert sous Ponce Pilate, a esté crucifié, mort, & enseuely.

5. Est descendu aux En-

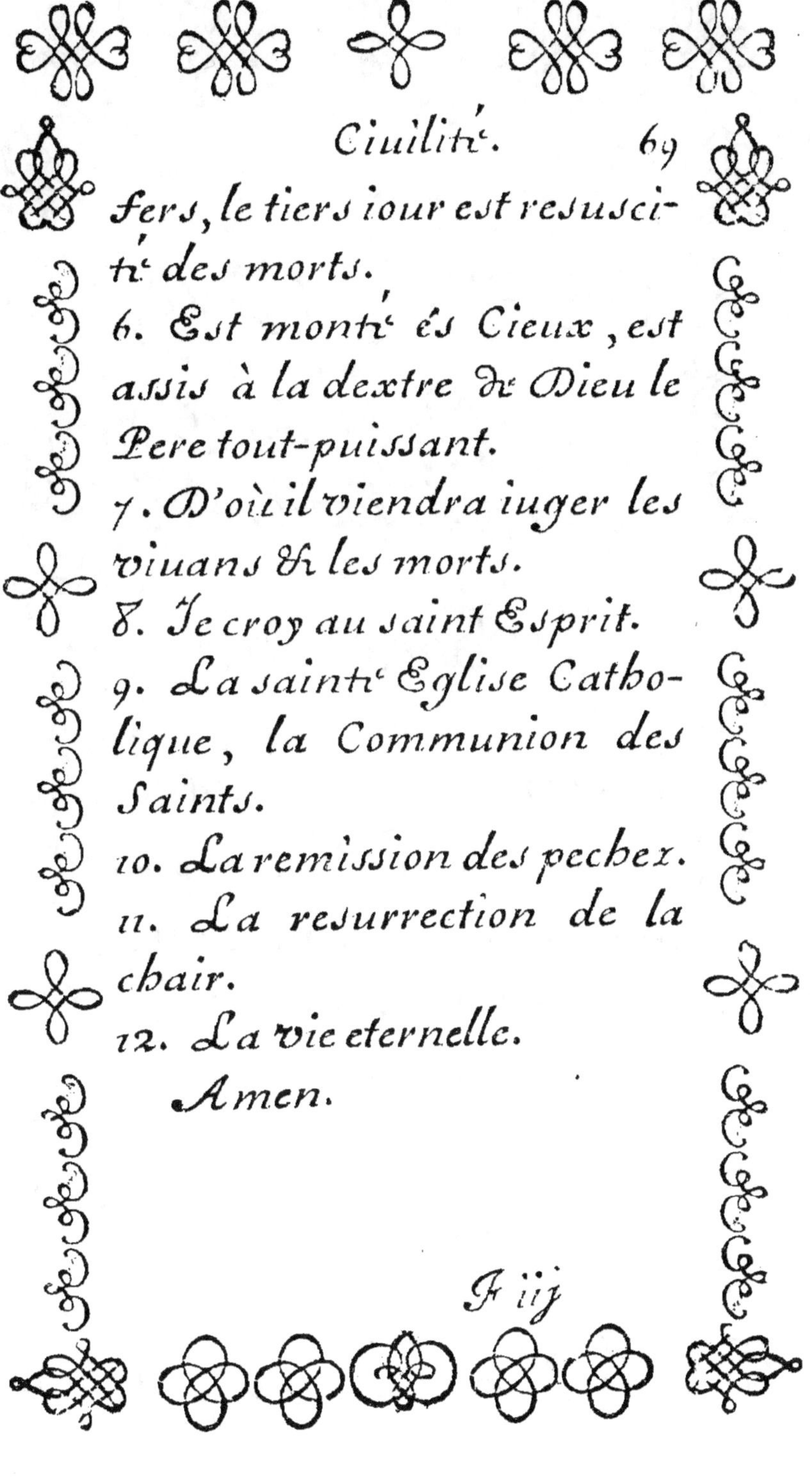

fers, le tiers iour est resusci-
té des morts.

6. Est monté és Cieux, est
assis à la dextre de Dieu le
Pere tout-puissant.

7. D'où il viendra iuger les
viuans & les morts.

8. Ie croy au saint Esprit.

9. La saincte Eglise Catho-
lique, la Communion des
Saints.

10. La remission des pechez.

11. La resurrection de la
chair.

12. La vie eternelle.
Amen.

De l'Oraison Do-minicale.

Chap. XI.

Nostre vie estant
dans des besoins conti-
nuels & des necessitez
qui s'entresuiuent auec
des dangers & des perils
en plus grand nombre
qu'elle n'a de momens,

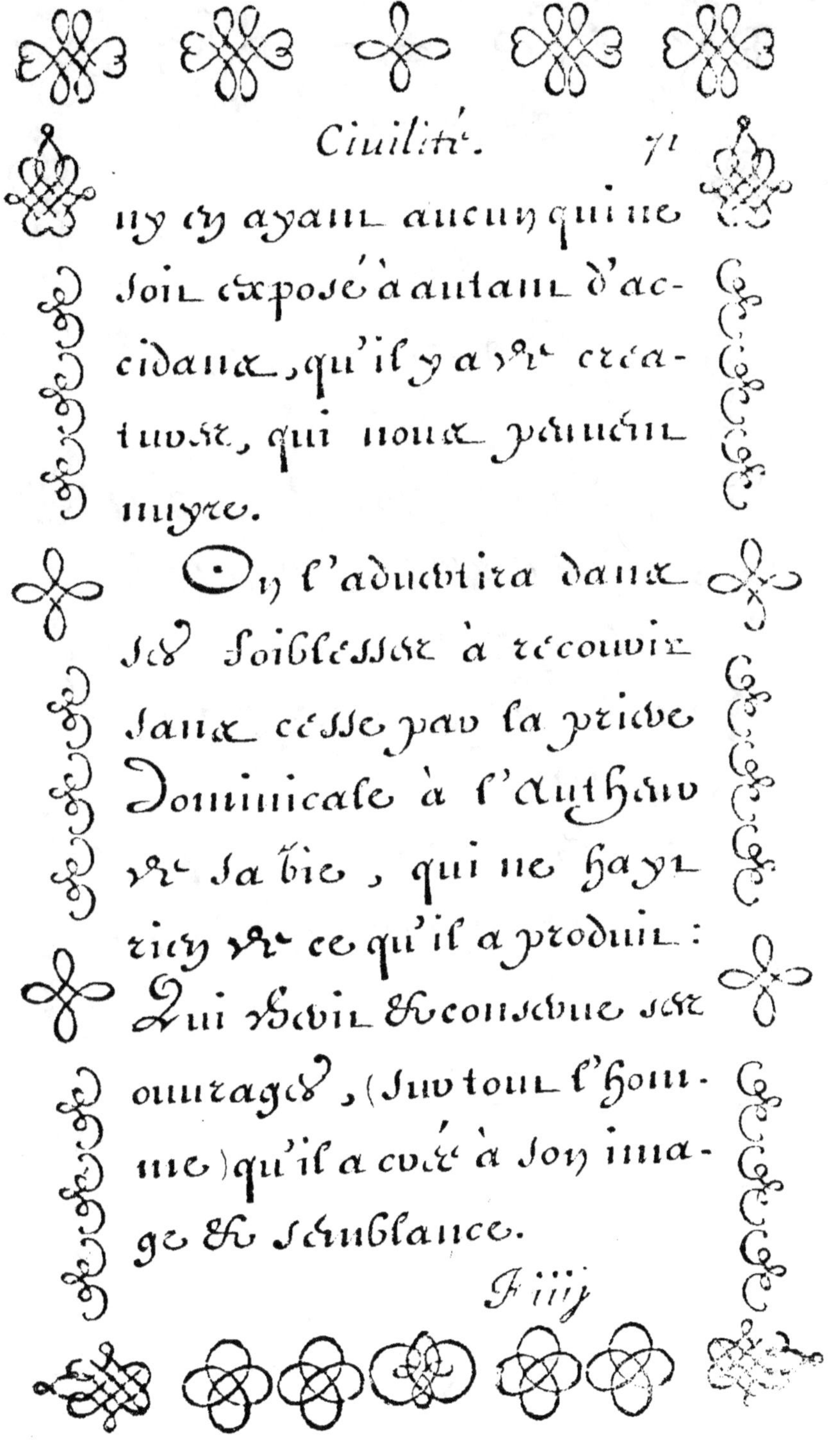

ny en ayant aucun qui ne
soit exposé à autant d'ac-
cidans, qu'il y a de crea-
tures, qui nous paruient
nuyre.

On l'aduertira dans
ses foiblesses à recouir
sans cesse par la priere
Dominicale à l'autheur
de sa vie, qui ne hayt
rien de ce qu'il a produit :
Qui scait & conserue ses
ouurages, (surtout l'hom-
me) qu'il a creé à son image & semblance.

Fiiij

Oraison Dominicale.

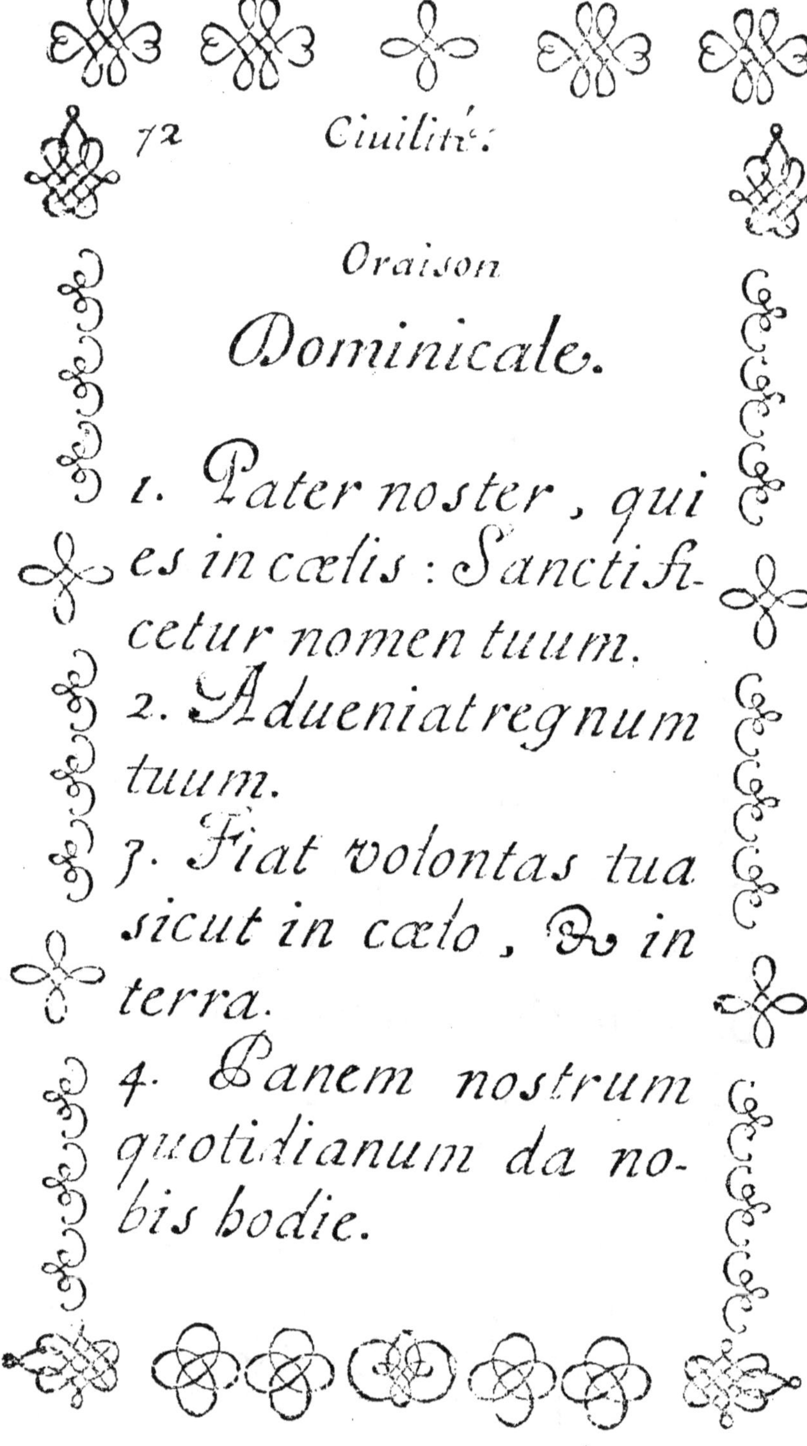

1. Pater noster, qui es in cœlis : Sanctificetur nomen tuum.

2. Adueniat regnum tuum.

3. Fiat volontas tua sicut in cœlo, & in terra.

4. Panem nostrum quotidianum da nobis hodie.

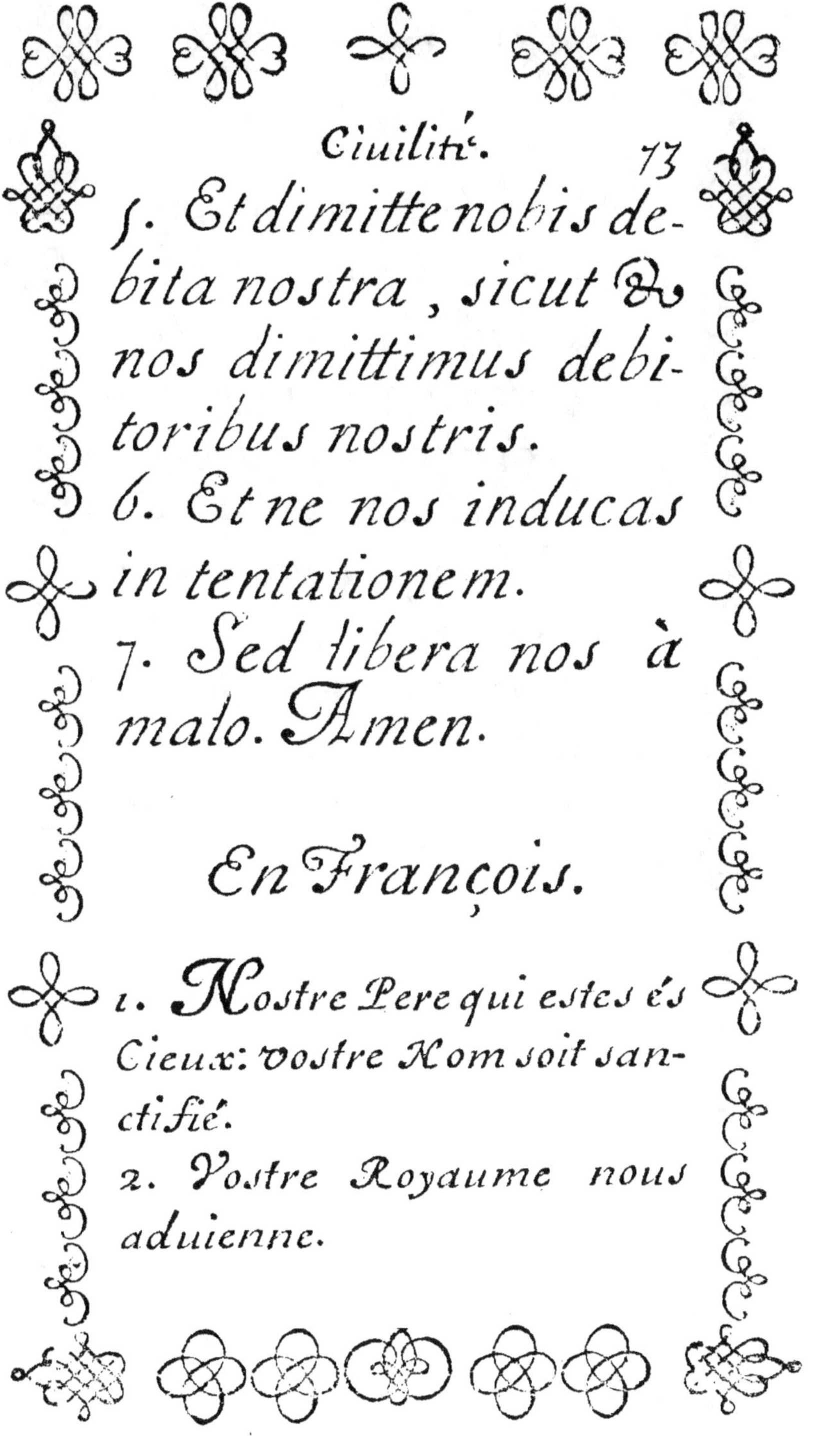

5. *Et dimitte nobis debita nostra , sicut & nos dimittimus debitoribus nostris.*

6. *Et ne nos inducas in tentationem.*

7. *Sed libera nos à malo. Amen.*

En François.

1. *Nostre Pere qui estes és Cieux: vostre Nom soit sanctifié.*

2. *Vostre Royaume nous aduienne.*

3. Vostre volonté soit faite en la terre comme au Ciel.

4. Donnez - nous aujour-
d'huy nostre pain quotidien.

5. Pardonnez-nous nos fau-
tes, comme nous les pardon-
nons à ceux qui nous ont offensé.

6. Et ne nous induisez en
tentation.

7. Mais deliurez nous du
mal. Ainsi soit-il.

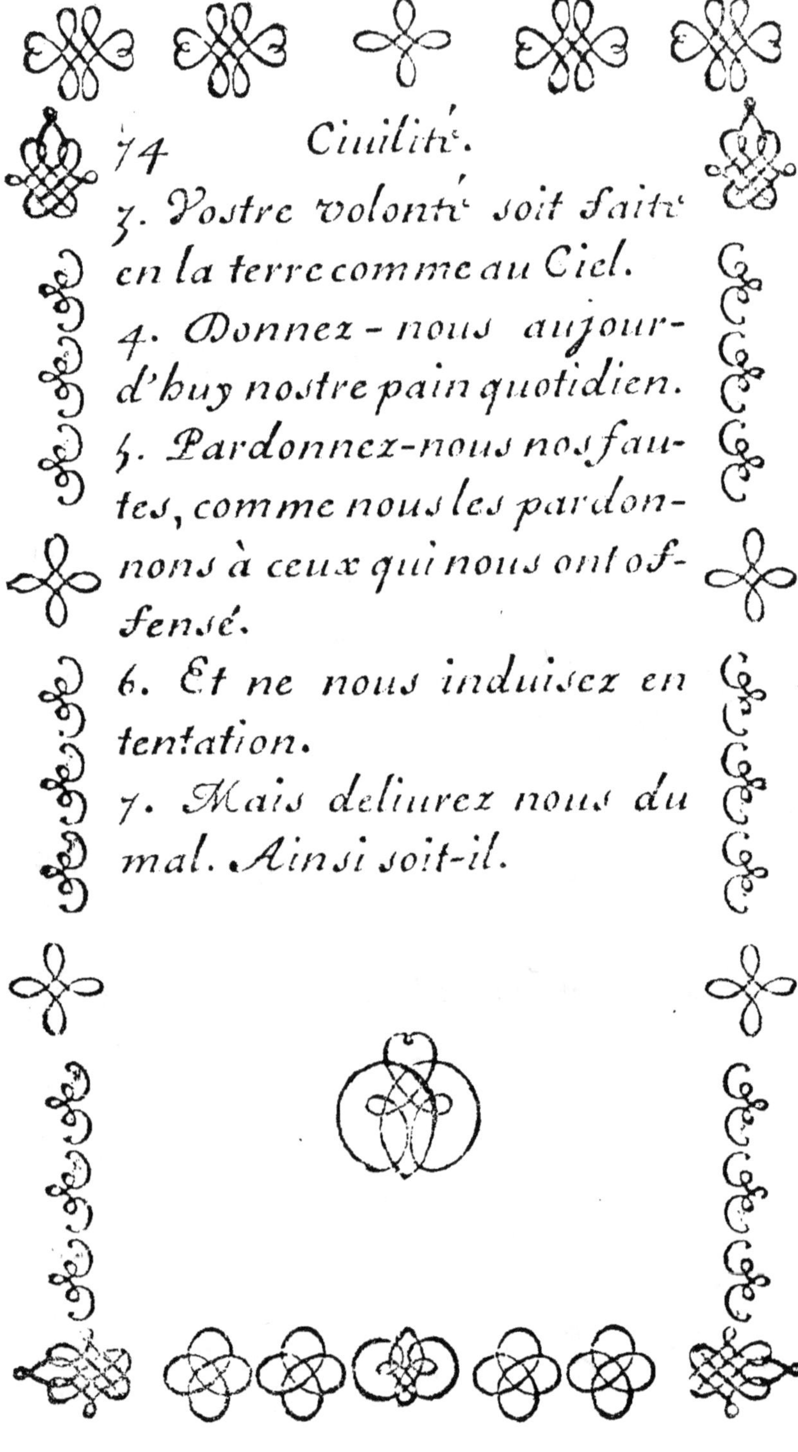

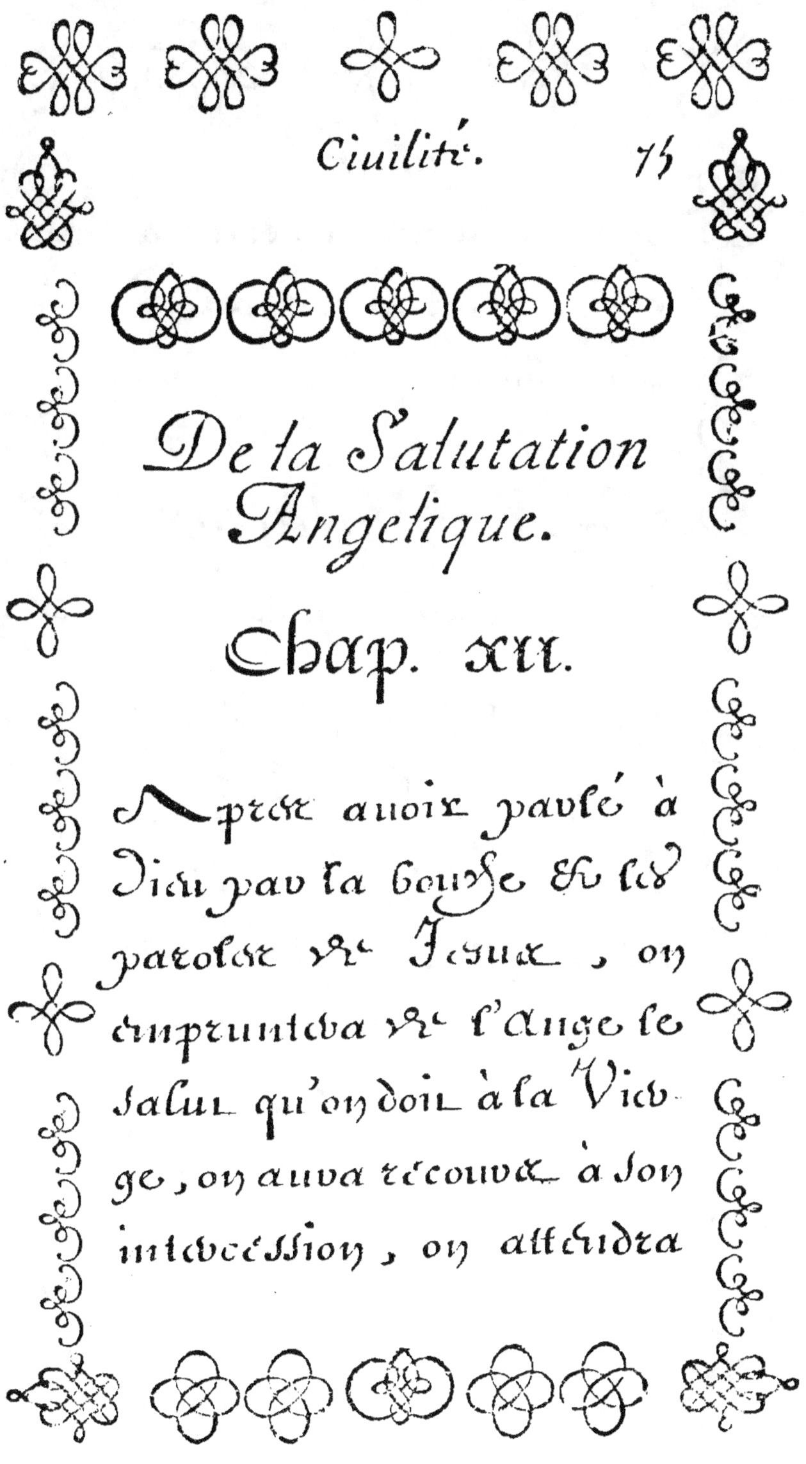

De la Salutation Angelique.

Chap. XII.

Aprés auoir parlé à Dieu par la bouche & les paroles de Iesus, on empruntera de l'Ange le salut qu'on doit à la Vierge, on aura recours à son intercession, on attendra

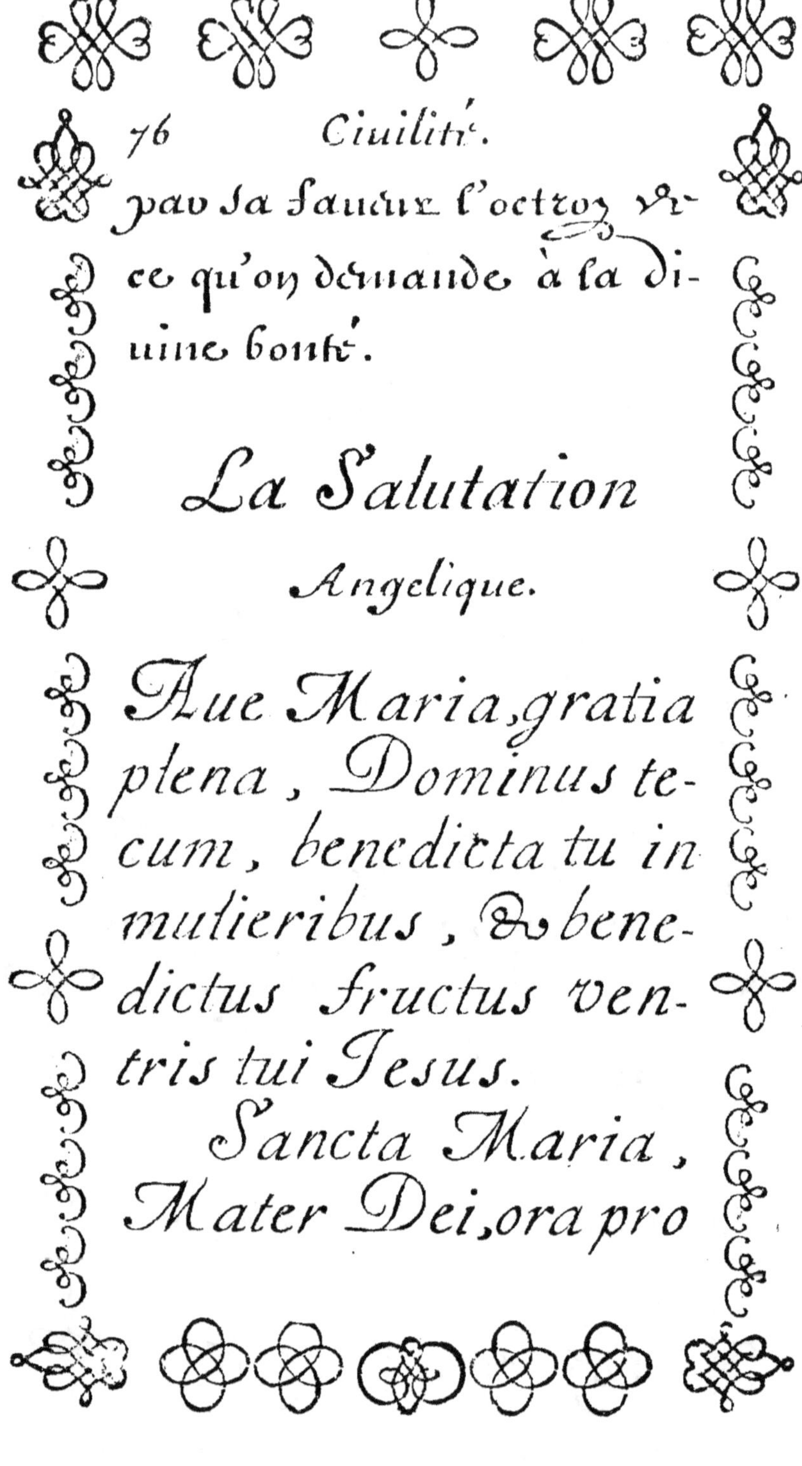

par la faueur l'octroy de
ce qu'on demande à la di-
uine bonté.

La Salutation Angelique.

Aue Maria, gratia
plena, Dominus te-
cum, benedicta tu in
mulieribus, & bene-
dictus fructus ven-
tris tui Jesus.
Sancta Maria,
Mater Dei, ora pro

nobis peccatoribus, nunc & in hora mor-tis nostræ. Amen.

En François.

Je vous saluë Marie, plei-ne de grace, le Seigneur est auec vous. Vous estes benité sur toutes les femmes, & be-nit est le fruict de vostre ventre, Jesus.

Saincte Marie, Mere de Dieu, priez pour nous pau-ures pecheurs, maintenant & à l'heure de nostre mort. Ainsi soit-il.

De l'Ange Gardien.

Chap. XIII.

L'Ange Gardien trou-
uera place en sa mémoi-
re, luy adressant tous
les jours l'Oraison sui-
uante: sçauoir, le matin
à son lever, & le soir en
se couchant.

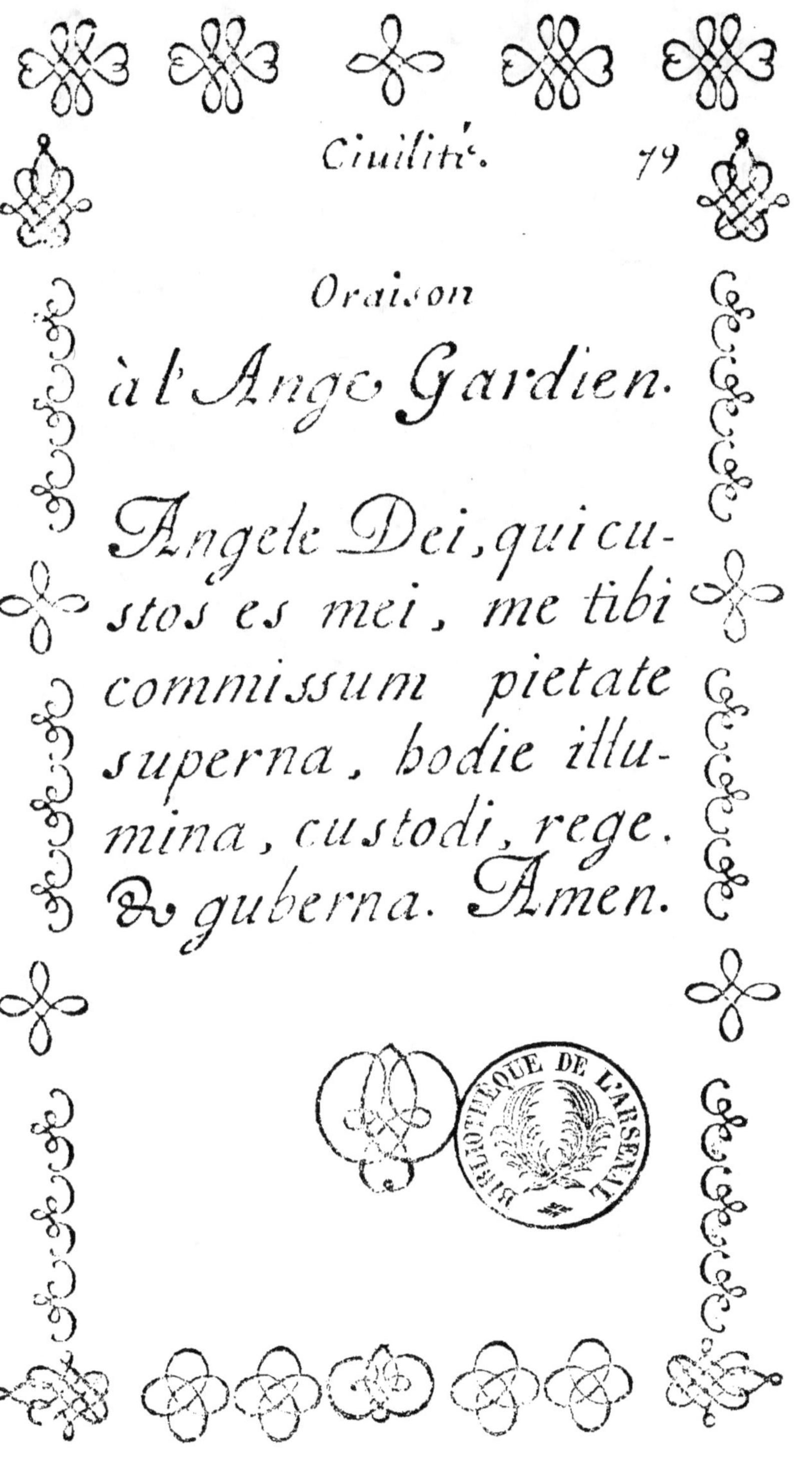

Oraison
à l'Ange Gardien.

Angele Dei, qui cu-
stos es mei, me tibi
commissum pietate
superna, hodie illu-
mina, custodi, rege,
& guberna. Amen.

De la Confession, ou Confiteor.

Chap. XLb.

On luy enſeignera dans ſon Innocence, la prieue des perſonnes, qui eſt la Confeſſion ou Confi-teor ; d'autant qu'il eſt bon, quand on eſt ſain, d'apprendre l'ordre qu'il faut

faut tenir à guerir les maladies lors qu'on en se-ra prudent.

La Confession.

Confiteor Deo omnipotenti, beatæ Mariæ semper virgini, beato Michaëli Archangelo, beato Ioãni Baptistæ, sanctis Apostolis Petro, & Paulo: & omnibus Sanctis, quia peccaui nimis cogitatione, verbo & opere. Mea cupla, mea culpa, mea maxima culpa: Ideo precor beatam Mariam semper virginé, beatum Michaelem Archangelum, beatum Ioanem Baptistam, sanctos Apostolos Petrum & Paulum, & omnes Sanctos, orare pro me ad Dominum Deum nostrum.

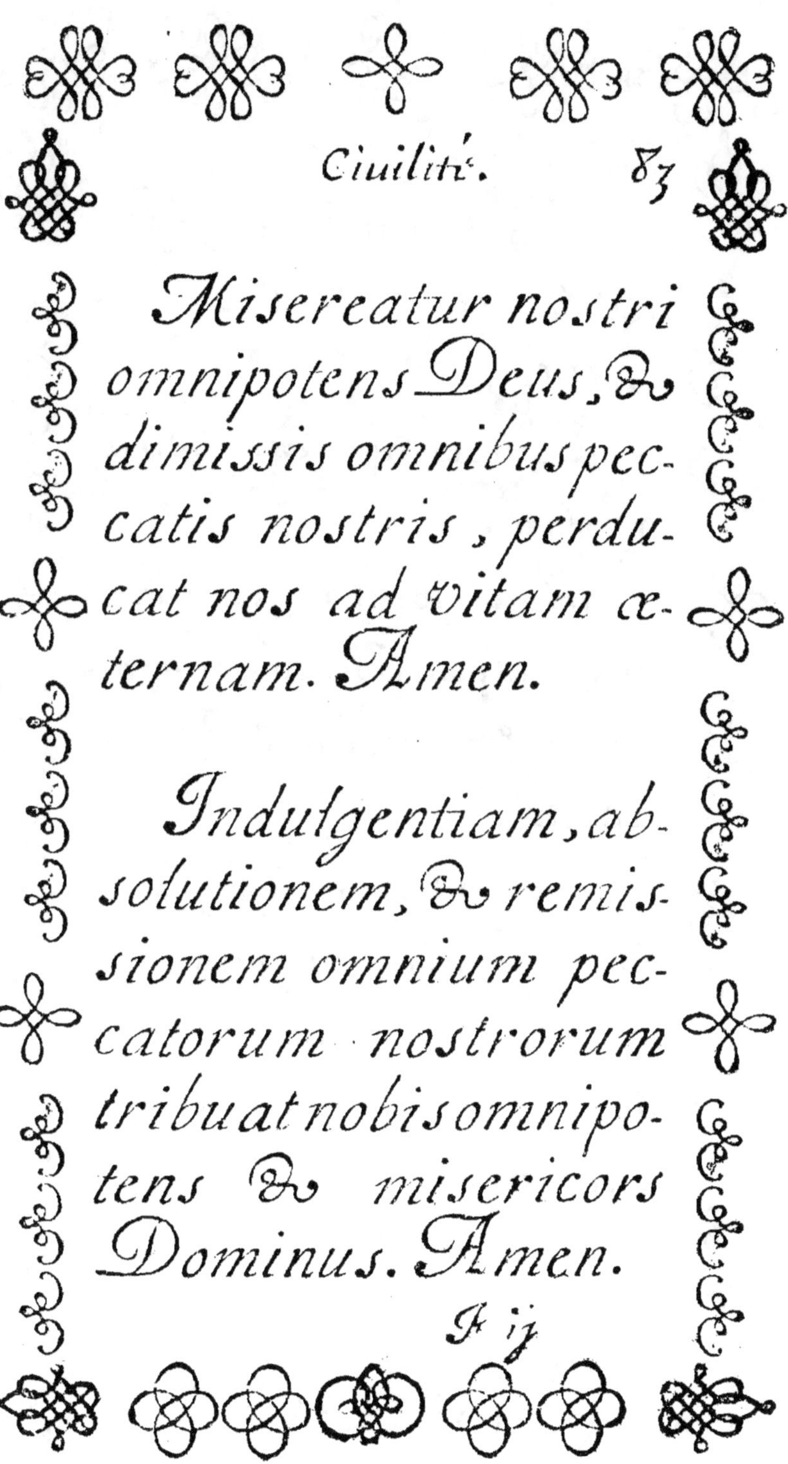

Misereatur nostri
omnipotens Deus, &
dimissis omnibus pec-
catis nostris, perdu-
cat nos ad vitam æ-
ternam. Amen.

Indulgentiam, ab-
solutionem, & remis-
sionem omnium pec-
catorum nostrorum
tribuat nobis omnipo-
tens & misericors
Dominus. Amen.

F ij

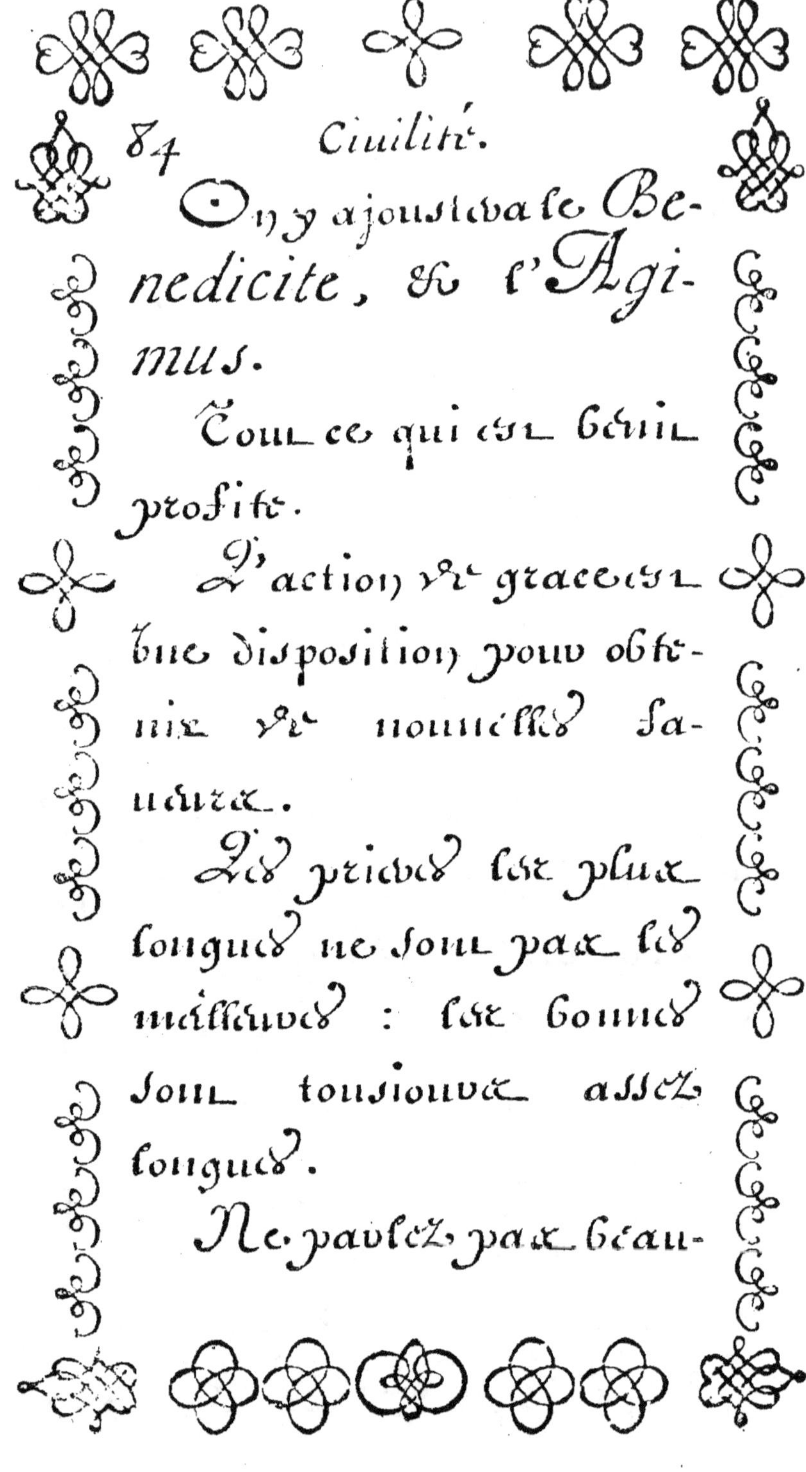

On y ajoustera le Be-
nedicite, & l'Agi-
mus.

Tout ce qui est beni
profite.

L'action de graces est
une disposition pour obte-
nir de nouuelles fa-
ueurs.

Les prieres les plus
longues ne sont pas les
meilleures : les bonnes
sont tousiours assez
longues.

Ne parlez pas beau-

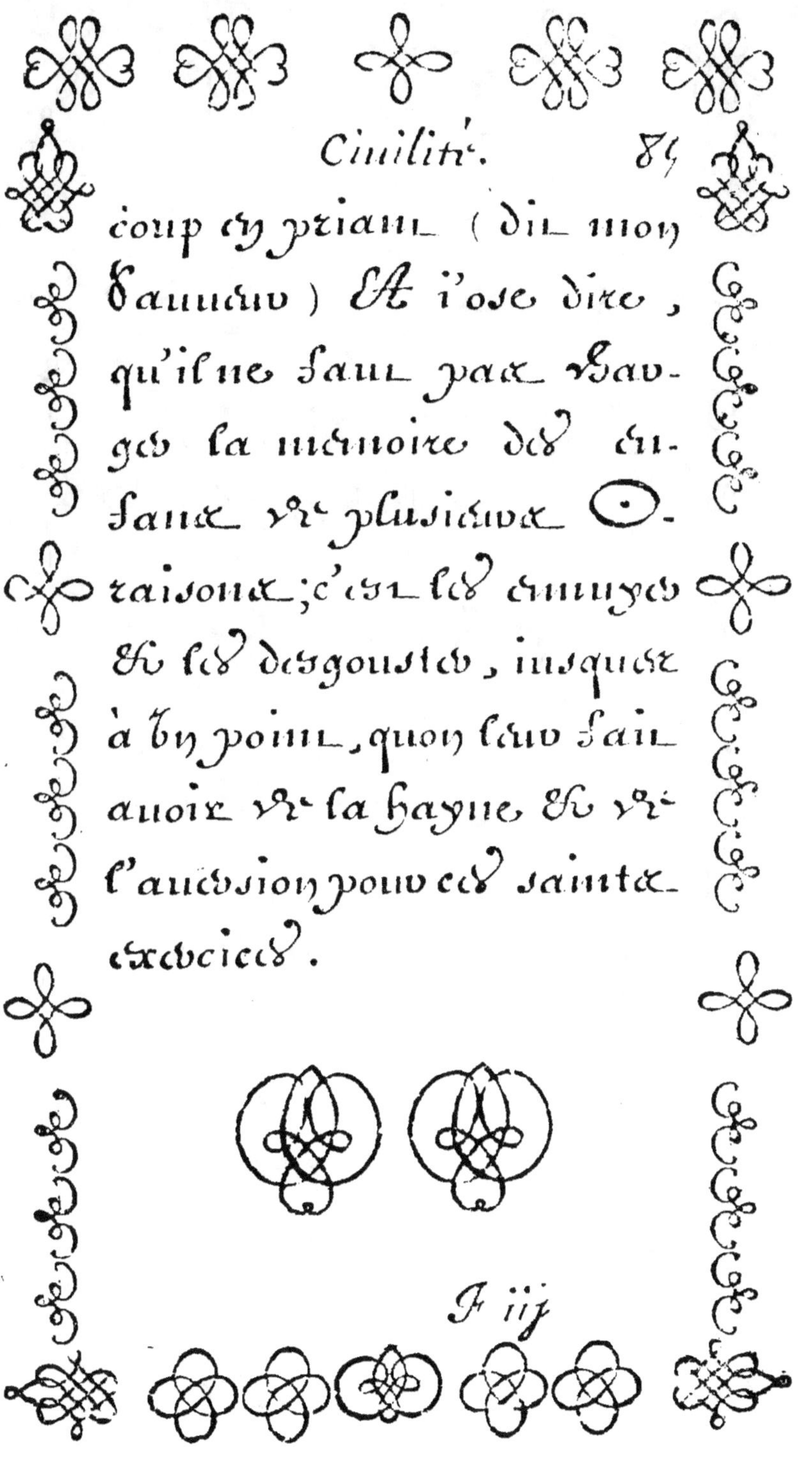

coup en priant (dit mon
Sauueur) Et i'ose dire,
qu'il ne faut pas char-
ger la memoire des en-
fans vt plusieurs ⊙-
raisons ; c'est les ennuyer
& les desgouster, iusques
à vn point, quon leur fait
auoir vt la hayne & vt
l'auersion pour ces saintes
exercices.

F iij

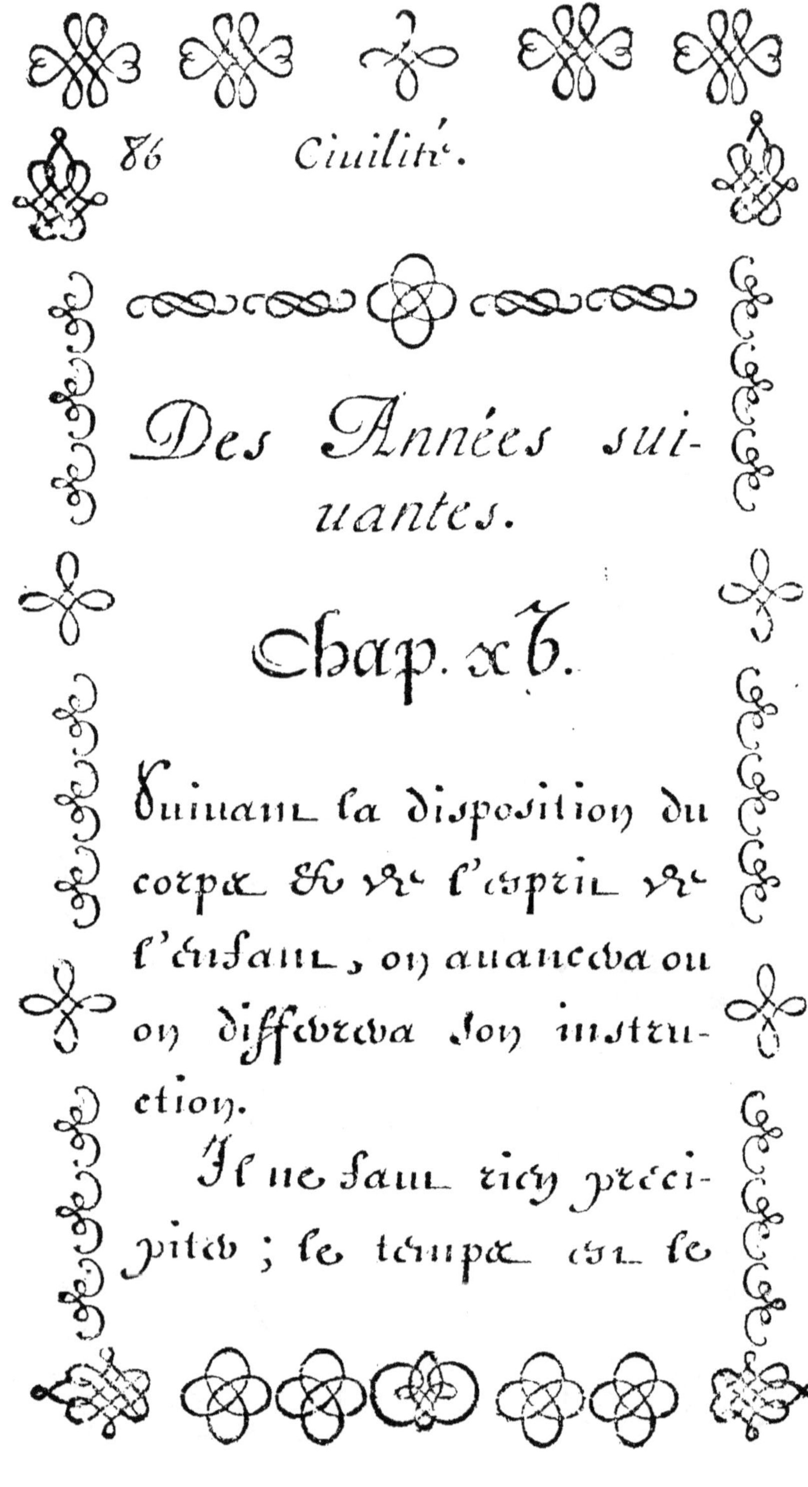

Des Années suiuantes.

Chap. xb.

Suiuant la disposition du corps & de l'esprit de l'enfant, on auancera ou on differera son instruction.

Il ne faut rien precipiter ; le temps est le

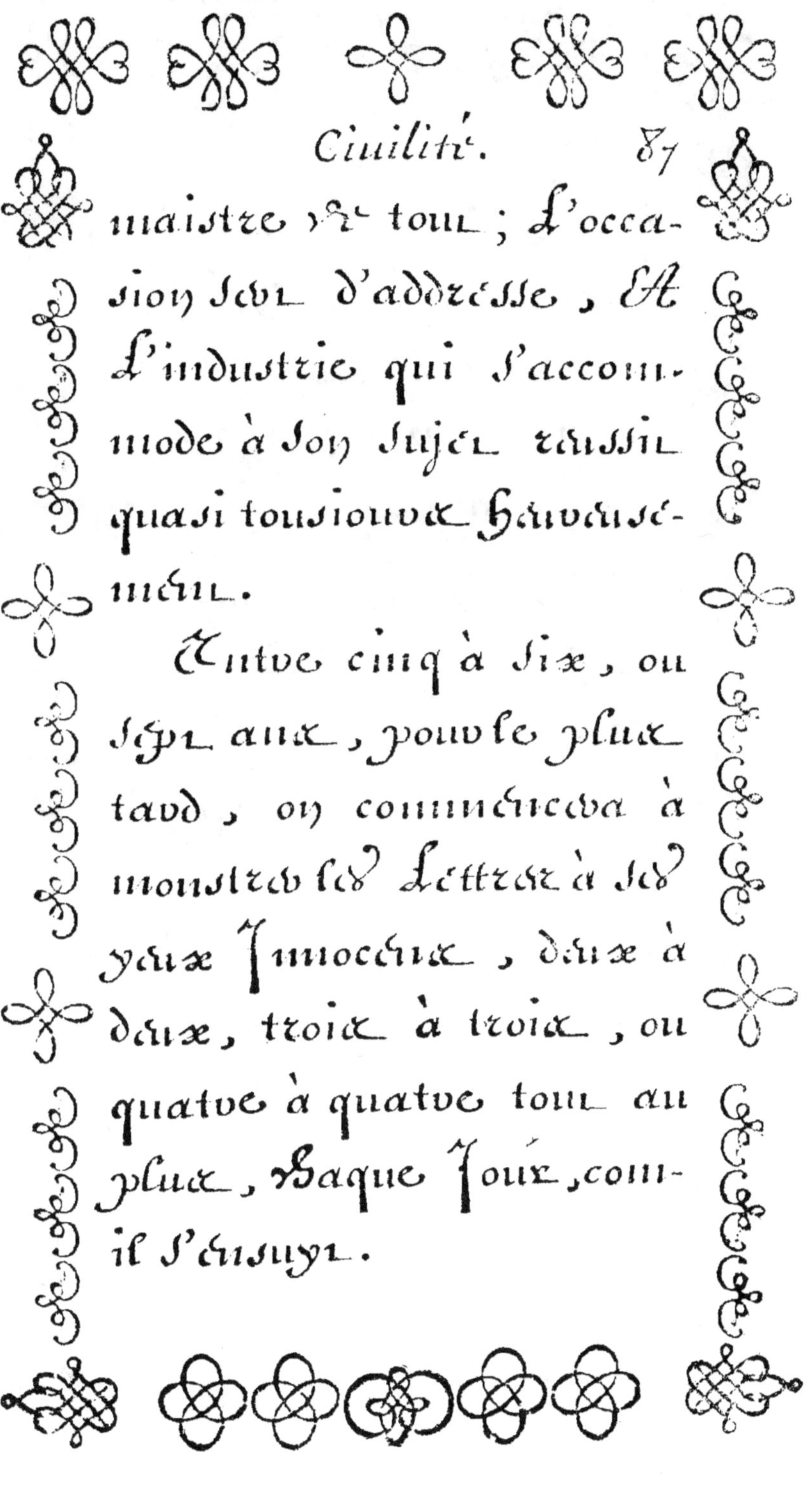

maistre de tout ; L'occa-
sion seul d'addresse, Et
L'industrie qui s'accom-
mode à son sujet reussit
quasi tousiours heureuse-
ment.

Entre cinq à six, ou
sept ans, pour le plus
tard, on commencera à
monstrer les Lettres à ses
yeux Innocents, deux à
deux, trois à trois, ou
quatre à quatre tout au
plus, chaque Jour, com-
il s'ensuyt.

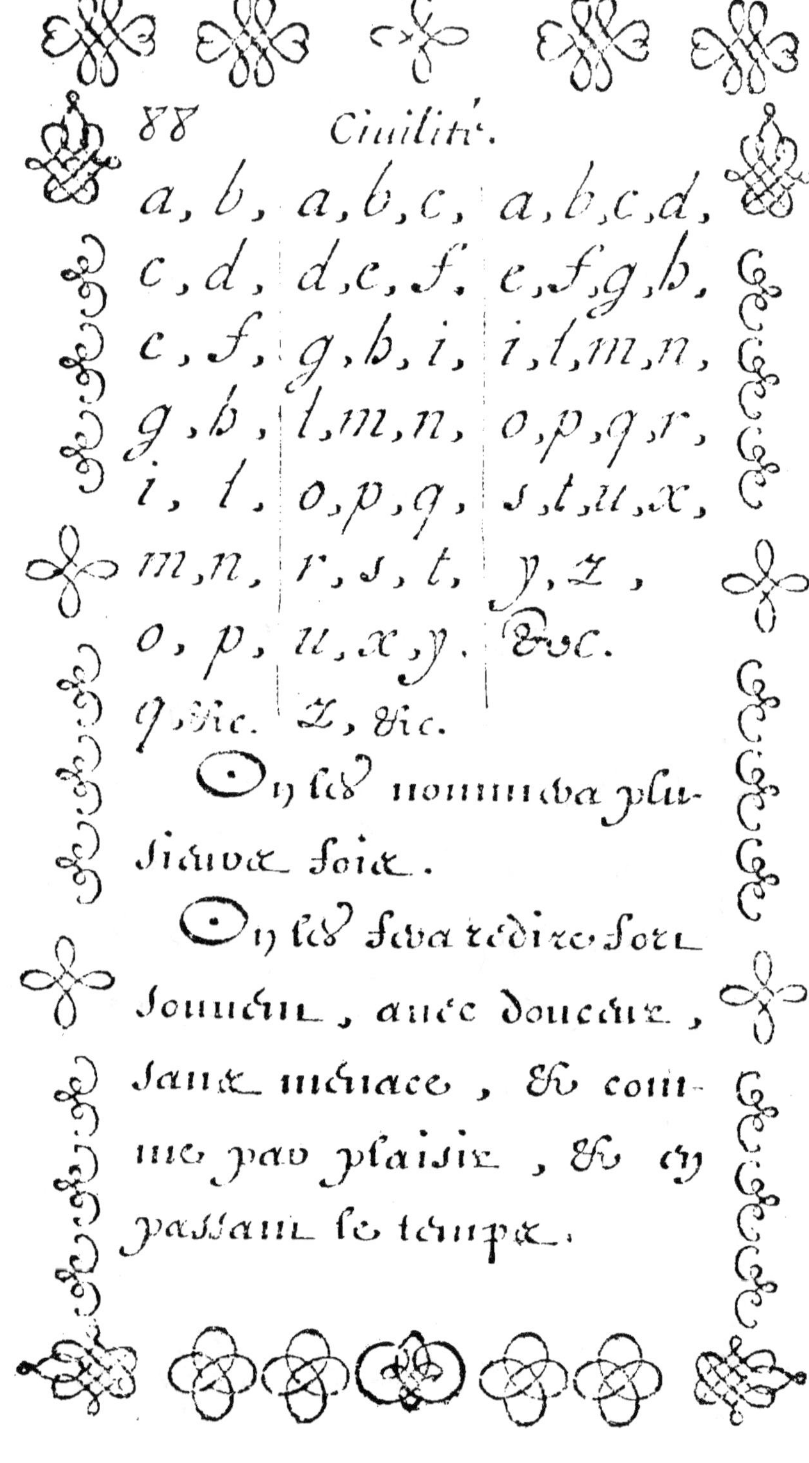

a, b,   a,b,c,   a,b,c,d,
c,d,   d,e,f,   e,f,g,h,
e,f,   g,h,i,   i,l,m,n,
g,h,   l,m,n,   o,p,q,r,
i, l,   o,p,q,   s,t,u,x,
m,n,   r,s,t,   y,z,
o, p,   u,x,y,   &c.
q, &c.   z, &c.

On les nommera plusieurs fois.

On les fera redire fort souvent, avec douceur, sans menace, & comme par plaisir, & en passant le temps.

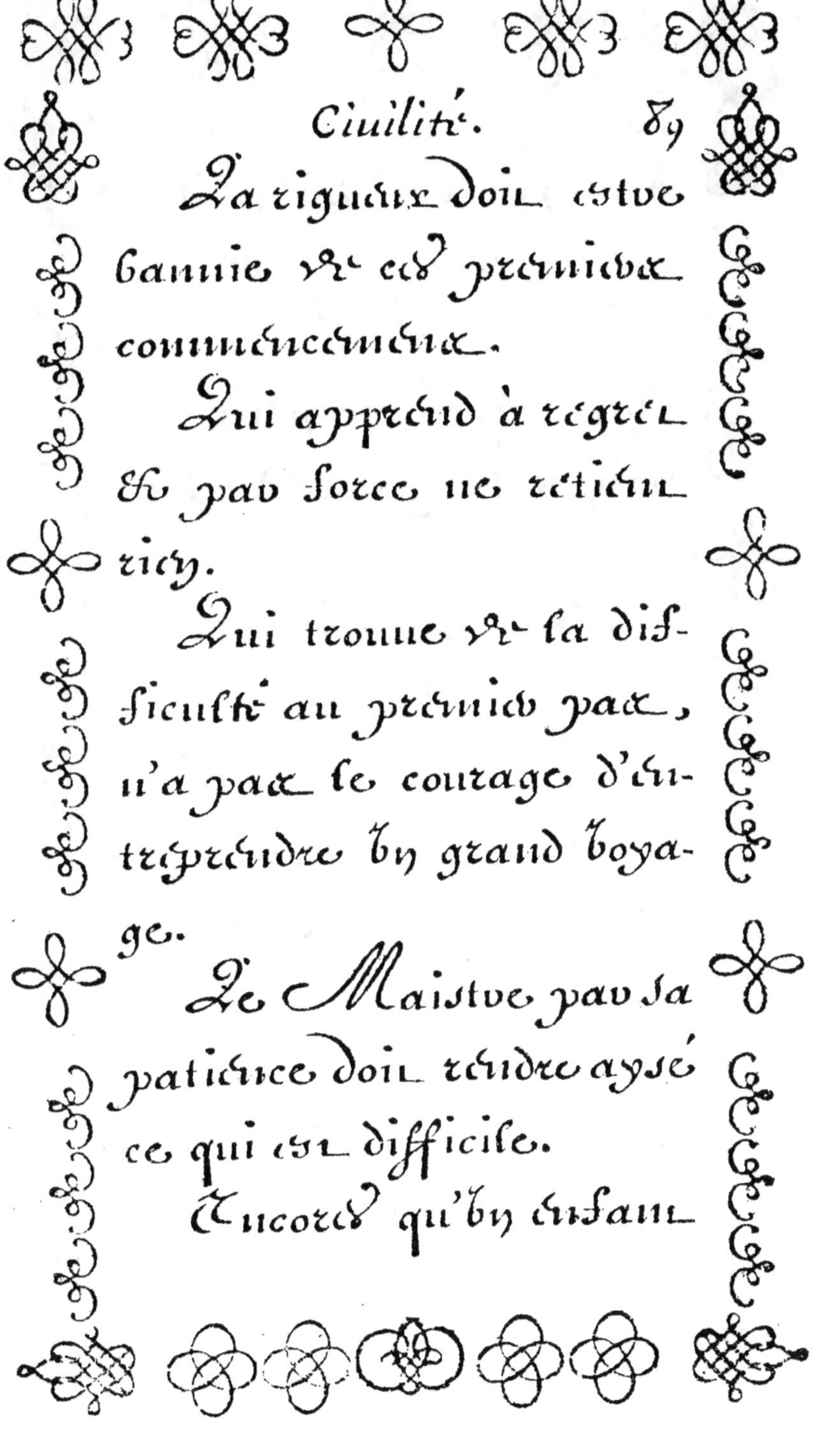

La rigueur doit estre
bannie en ces premiers
commencemens.

Qui apprend à regret
& par force ne retient
rien.

Qui trouve en la dif-
ficulté au premier pas,
n'a pas le courage d'en-
treprendre vn grand voya-
ge.

Le Maistre par sa
patience doit rendre aysé
ce qui est difficile.

Encore qu'vn enfant

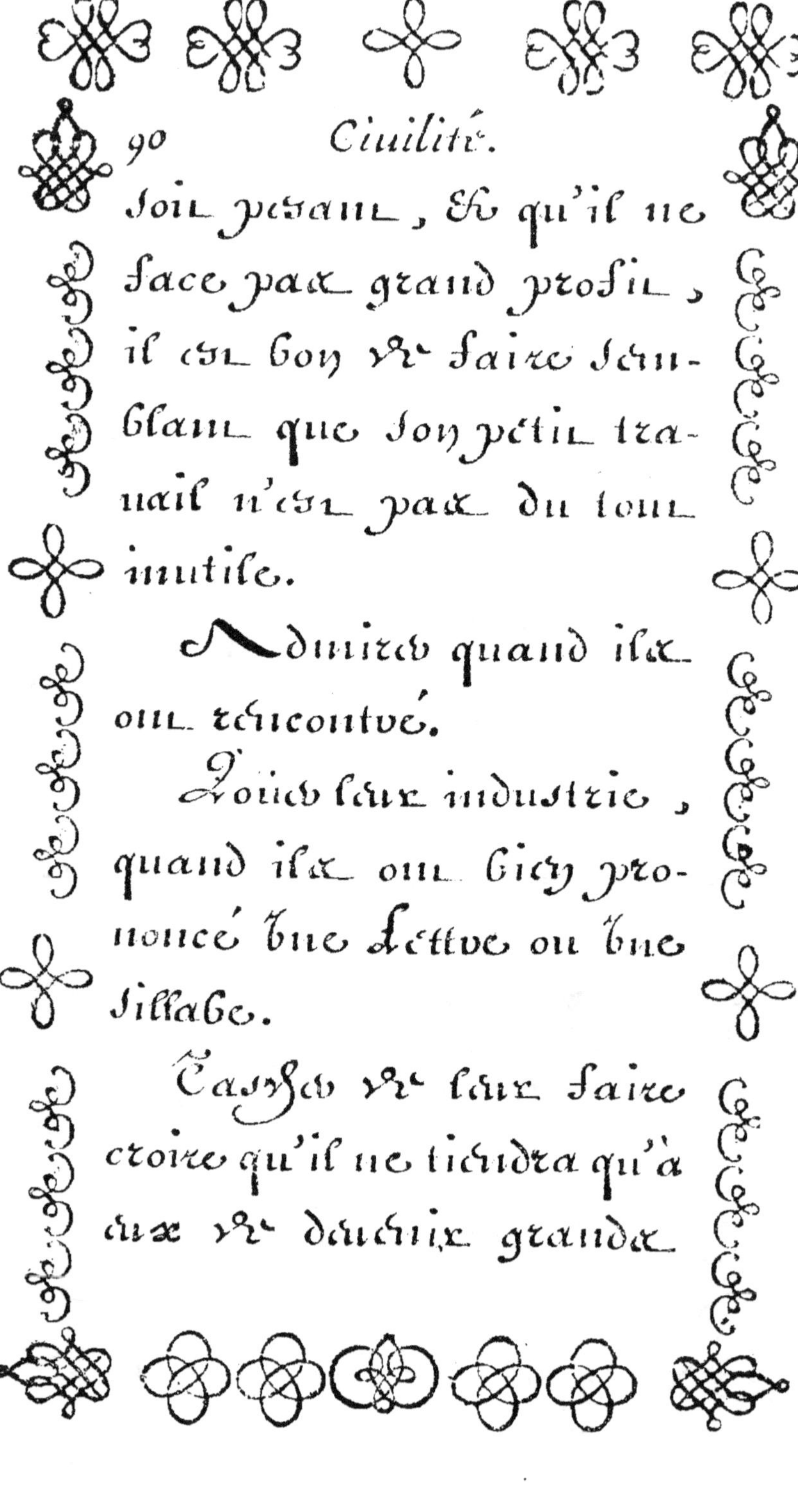

soit pesant, & qu'il ne
face pas grand profit,
il est bon de faire sem-
blant que son petit tra-
uail n'est pas du tout
inutile.

Admirer quand ils
ont rencontré.

Loüer leur industrie,
quand ils ont bien pro-
noncé une lettre ou une
sillabe.

Tascher de leur faire
croire qu'il ne tiendra qu'à
eux de deuenir grands

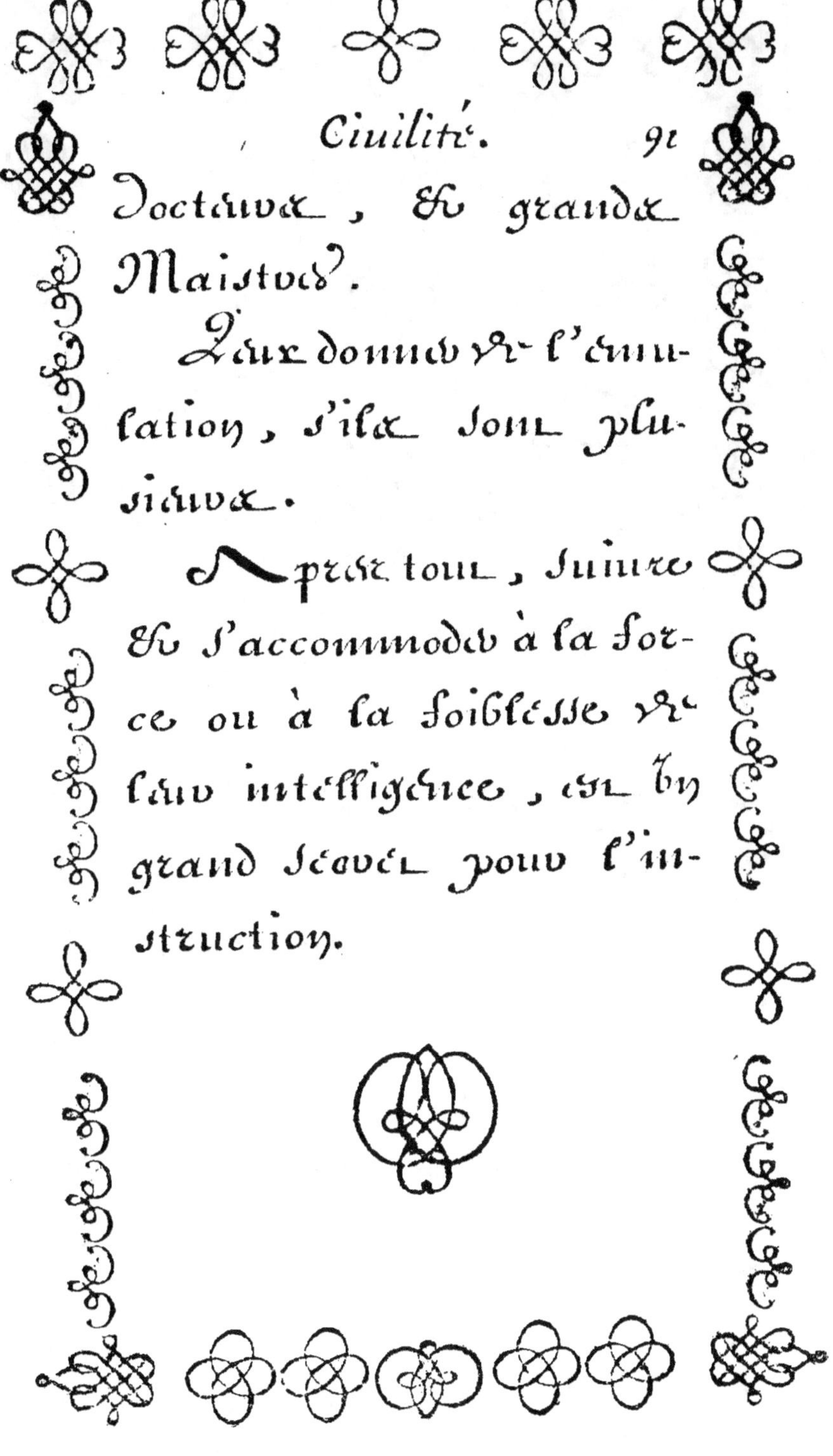

Docteurs, & grands
Maistres.

　Leur donner de l'ému-
lation, s'ils sont plu-
sieurs.

　Après tout, suiure
& s'accommoder à la for-
ce ou à la foiblesse de
leur intelligence, est un bn
grand sçauer pour l'in-
struction.

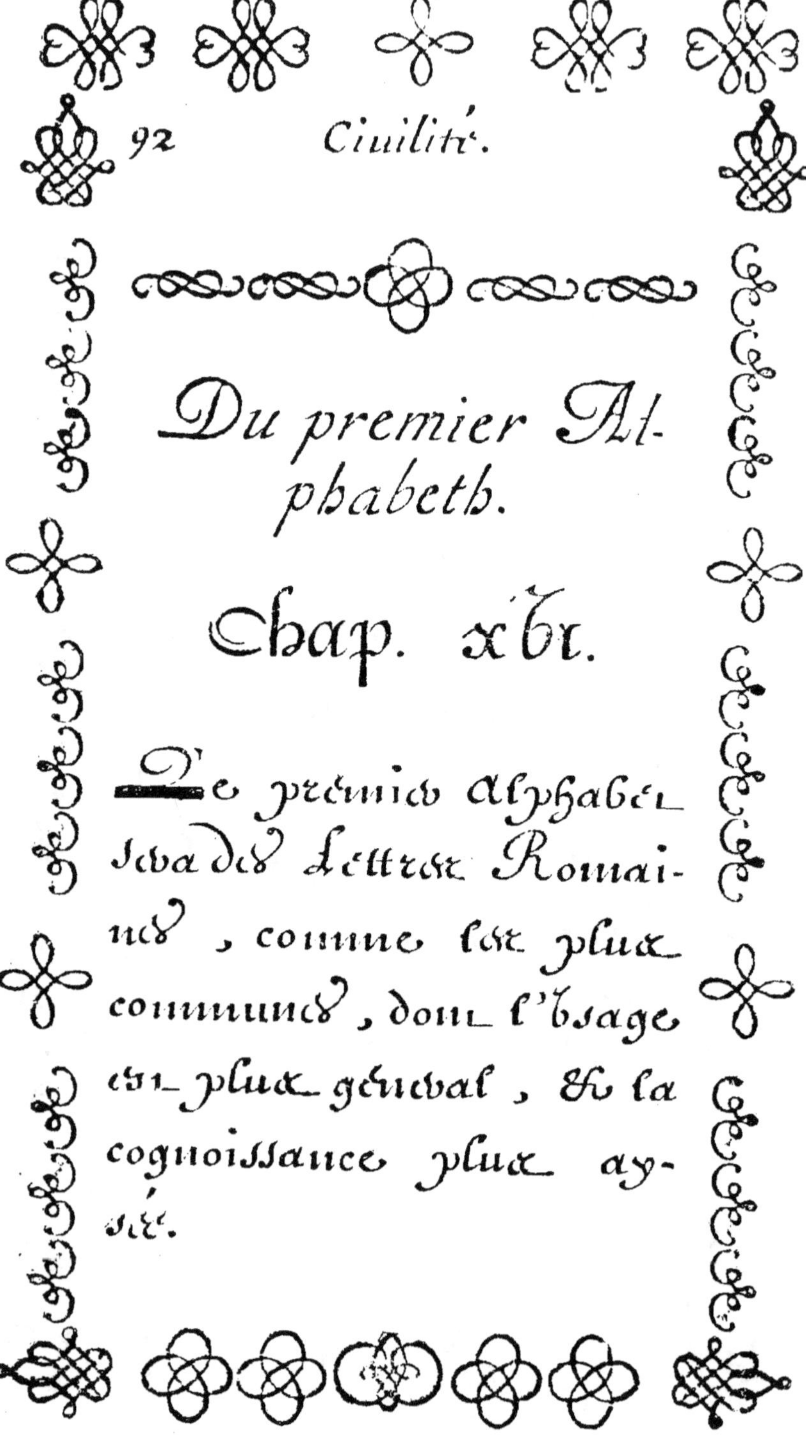

Du premier Alphabeth.

Chap. xvi.

Le premier Alphabet sera des lettres Romaines, comme les plus communes, dont l'vsage est plus general, & la cognoissance plus aysée.

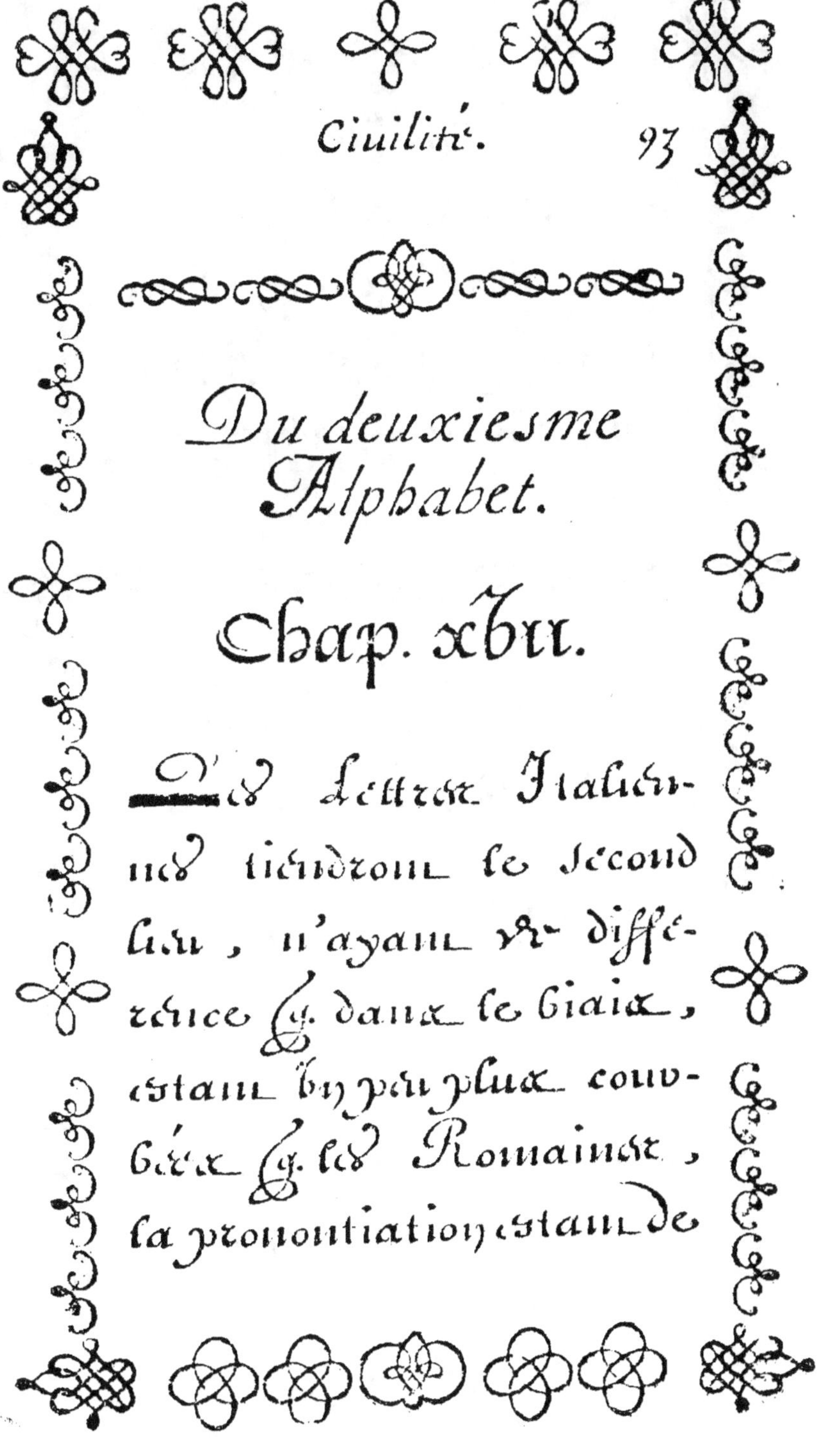

Du deuxiesme Alphabet.

Chap. xbii.

Les lettres Italien-
nes tiendront le second
lieu, n'ayant vn diffe-
rence q. dans le biais,
estant vn peu plus cour-
bées q. les Romaines,
la pronontiation estant de

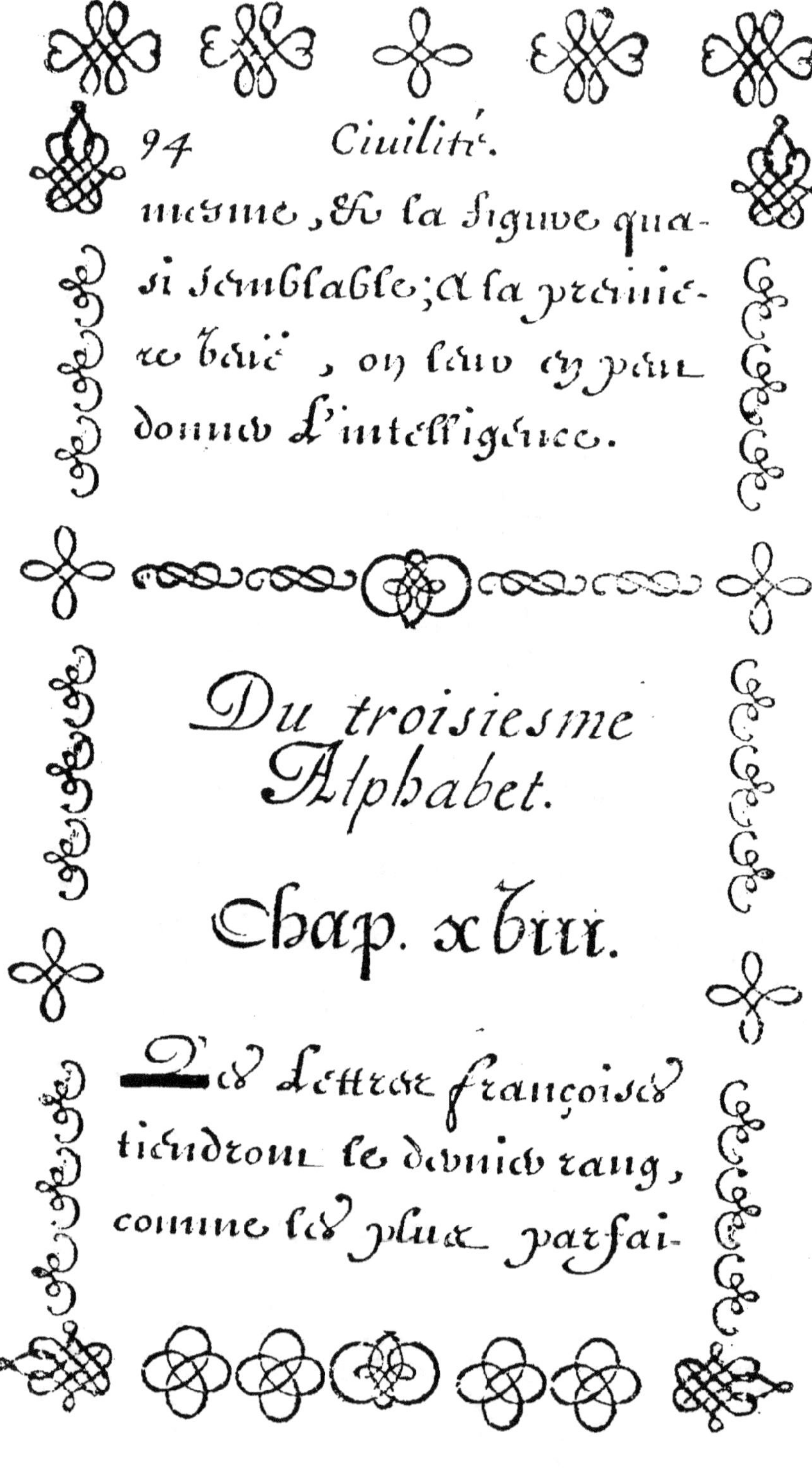

mesme, & la figure qua-
si semblable; A la premiere baie, on sçaur ey peu
donner l'intelligence.

Du troisiesme Alphabet.

Chap. xbiii.

Les Lettres françoises
tiendront le dernier rang,
comme les plus parfai-

tés, les plus accomplies,
les plus agreables, &
plus adroictes, tant po
leur traict, & pour leur
forme & figure.

On leur apprendra les
Capitales, les finales,
& les metoyennes.

Les Capitales sont
grandes qui seruent au
commencement des perio-
des, des sentences, & des
noms propres.

Les finales sont celles
qu'on met au bout du mot.

Les mitoyennes pren-
nent place indifferem-
ment entre le commen-
cement & la fin, entre
la teste & les pieds, ce
sont caracteres de suitte,
qui forment les dictions
& les termes dont on se
sert pour s'expliquer.

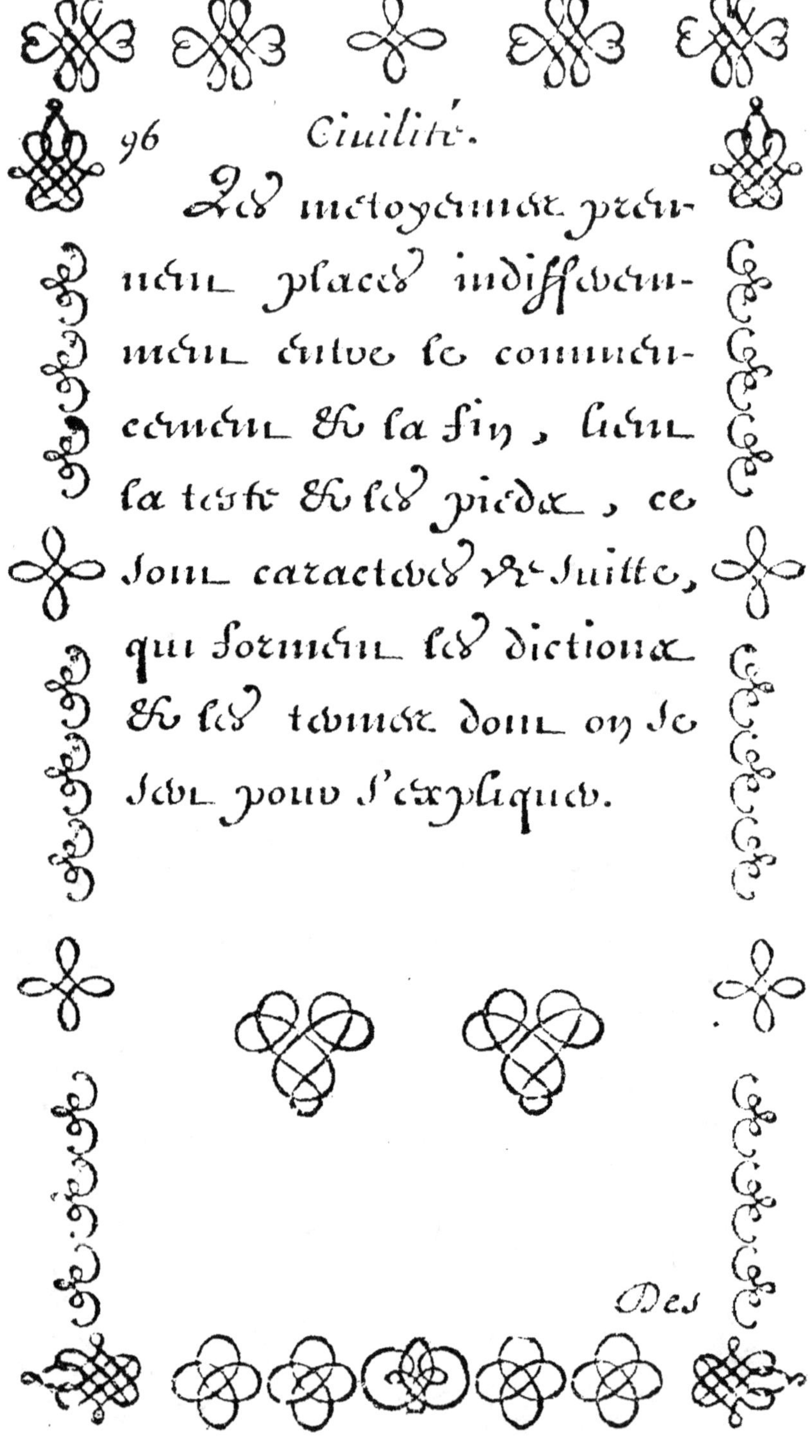

Des

Des Voyeles.

Chap. XIX.

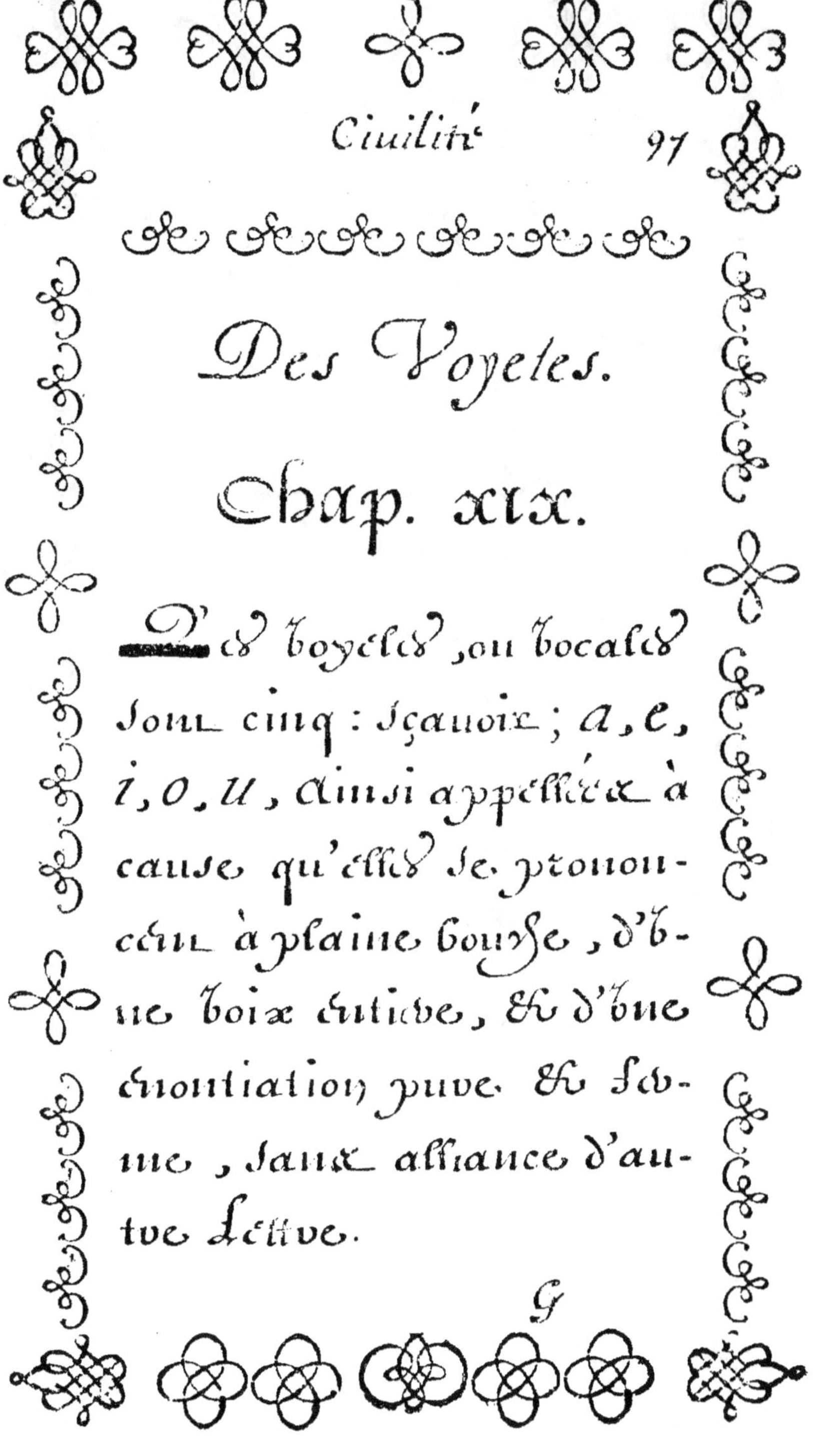

Les voyeles, ou bocales sont cinq : sçavoir ; a, e, i, o, u, ainsi appellées à cause qu'elles se prononcent à plaine bourse, d'bne boix entiere, & d'bne enontiation pure. & ferme, sans alliance d'autre lettre.

G

Des Consonantes.

Chap. xx.

Les Consonantes, comme le nom le signi-fie, sont celles qui n'ont point de son d'elles mes-mes, & qui joignent à leur prononciation quel-qu'vne de ces quatre voyelles; a, e, i, u: b, c, d, f, &c.

Des Sillabes.

Chap. XXI.

De la cognoissance des Lettres, on s'auance aux sillabes; il faut proceder peu à peu, de degré en degré, ne rien obmettre, & passer par tout; c'est le moyen de ne se point esgarer.

G ij

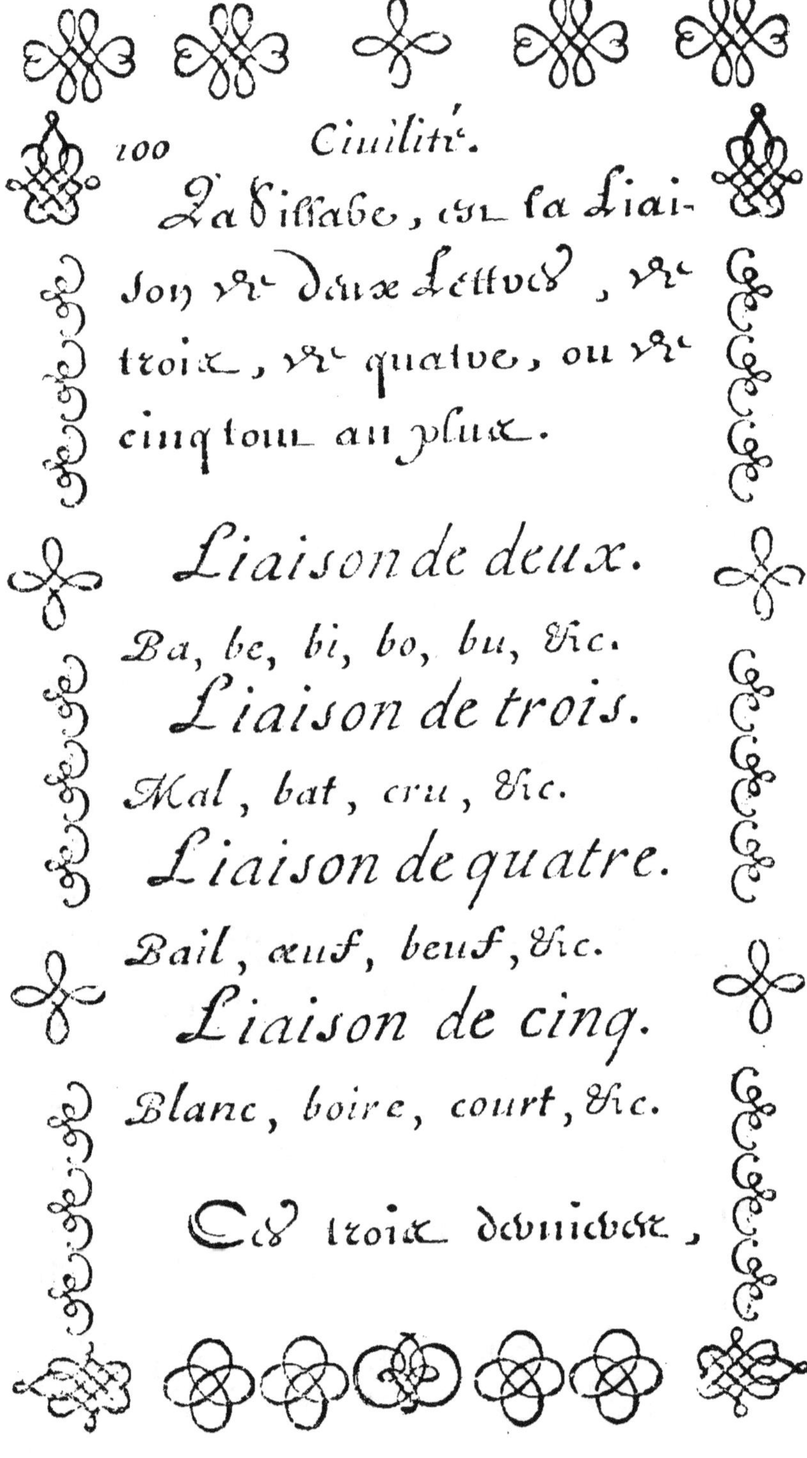

La syllabe, est la liai-
son de deux lettres, de
trois, de quatre, ou de
cinq tout au plus.

Liaison de deux.

Ba, be, bi, bo, bu, &c.

Liaison de trois.

Mal, bat, cru, &c.

Liaison de quatre.

Bail, œuf, beuf, &c.

Liaison de cinq.

Blanc, boire, court, &c.

Ces trois dernières,

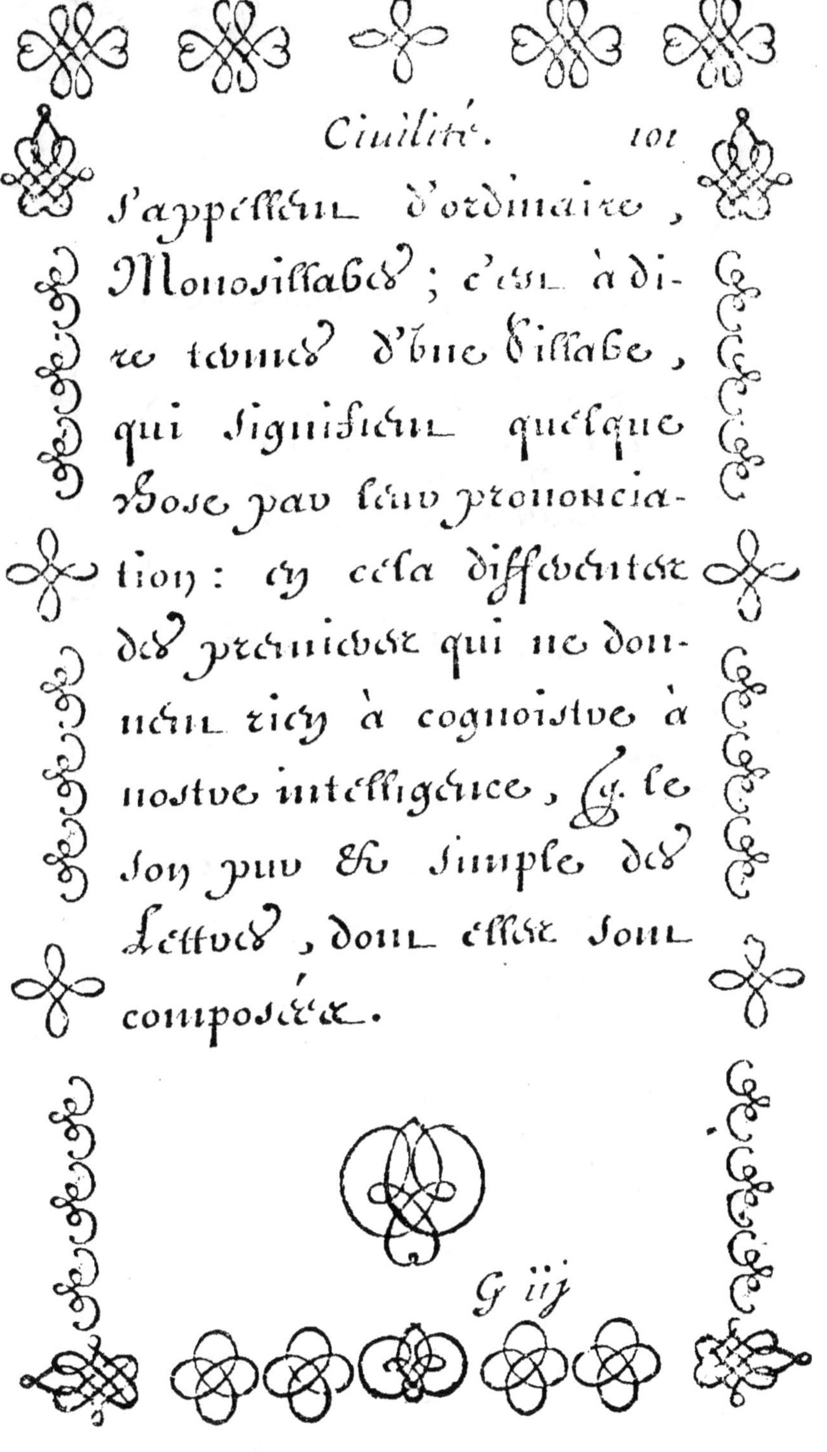

s'appellent d'ordinaire,
Monosillabes; c'est à di-
re termes d'une sillabe,
qui signifient quelque
chose par leur prononcia-
tion: en cela differentes
des premieres qui ne don-
nent rien à cognoistre à
nostre intelligence, que le
son pur et simple des
lettres, dont elles sont
composées.

Des Ligatures & Abreuiations.

Chap. XXII.

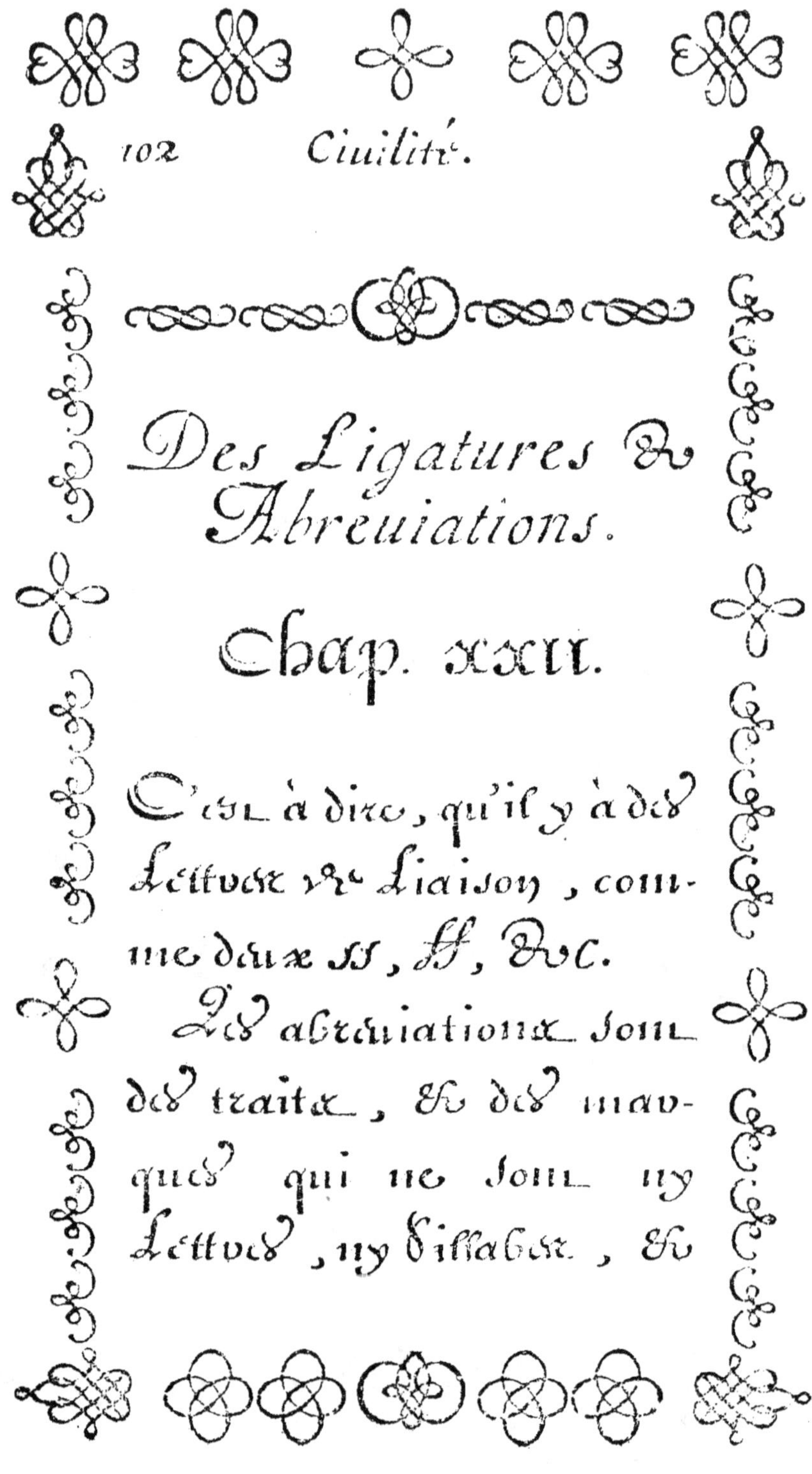

C'est à dire, qu'il y à des Lettres de Liaison, comme deux ss, ff, &c.

Les abreuiations sont des traits, & des marques qui ne sont ny Lettres, ny sillabes, &

nous donnent à entendre une ou plusieurs Lettres supprimées pour ra-
courcir le mot, ou le terme trop long à mettre par
escrit, quand on est obligé de suiure couram-
ment la voix de celuy qui
prononce.

De la punctuation.

Chap. XXIII.

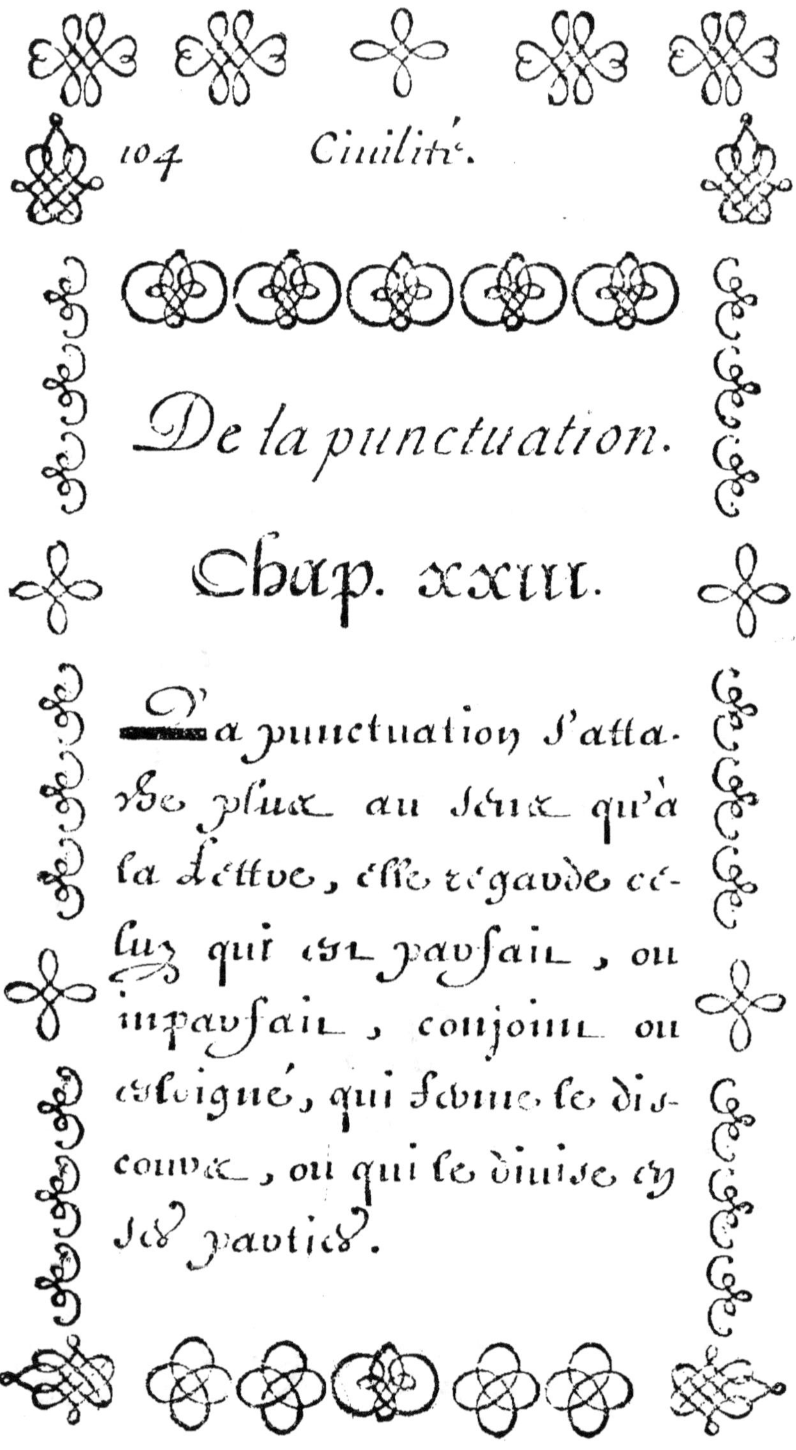

La punctuation s'atta-
che plus au sens qu'à
la lettre, elle regarde celuy qui est parfait, ou
imparfait, conjoint ou
esloigné, qui forme le discours, ou qui le divise en
ses parties.

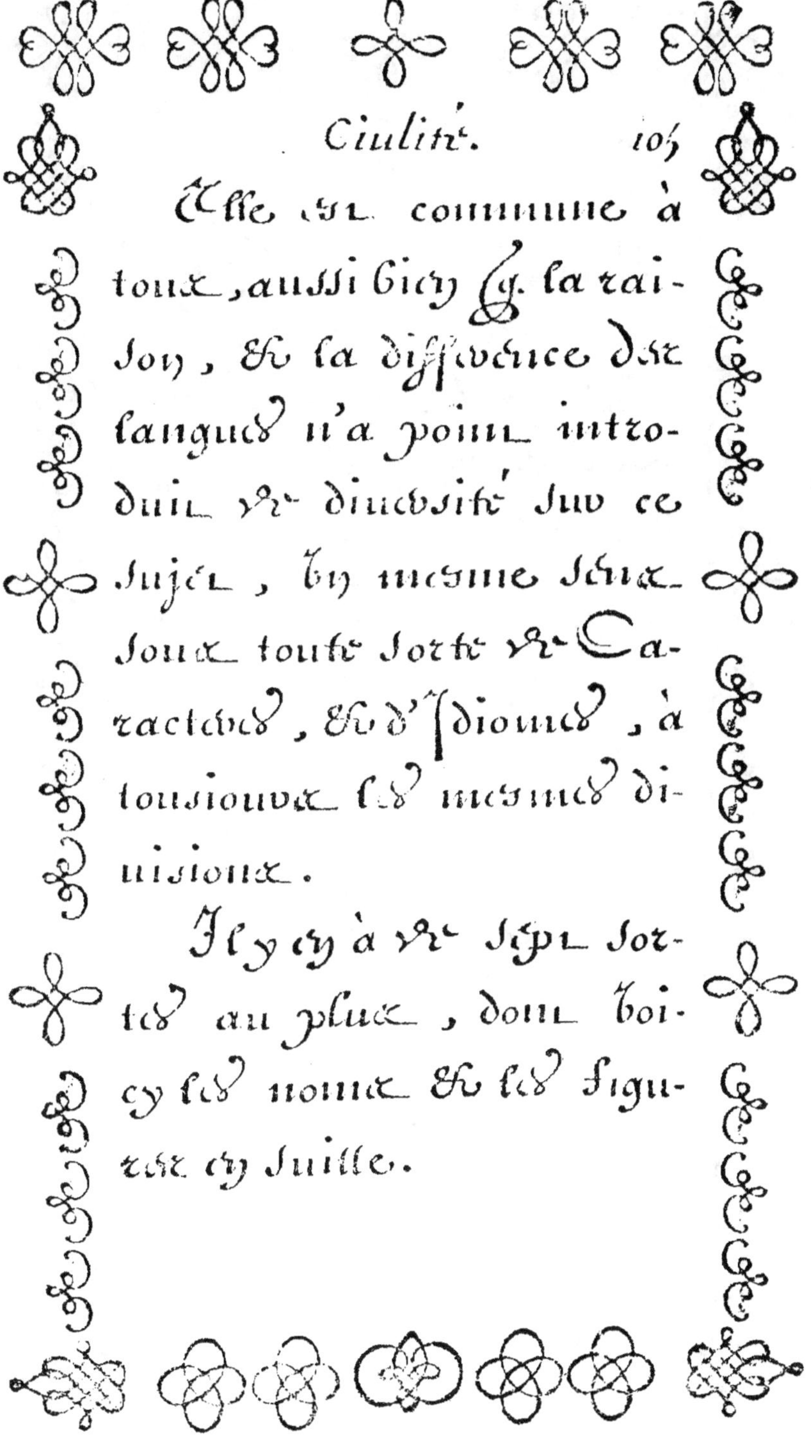

Elle est commune à
tous, aussi bien q. la raison, & la différence des
langues n'a point intro-
duit de diuersité sur ce
sujet, en mesme sera
sous toute sorte de Ca-
ractères, & d'Idiomes, à
tousiours les mesmes di-
uisions.

Il y en à de sept sor-
tes au plus, dont boi-
cy les noms & les figu-
res en suitte.

Noms	figures.
La Virgule,	,
Le Comma :	:
Le Point.	.
L'Interrogant ?	?
L'Admiratif !	!
La Parentese ( )	( )
La diuision -	-

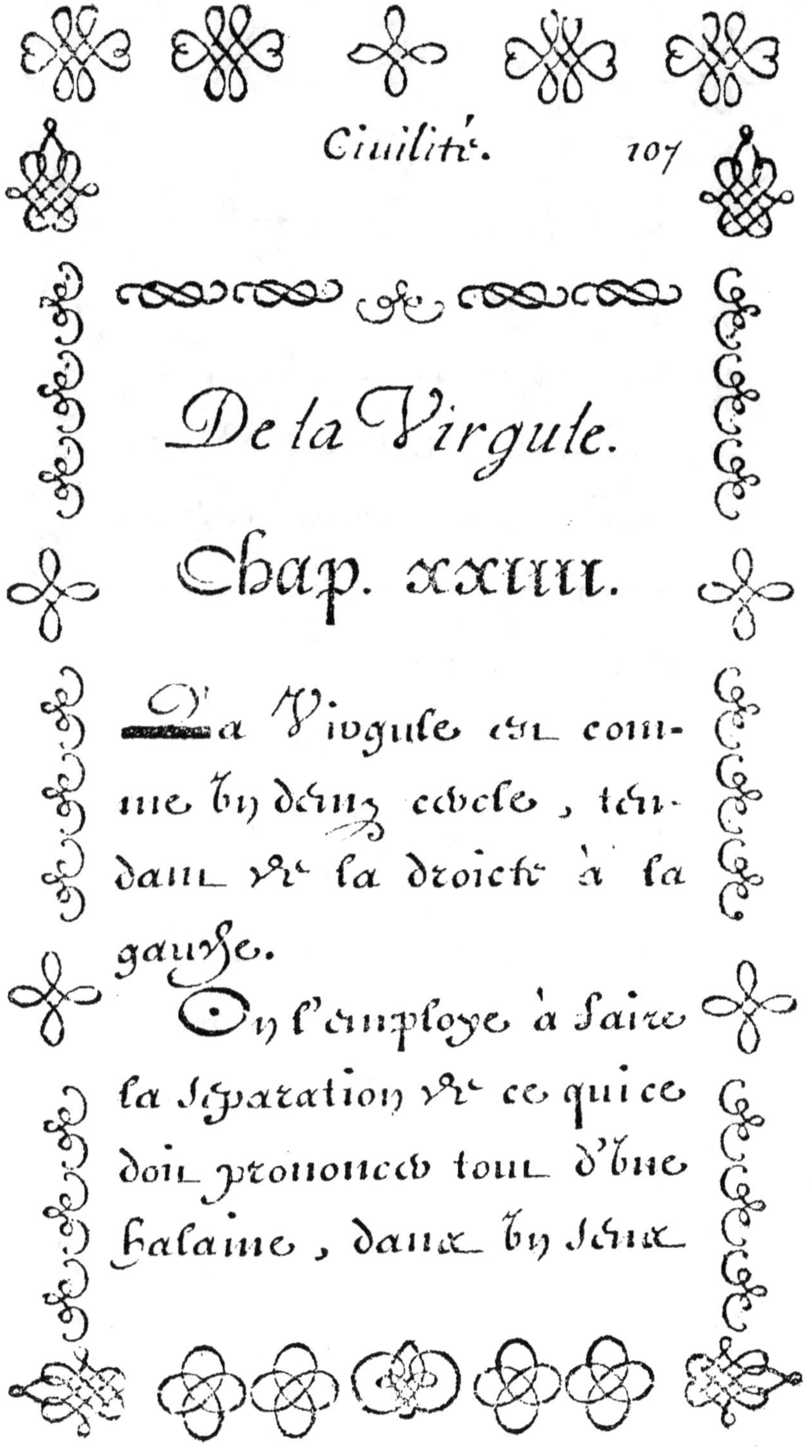

De la Virgule.

Chap. XXIIII.

La Virgule est comme vn demy cercle, tendant de la droicte à la gauche.

On l'employe à faire la separation de ce qui ce doit prononcer tout d'vne halaine, dans vn sens

véritablem.t imparfait,
qui neantmoins arreste
assez l'entendement, po.
se donner le loisir de cognoistre peu à peu le sens
accomply de celuy qui es-
crit, ou qui parle.

Il y à des pensées,
qu'on ne peut expliquer
qu'à longs traits; le
raisonnem.t contient d'ordinaire trois proposi-
tions, dont les deux pre-
mieres, n'ont (q. des virgu-
les qui les separent, pour

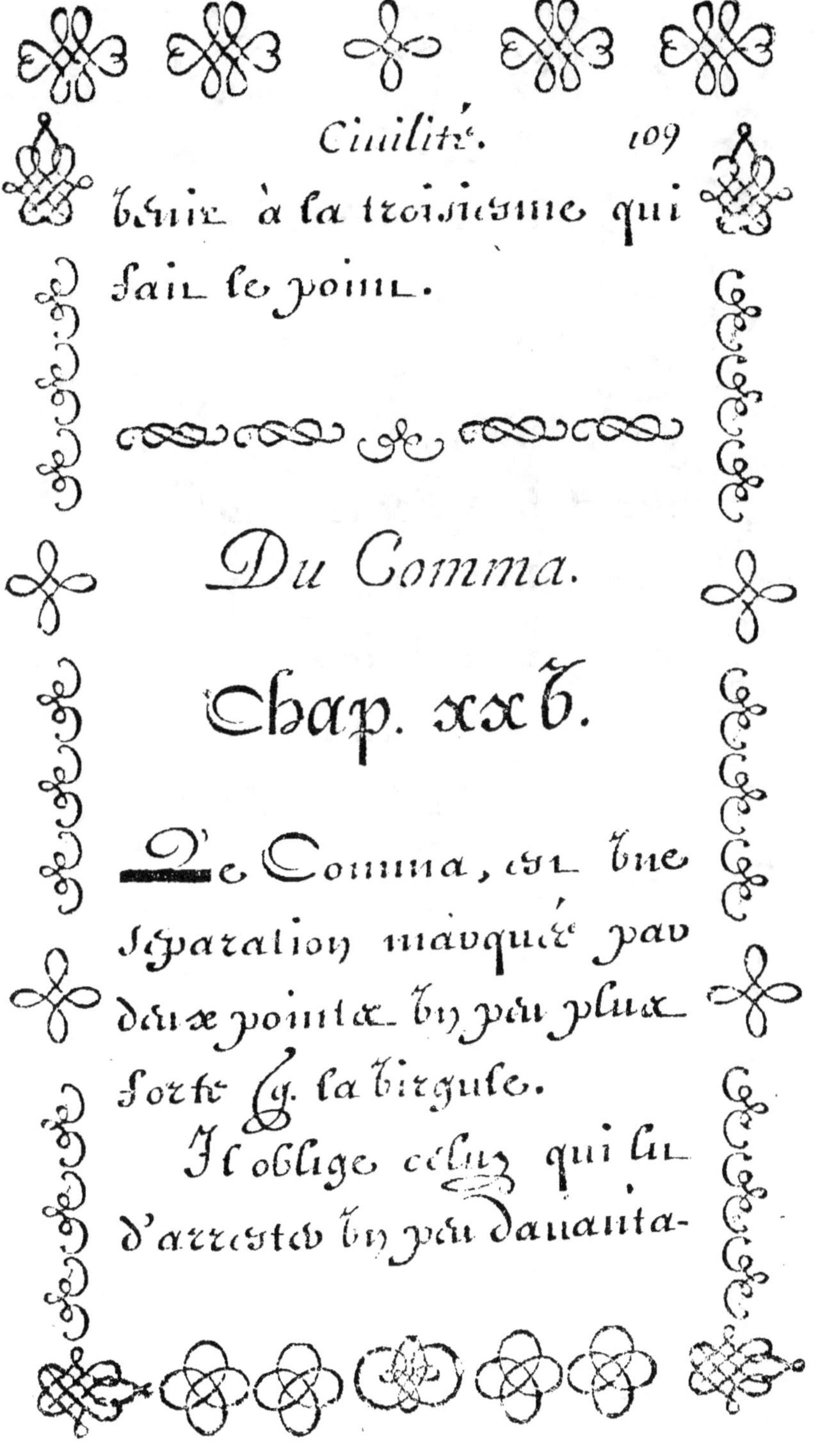

béuir à la troisiesme qui
fait le point.

Du Comma.

Chap. xxv.

Le Comma, est une
séparation marquée par
deux points, un peu plus
forte que la virgule.
    Il oblige celuy qui lit
d'arrester un peu dauanta-

ge, sans pourtant le
faire paroistre auec en-
nuy, c'est lors que
deux sentences sur un mesme sujet s'entresuiuent,
lesquelles d'elles mesmes
pourroient faire un sens
parfait, si elles n'estoient
point attachées ensem-
ble.

Du Poinct.

Chap. xxbi.

Le poinct est une mar-
que qui declare q. le sens
est parfait ; La l'esprit
se peut reposer & pren-
dre halaine, pour juger si
ce qui est escrit est faux
ou veritable , approchant
ou esloigné de la lumie-

rer, s'il l'approuue ou s'il
le rejette, il à le loisir
re de se consulter soy-mesme, auec une vitesse in-
comparable, telle qu'il ap-
partient à l'esprit qui
est veritablement esprit
agissant en un moment,
ou dans si peu de temps
q. luy-mesme ne s'apper-
çoit pas de sa durée.

Le plus actif est le
meilleur.

Qui comprend le plus
viste, est le plus adroit;
et qui

Et qui ne laisse rien cy
arriue dans cette soudai-
neté, est le plus parfait
Et le plus admirable.

De l'Interrogant.

Chap. xxvii.

L'Interrogant porte
son interprétation dans
son terme Et dans sa fi-
gure, laquelle estant biai-

H

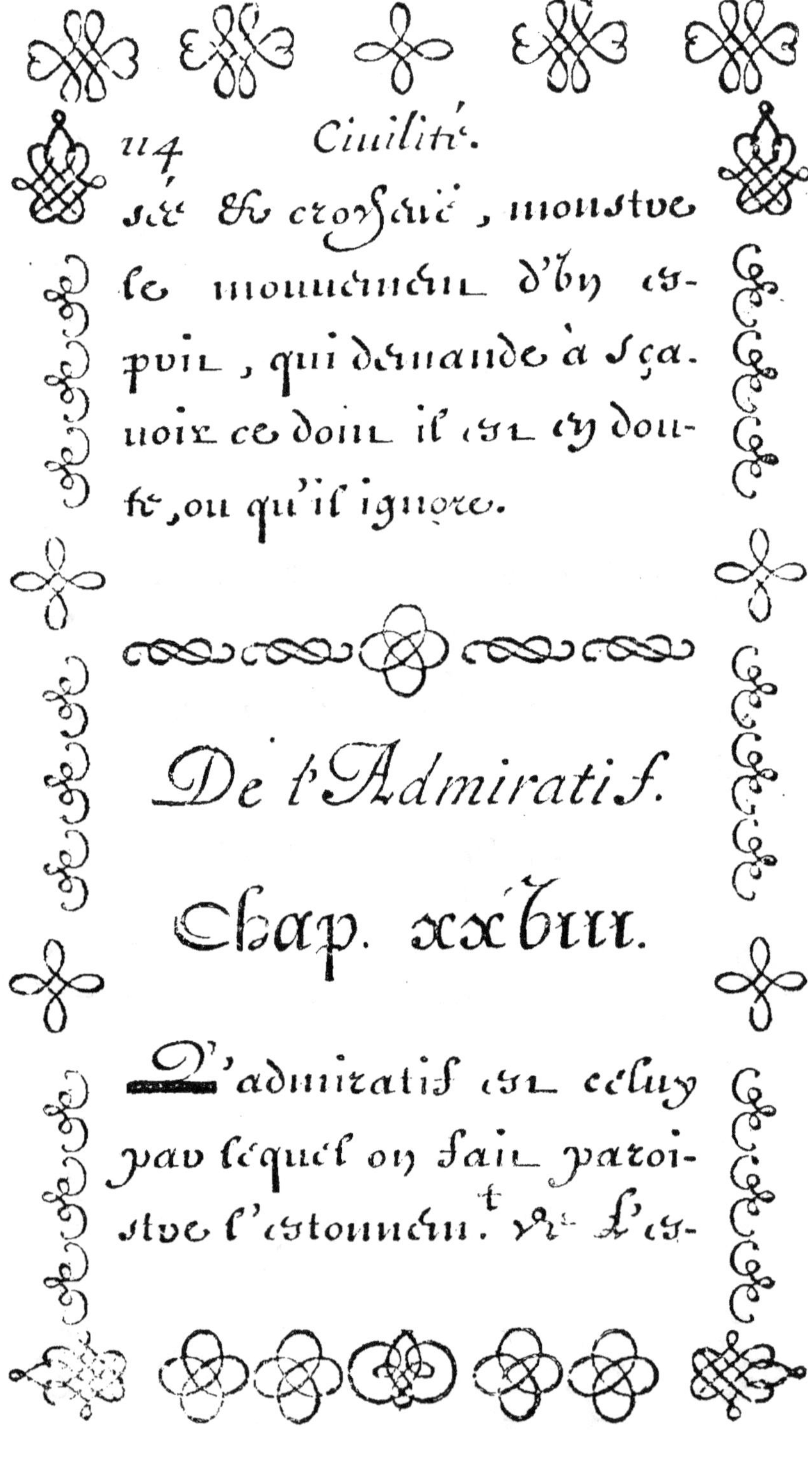

té & croyance, monstre
le mouuement d'vn es-
prit, qui demande à sça-
uoir ce dont il est en doute, ou qu'il ignore.

De l'Admiratif.

Chap. xxbiii.

L'admiratif est celuy
par lequel on fait paroi-
stre l'estonnem.t vñ l'es-

pril sur quelque chose ra-
re, nouuelle, jnoüye, pro-
digieuse, & dont la cau-
se est cachée à nostre intelligence, surpassant le
cours ordinaire &c ce qu
nous boyons journelle-
ment arriuer.

De la Paranthese.

Chap. XXIX.

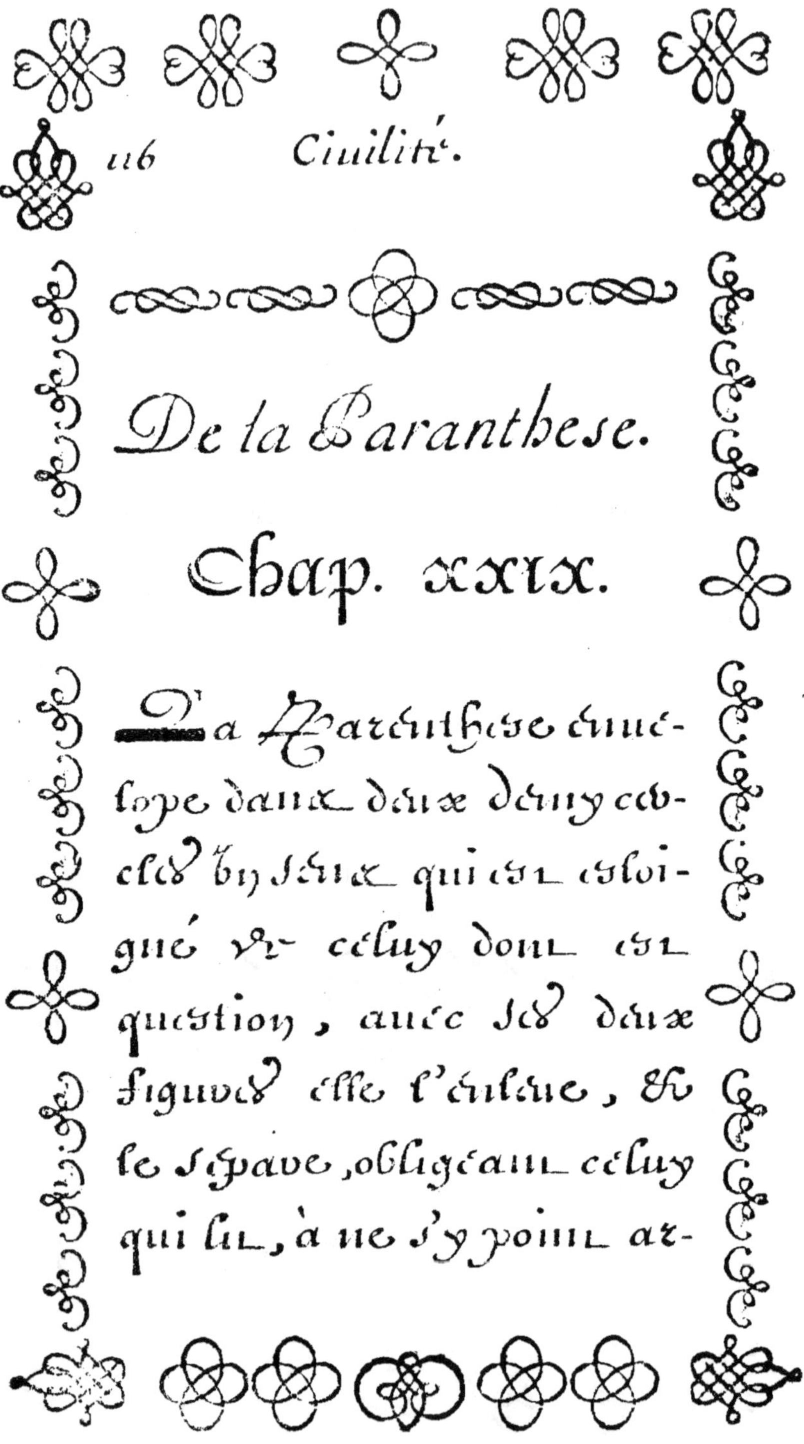

La Paranthese enue-
loppe dans deux demy cer-
cles vn sens qui est esloigné de celuy dont est
question, auec les deux
figures elle l'enserre, &
le sepave, obligeant celuy
qui lit, à ne s'y point ar-

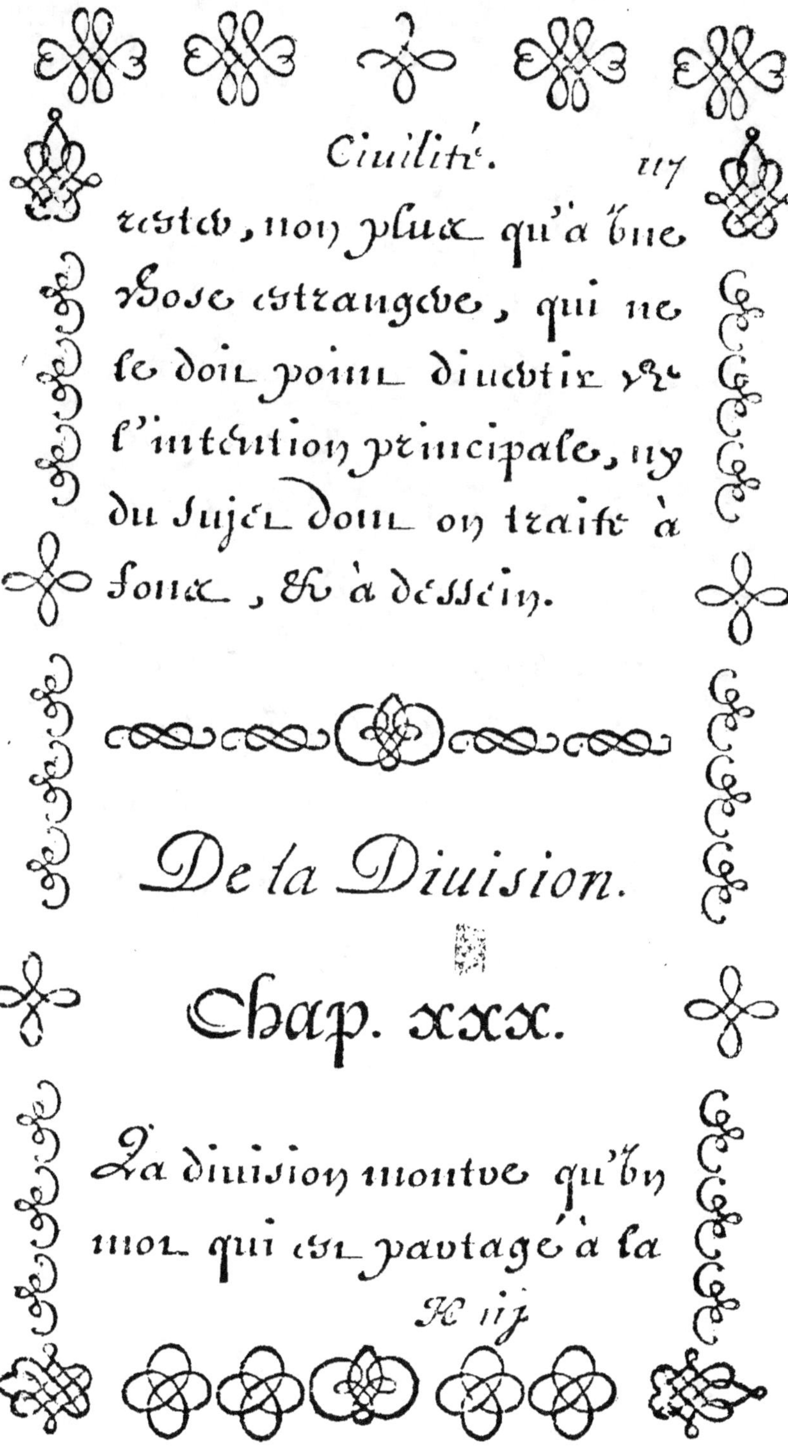

resté, non plus qu'à vne
chose estrange, qui ne
se doit point diuertir de
l'intention principale, ny
du sujet dont on traite à
fonte, & à dessein.

De la Diuision.

Chap. xxx.

La diuision monstre qu'vn
mot qui est partagé à la

fin d'vne ligne, & au commencement d'vne autre,
n'est &c. le mesme : Ain-
si cette diuision tesmoigne
l'vnité : ou bien c'est lors
qu'on assemble deux mots,
qui autrement seroient se-
parez & seroient bien dic-
esgaué n'estoit cette diuision, qui monstre &c. ce
sont deux cy by.

De l'Apostrophe.

Chap. xxxi.

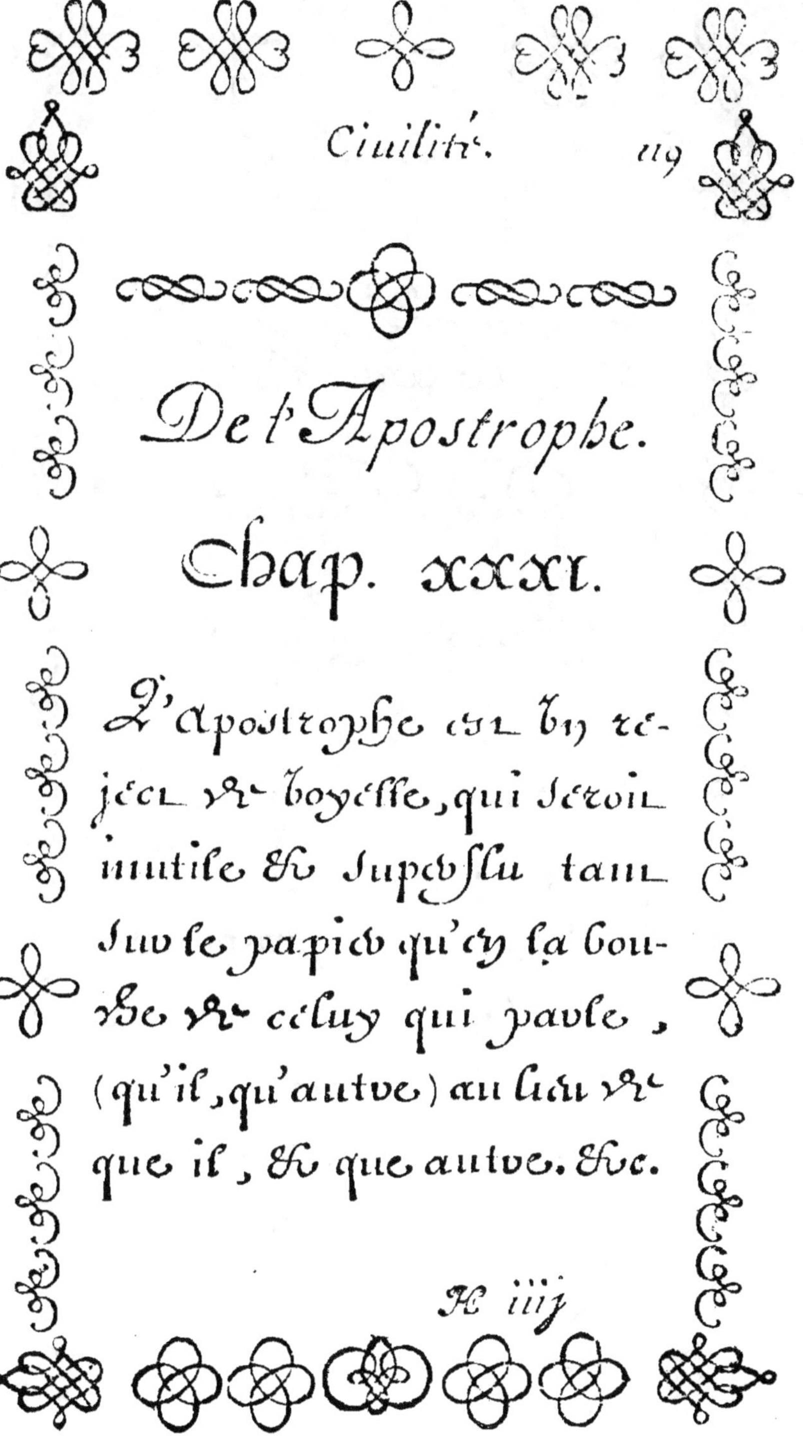

L'Apostrophe est vn re-
ject de voyelle, qui seroit
inutile & superflu tant
sur le papier qu'en la bouche de celuy qui parle,
(qu'il, qu'autre) au lieu de
que il, & que autre. &c.

H iiij

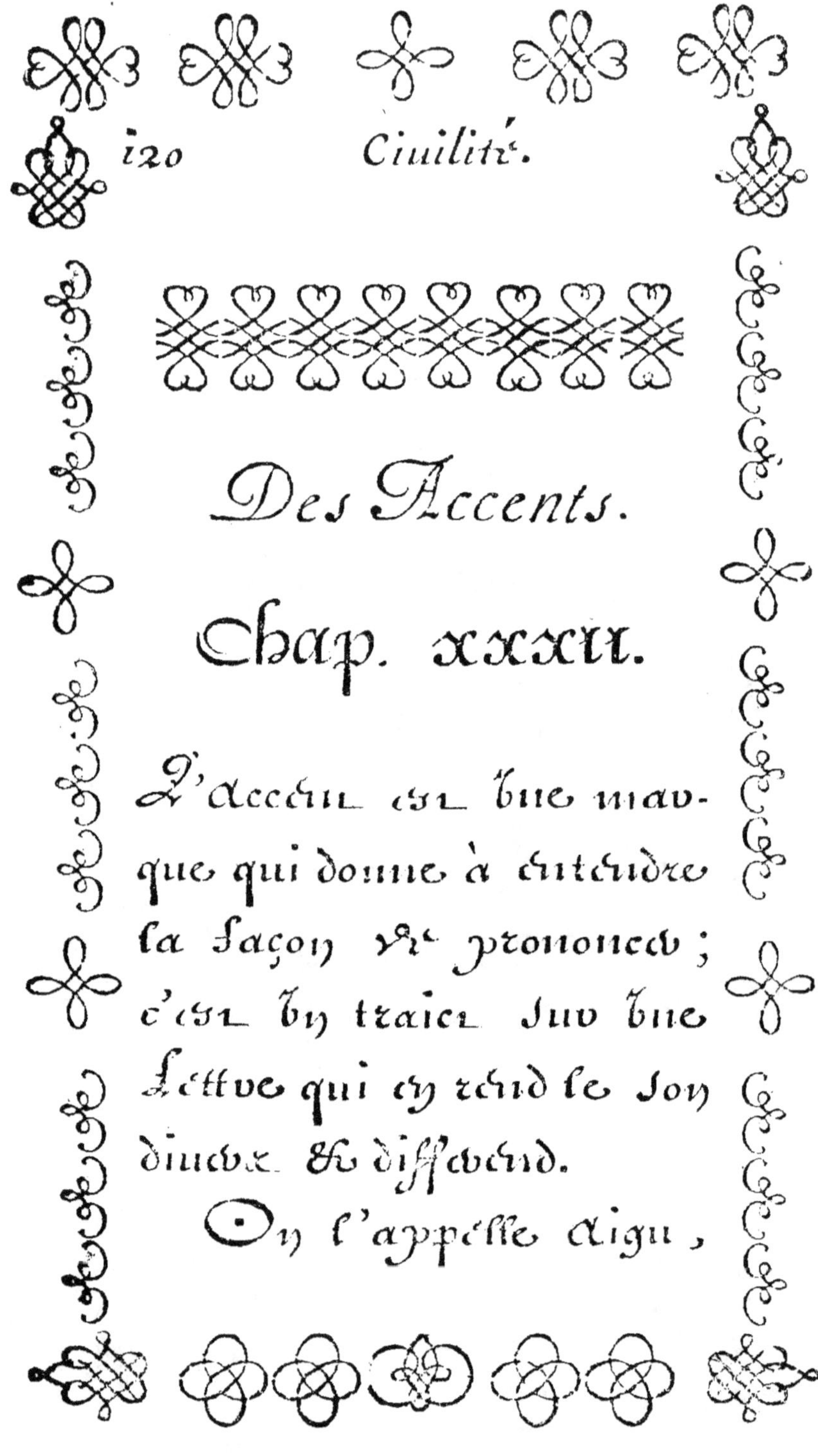

Des Accents.

Chap. XXXII.

L'accent est une mar-
que qui donne à entendre
la façon de prononcer;
c'est un traict sur une
lettre qui en rend le son
divers & different.

On l'appelle aigu,

quand il ba droit à gauche, & fait (y. la sillabe où prononcer plus gayement, & d'un ton plus
relué, (offence offence.)

L'accent braue, se marque en peu de mots comme en ce terme, où, Il est contraire en figure au premier: il s'entend par tout encore qu'il ne soit pas marqué: Il laisse la modération dans la voix; l'egalité dans la prononciation, & ricy

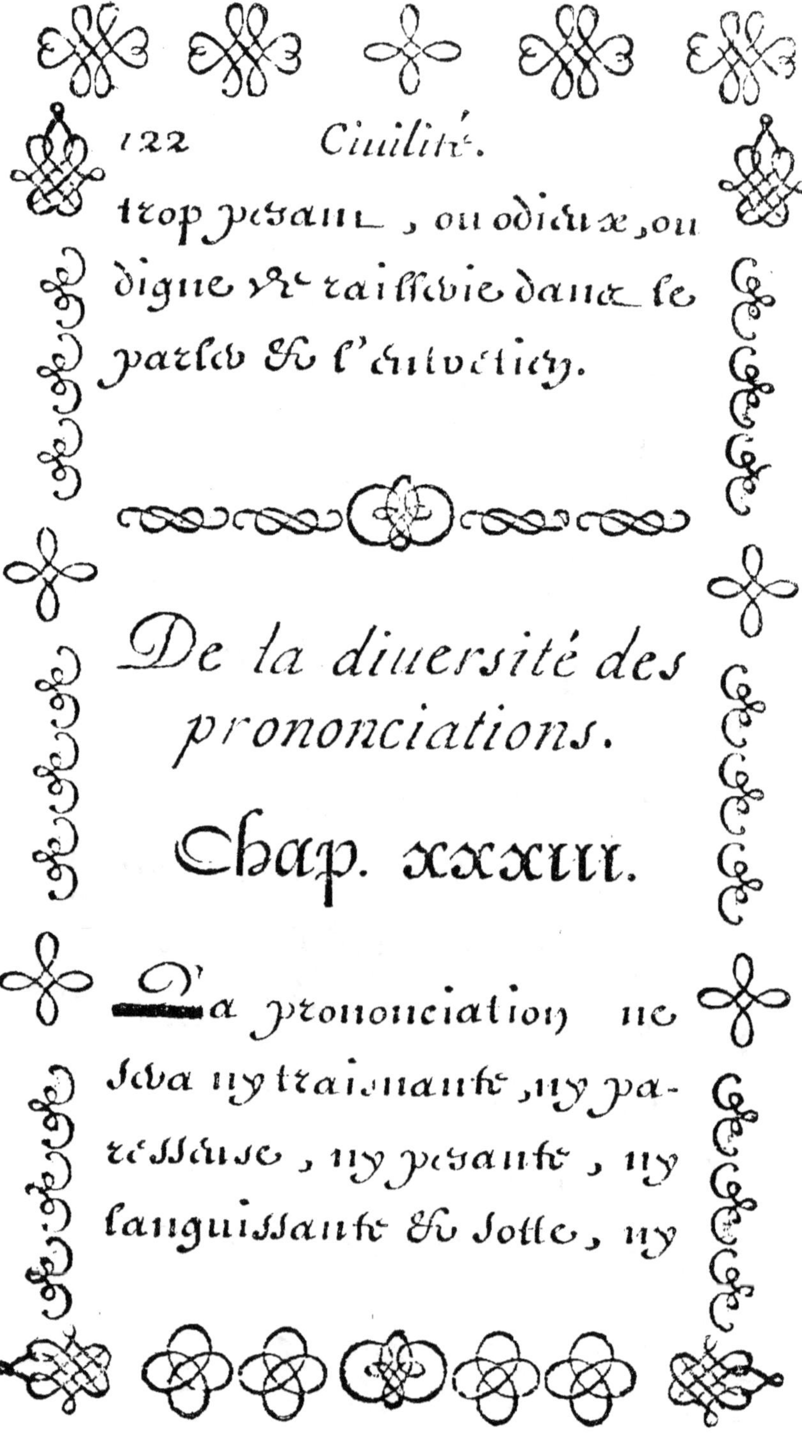

trop pesant, ou odieux, ou
digne de raillerie dans le
parler & l'entretien.

De la diuersité des prononciations.

Chap. XXXIII.

La prononciation ne
sera ny trainante, ny pa-
resseuse, ny pesante, ny
languissante & sotte, ny

brusque, grossiere, &
brouillonne, ny trop pré-
cipité, aiguë & extraua-
gante: ces deffauts sui-
uent les pays, & les
coutumes; & comme les
climats sont differents,
les accents sont diuers,
à grand paine & peine on
trouue deux qui parlent
entierement de mesme
façon.

Autrement parle le
Normand, en laissant
couler ses paroles file à

file, auec vn ton vie boix
qui est à demy mort.

Autrement le Pi-
caud, qui semble niais,
quand il discourt.

Autrement le Bre-
ton, qui ne parle qu'à
bastons rompus, & d'vn
air engourdy, & neant-
moins pressé.

Autrement le Gas-
con, qui à la langue legere, prompte, aiguë, de-
liée, d'vn ton perçant, &
d'vne impetuosité pareille

à celle d'vn terrein.

Comme le bisage le
plux beau est celuy qui
est le plux egal, & qui
à le moins de deffautx.

La prononciation la
meilleure, & la plux a-
greable, est celle qui n'a
aucune inclination, ny
eleuation de boix qui im-
portune l'oüye, ou pour
mieux dire qui n'a point
de nuance, ny de chan-
gement (y. pour donner à
cognoistre les mouue-

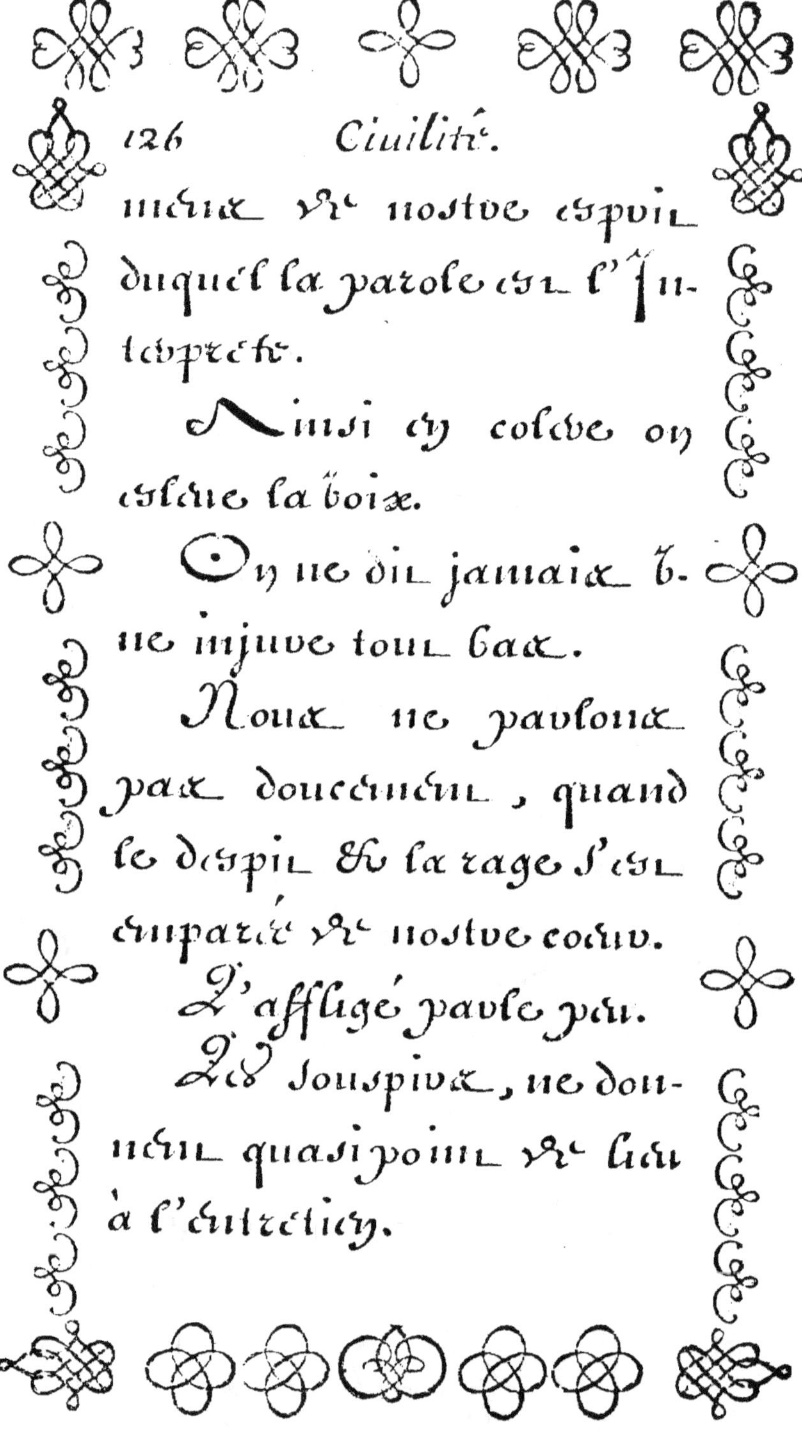

meux que nostre espri[t]
duquel la parole est l'Jn-
terprete.

Ainsi en colere on
esclate sa voix.

On ne dit jamais b-
ne injure tout bas.

Nous ne parlons
pas doucement, quand
le despit & la rage s'est
emparée de nostre coeur.

L'affligé parle par.
Les souspirs, ne don-
nent quasi point de lieu
à l'entretien.

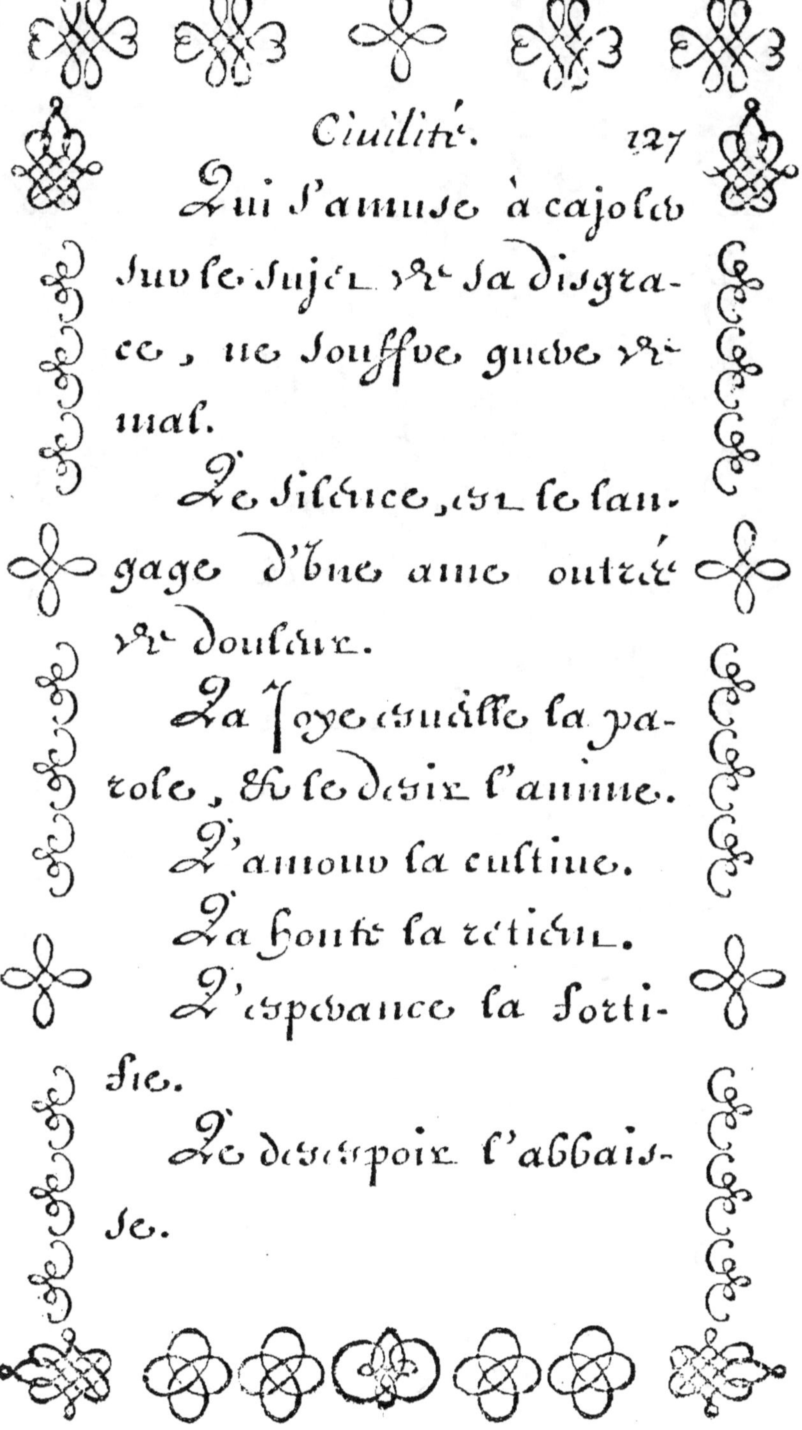

Qui s'amuse à cajoler
sur le sujet de sa disgra-
ce, ne souffre guere de
mal.

Le silence est le lan-
gage d'une ame outrée
de douleur.

La joye esueille la pa-
role, & le desir l'anime.

L'amour la cultive.

La honte la retient.

L'esperance la forti-
fie.

Le desespoir l'abbais-
se.

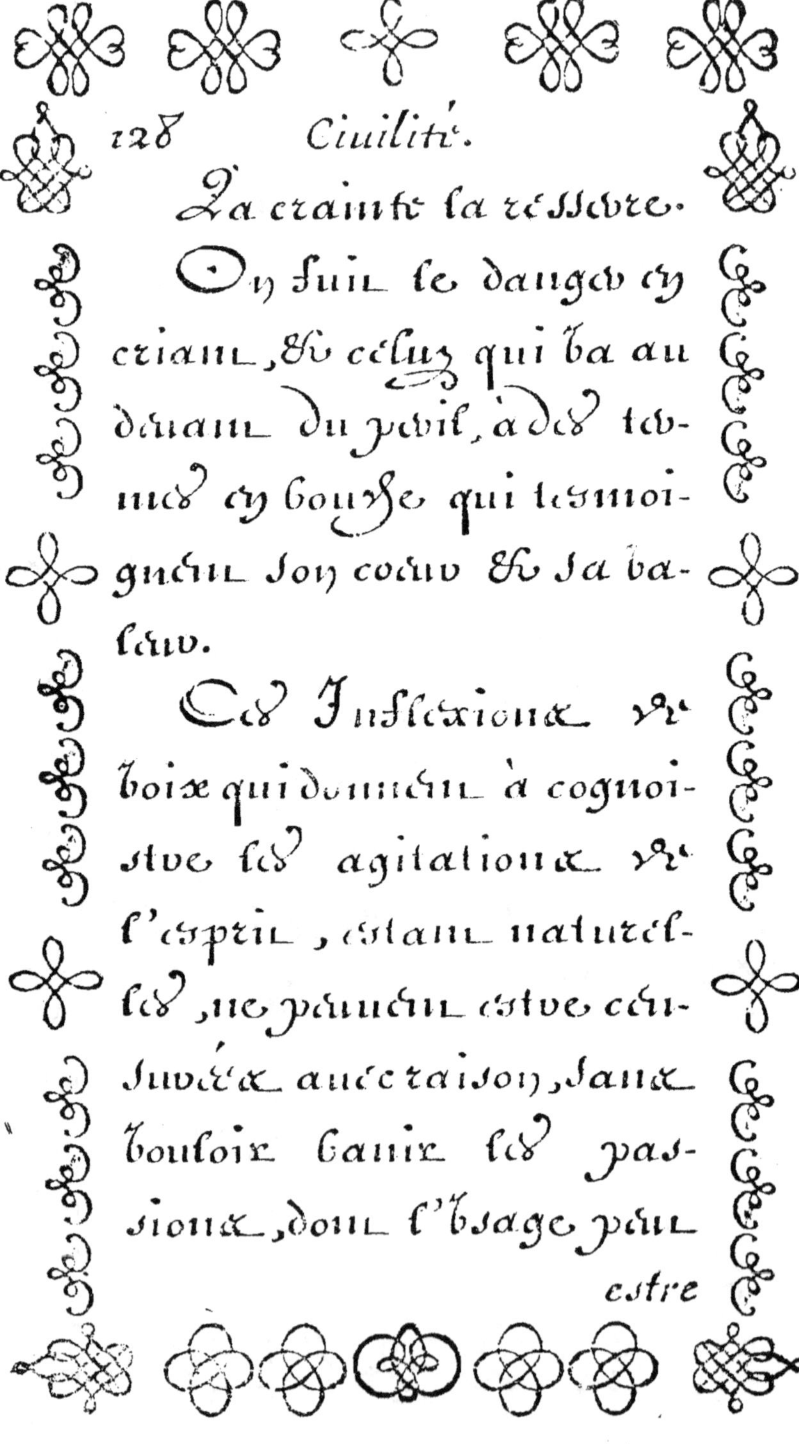

La crainte la resserre.

On fuit le danger en
criant, & celuy qui ba au
deuant du peril, à des termes en bouche qui tesmoi-
gnent son cœur & sa va-
leur.

Ces Inflexions de
boix qui donnent à cognoistre les agitations de
l'esprit, estant naturel-
les, ne peuuent estre chi-
suiées auec raison, sans
bouloir bannir les pas-
sions, dont l'bsage peut

estre

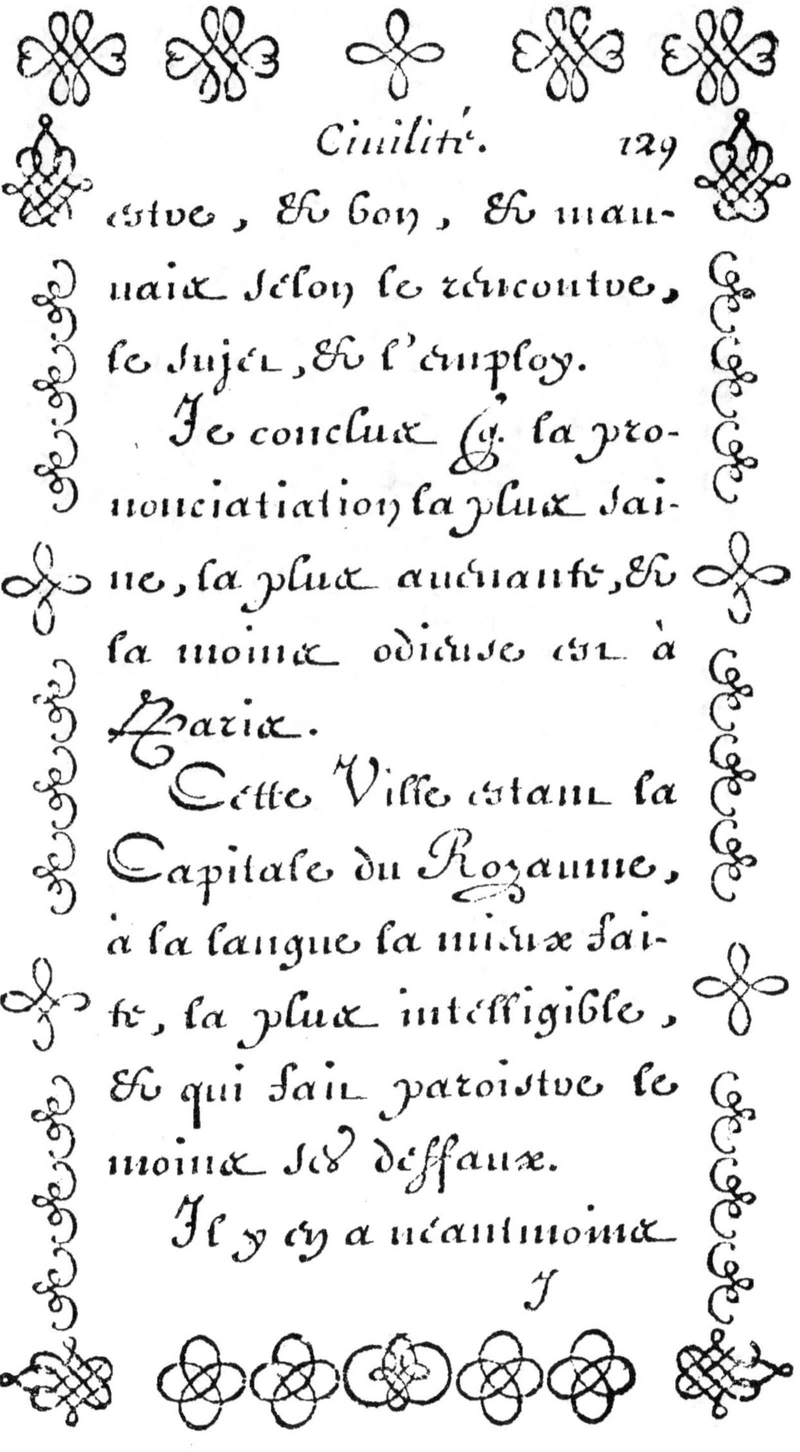

stue, & bon, & mau-
uaix selon le rencontre,
le sujet, & l'employ.

Je conclux q. la pro-
nonciatiation la plus sai-
ne, la plus auchante, &
la moins odieuse est à
Paris.

Cette Ville estant la
Capitale du Royaume,
a la langue la mieux fai-
te, la plus intelligible,
& qui fait paroistre le
moins des deffaux.

Il y en a neantmoins
I

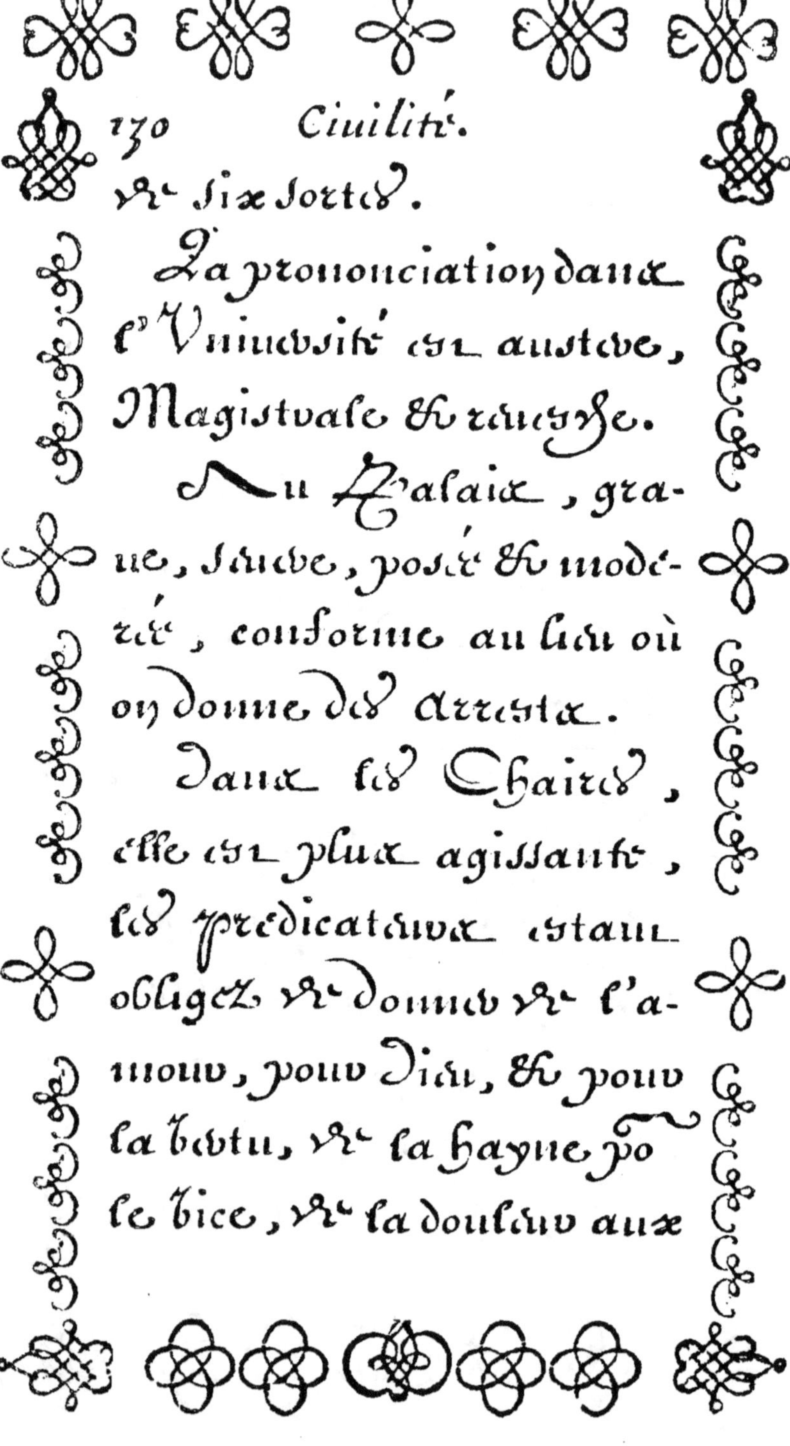

de six sortes.

La prononciation dans
l'Vniuersité est austere,
Magistrale & rauie.

Au Palais, gra-
ue, Seuere, posé & mode-
ré, conforme au lieu où
on donne des arrests.

Dans les Chaires,
elle est plus agissante,
les predicateurs estant
obligez de donner de l'a-
mour, pour Dieu, & pour
la vertu, de la hayne po[ur]
le vice, de la douleur aux

pénitence, & la confian-
ce aux Justes, & d'exci-
ter dans les cœurs tous
les sentimens, d'vne
sainte, pure, & desin-
teressée pieté.

A la Cour, la pro-
nonciation est flateuse,
ou imperieuse, dissimulée,
remplie d'équiuoques &
trompeuse.

Parmy les Bour-
geois, elle est pesante,
mesquine, grossiere, &
seiche.

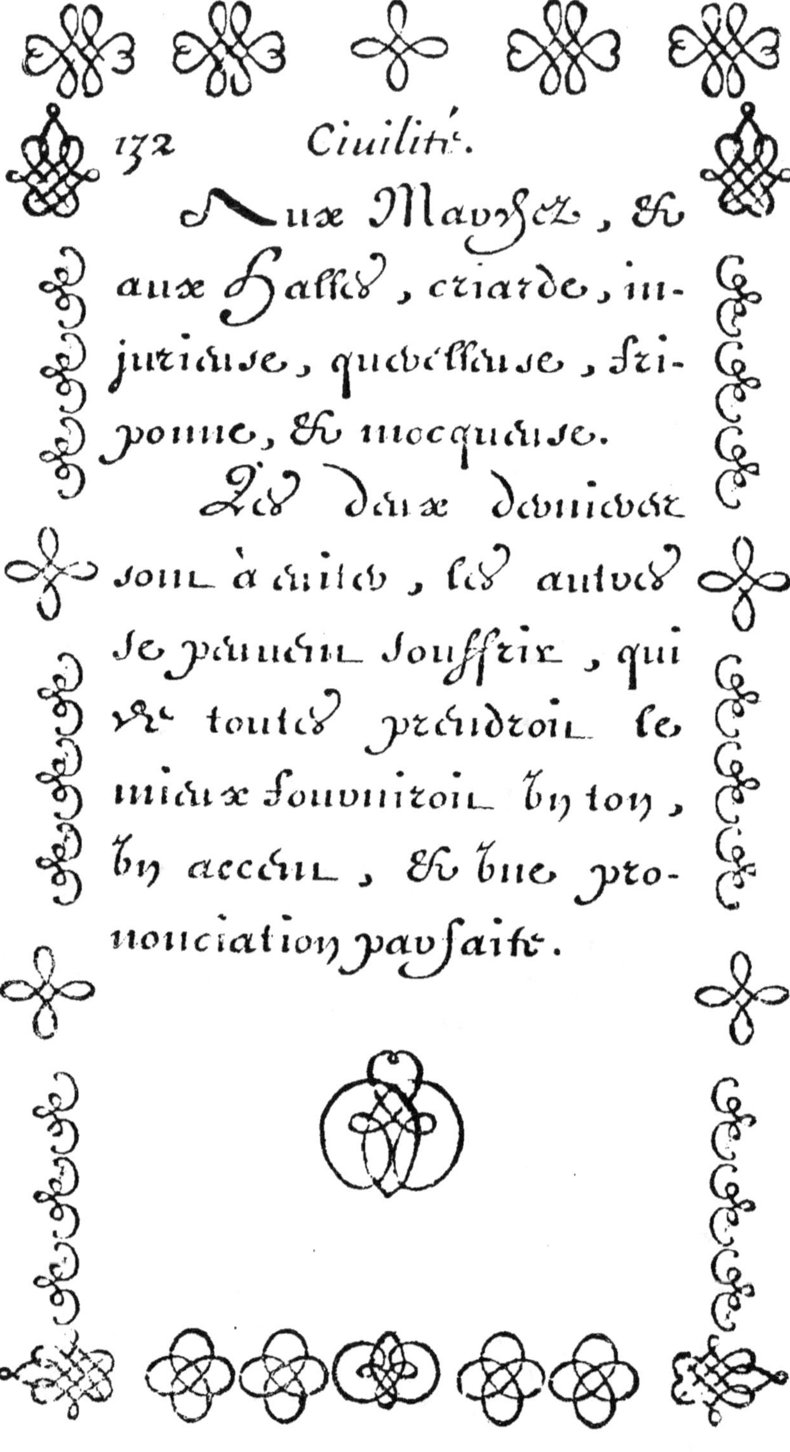

Aux Maußez, &
aux Halles, criarde, in-
jurieuse, querelleuse, fri-
ponne, & mocqueuse.

Les deux dernieres
sont à euiter, les autres
se peuuent souffrir, qui
vn toutes prendroit le
mieux souuniroit bn ton,
bn accent, & bne pro-
nonciation parfaite.

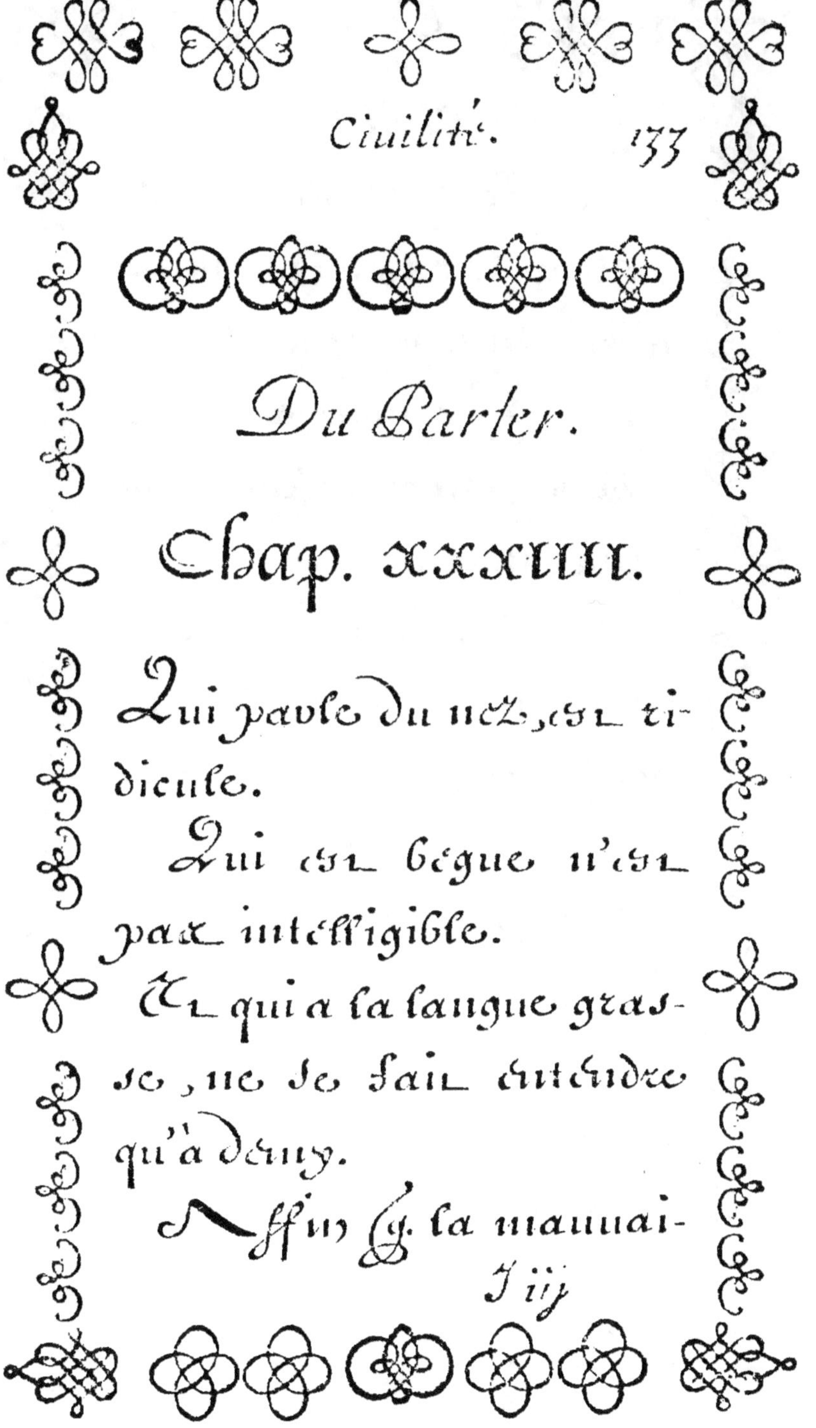

Du Parler.

Chap. xxxiiii.

Qui parle du nez, est ridicule.

Qui est begue n'est pas intelligible.

Et qui a la langue gras-se, ne se fait entendre qu'à demy.

Affin q. la mauuaise conformation du nez, ou trop serré, ou trop plat, n'incommode pas : il faut tenir les conduits sans ordure, la parole en sera plus nette.

Le bègue ne se hastera point en parlant ; s'il se précipite, il deviendra muet, n'y ayant point de différence, entre un homme qui n'est pas entendu, & celuy qui ne dit mot.

Ce n'est pas à fai-

re à by boiteux à courir,
ny à by begue à parler bi-
en, l'by tresbuschera & l'autre ne sera pas escouté.

Le parler graç je cor-
rige en fortifiant la voix,
appuyant sur la lettre,
qui est mal-aysée à pro-
noncer: auec peine & vio-
lance, on surmonte cet-
te difficulté, si le tra-
uail ne l'efface point
tout à fait, il l'à rend
moindre.

Il y en à d'autres qui

J iiij

serrent les dents en par-
lant.

D'autres qui ouurent
trop la bourse, & font
paroistre au dehors, vne
langue extraordinairem.^t
longue; la repassant sou-
uent sur leurs leures, ce
qui est desplaisant à la
veuë, & mal-seant outre
mesure. Vn Miroir à ses
personnes-là seroit vn ex-
cellant remede pour les
corriger.

Il y en à qui font des

moüe & des grimaces,
qui remuent les Joües,
& le nez, comme des
Marmotes : qui froncent
les sourcils, qui se ren-
frognent, qui remuent
les yeux, & les clignent
coup sur coup; & à qui les
sauroit trembler aupara-
uant (&c. d'ouurir la bouche & de parler.

Si les imperfections
ne sont leuées par l'ad-
dresse d'vn bon Maistre,
dez le plus bas âge,

l'habitude estant vne au-
tre nature, on vieillit
dans ses deffauts : Et en
quelque condition & pro-
fession qu'on soit, on n'est
point exempt de raille-
rie, de mocquerie, &
de sobriquets.

De l'Escriture.

Chap. xxxb.

Si vous voulez sçauoir,
l'âge, l'ordre, & les ad-
resse qu'il faut tenir,
affin que les enfans
apprennent en peu de
temps à bien escrire, ayez
recours à vn Liure inti-
tulé, Aduis au Pu-

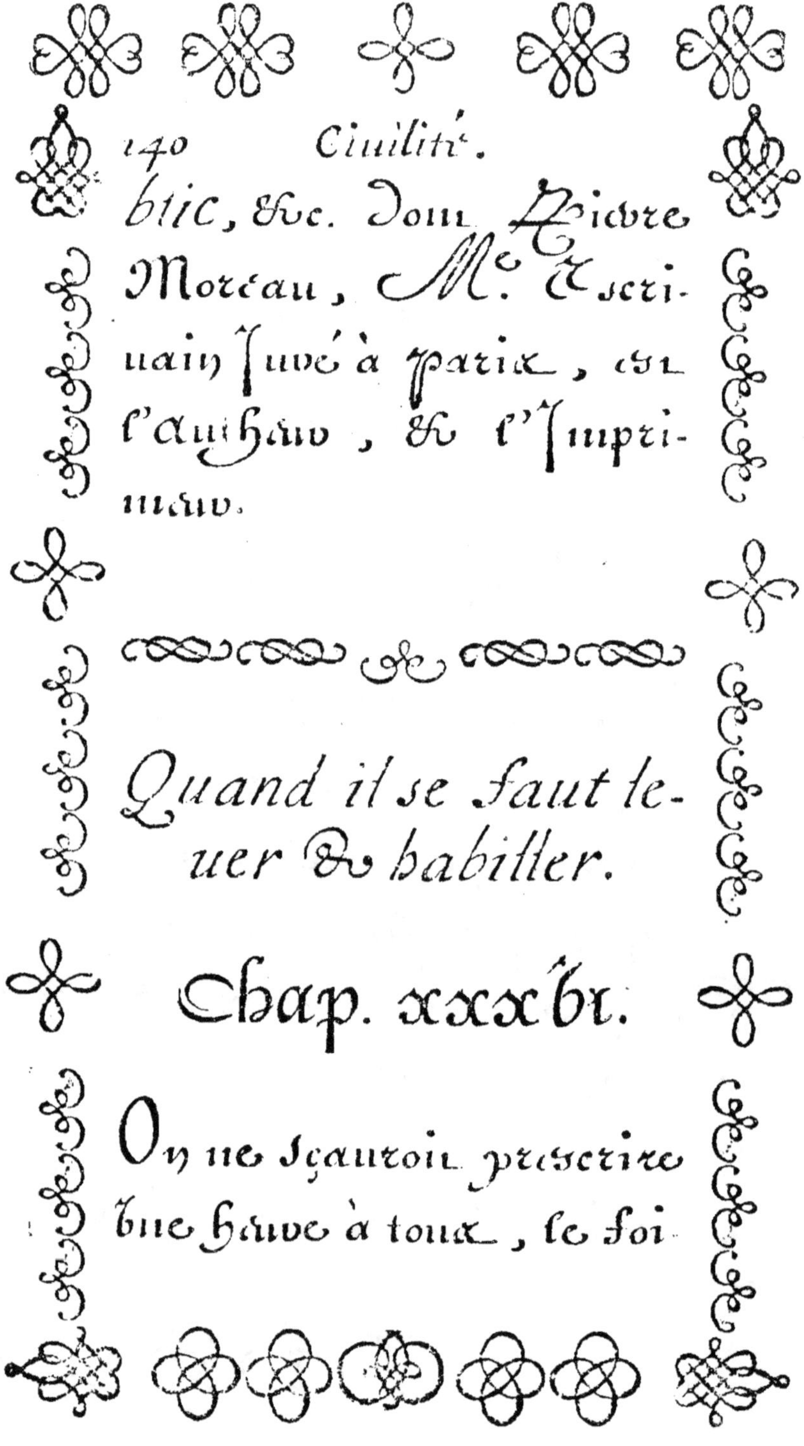

btic, &c. Dom Pierre
Moreau, Mr. Escri-
uain Juré à Paris, où
l'autheur, & l'Impri-
meur.

Quand il se faut le-
uer & habiller.

Chap. xxxbi.

On ne sçauroit prescrire
une heure à tous, le soi

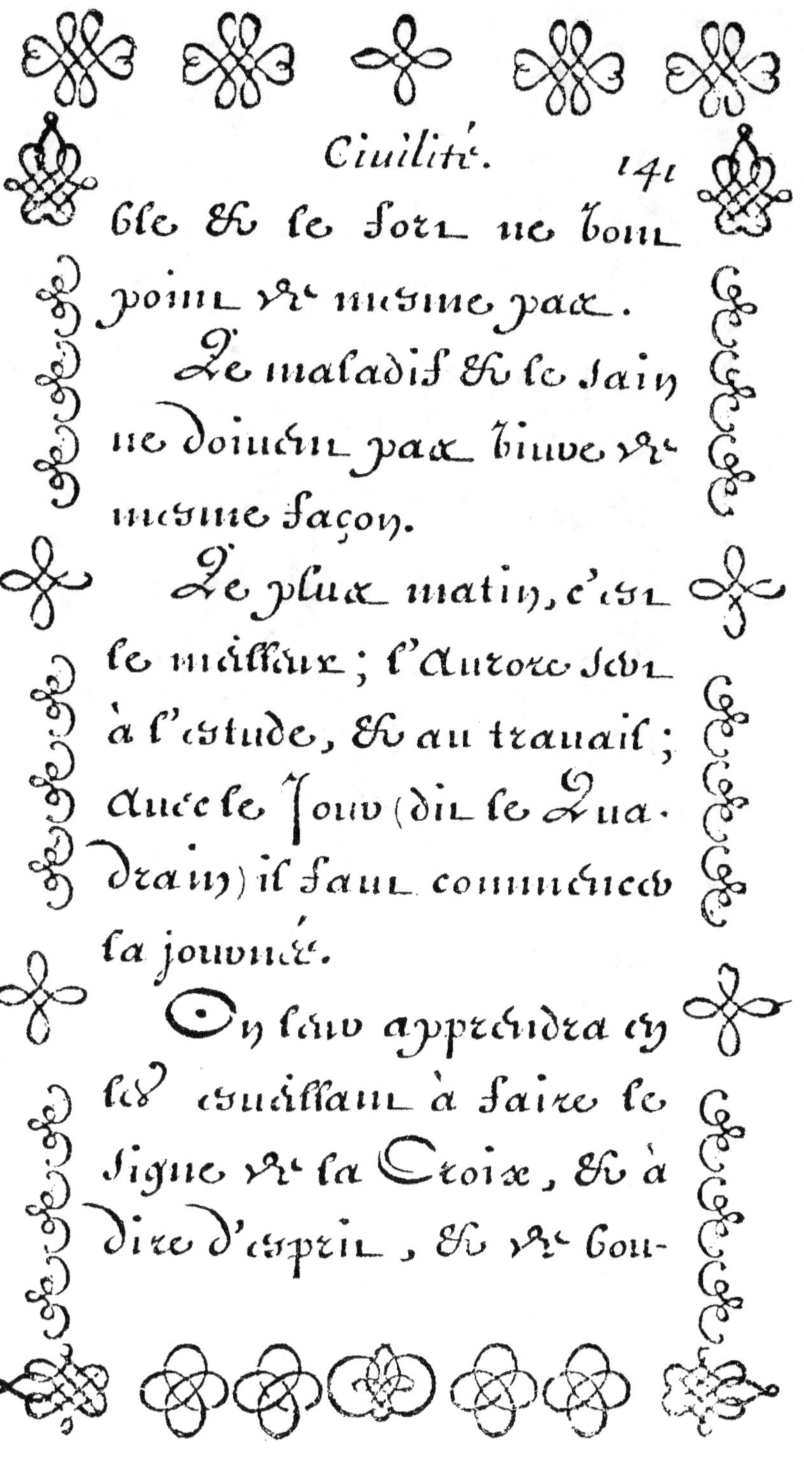

ble & le soir ne boit
point d'mesme pan.

Le maladif & le sain
ne doiuent pas biuue d'
mesme façon.

Le plus matin, c'est
le meilleur; l'Aurore sert
à l'estude, & au trauail;
Auec le Jour (dit le Qua-
drain) il faut commencer
la journée.

On leur apprendra cy
le cuaillant à faire le
signe d' la Croix, & à
dire d'esprit, & d' bou-

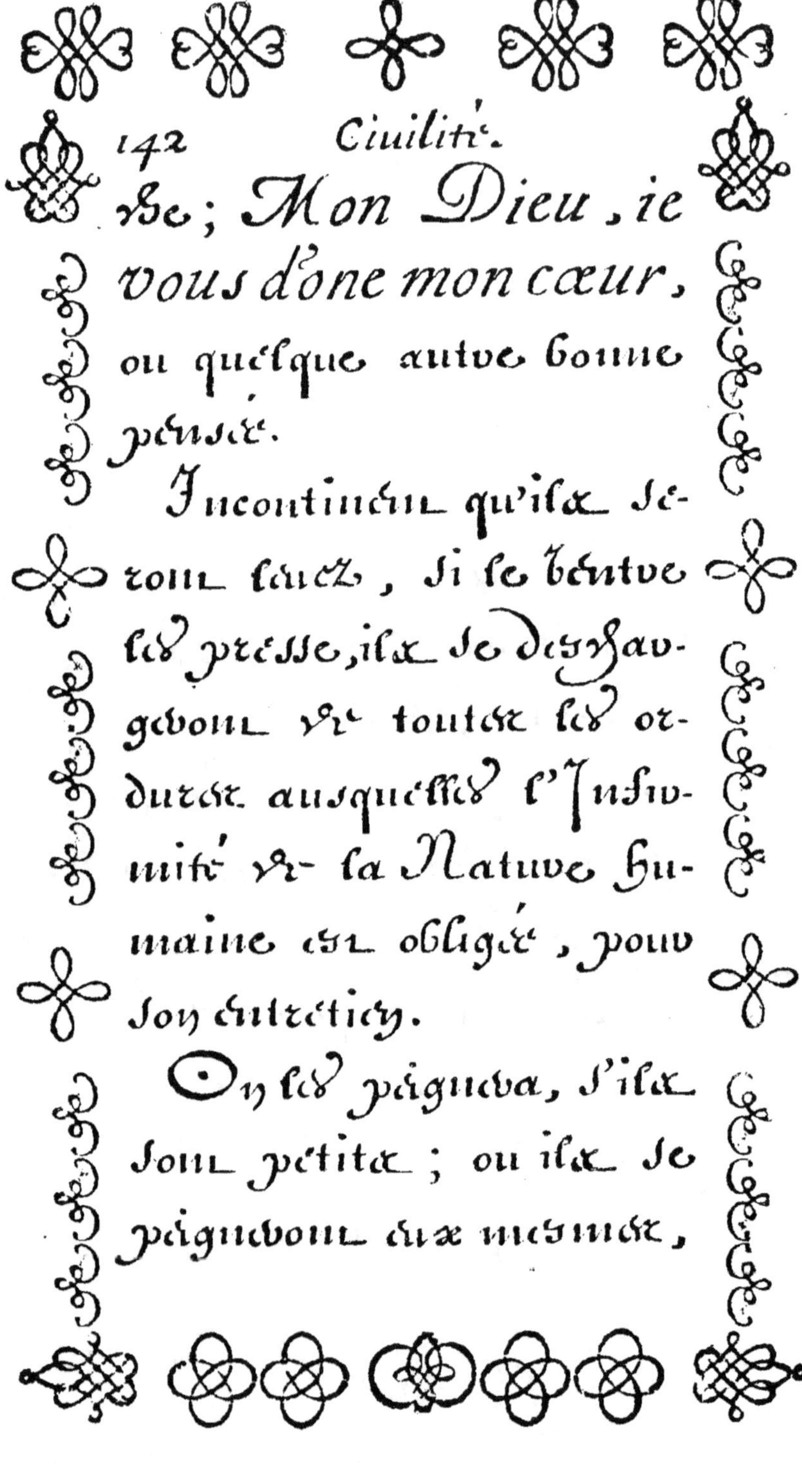

ce ; Mon Dieu, ie
vous done mon cœur,
ou quelque autre bonne
pensée.

Incontinent qu'ils se-
ront leuez, si le besoin
les presse, ils se deschar-
gerout de toutes les or-
dures ausquelles l'Infir-
mité de la Nature hu-
maine est obligée, pour
son entretien.

On les peignera, s'ils
sont petits ; ou ils se
peigneront eux mesmes,

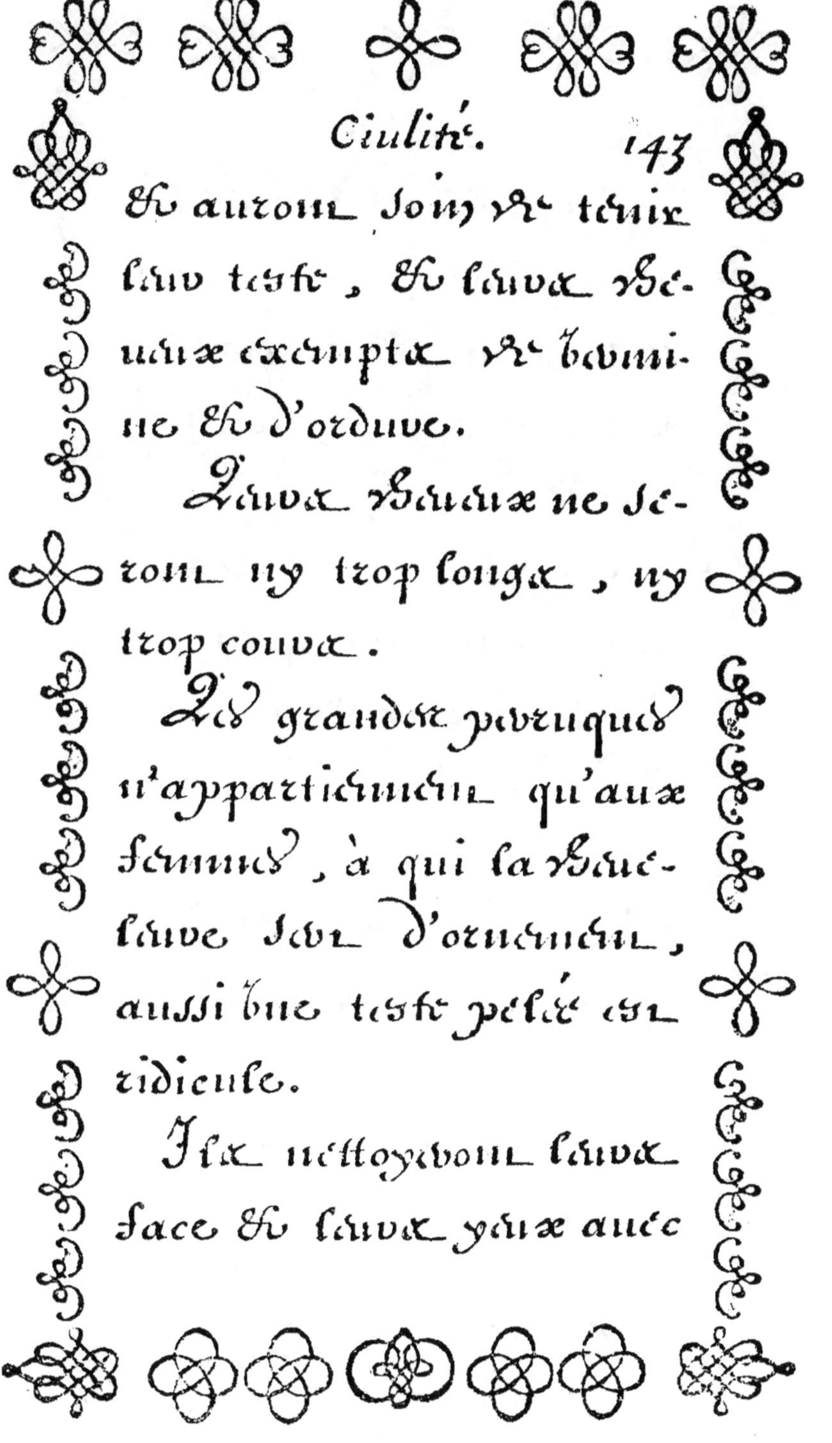

& auront soin de tenir
leur teste, & leurs che-
ueux exempts de vermi-
ne & d'ordure.

Leurs cheueux ne se-
ront ny trop longs, ny
trop courts.

Les grandes perruques
n'appartiennent qu'aux
femmes, à qui la cheue-
lure sert d'ornement,
aussi bien teste pelée est
ridicule.

Ils nettoyeront leurs
face & leurs yeux auec

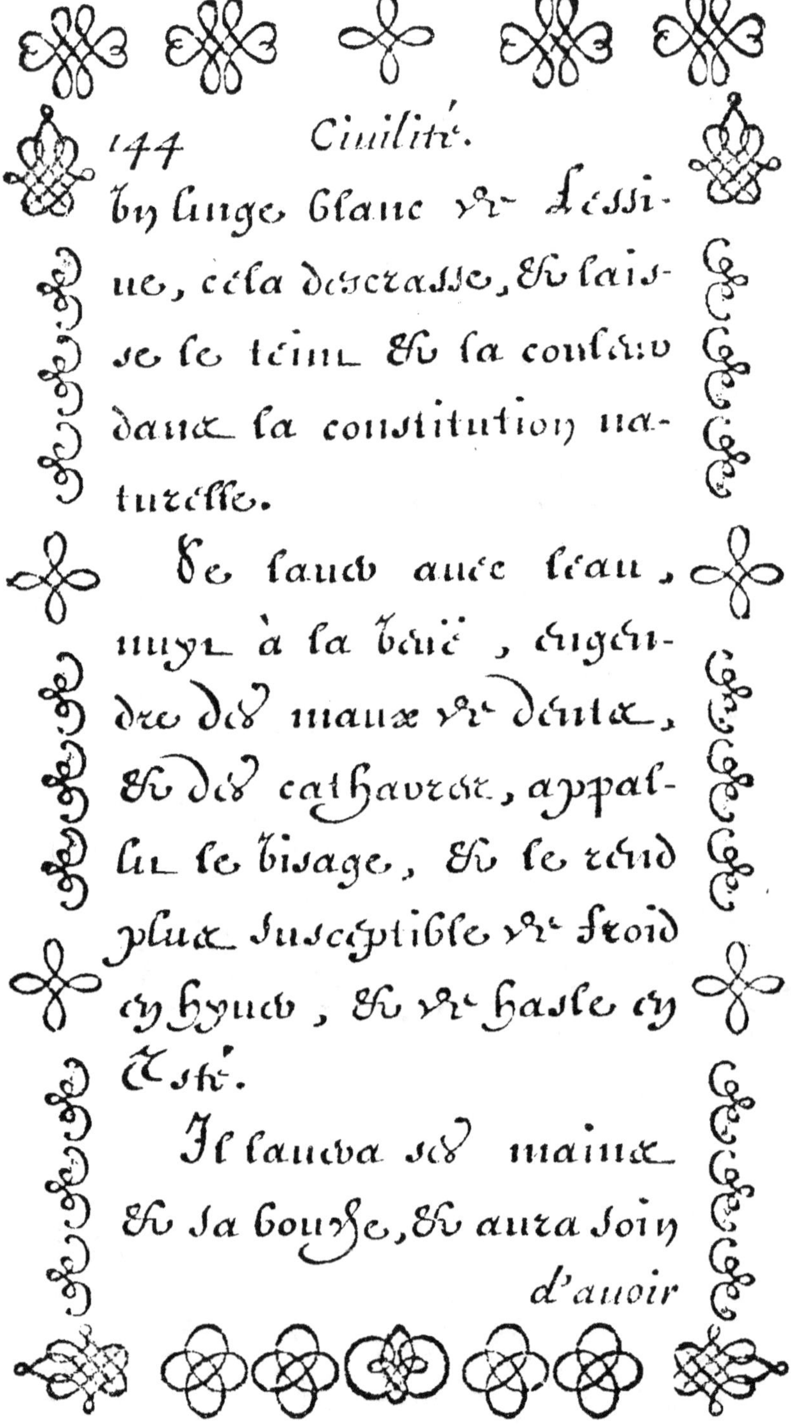

vn linge blanc & Leßi-
ue, cela degraisse, Et laiß-
se le teint Et la couleur
dans la constitution na-
turelle.

Se lauer auec l'eau,
nuyt à la veüe, engen-
dre des maux & dents,
Et des catharres, appal-
lit le visage, Et le rend
plus susceptible & froid
en hyuer, Et & hasle en
Esté.

Il lauera ses mains
Et sa bouche, Et aura soin
d'auoir

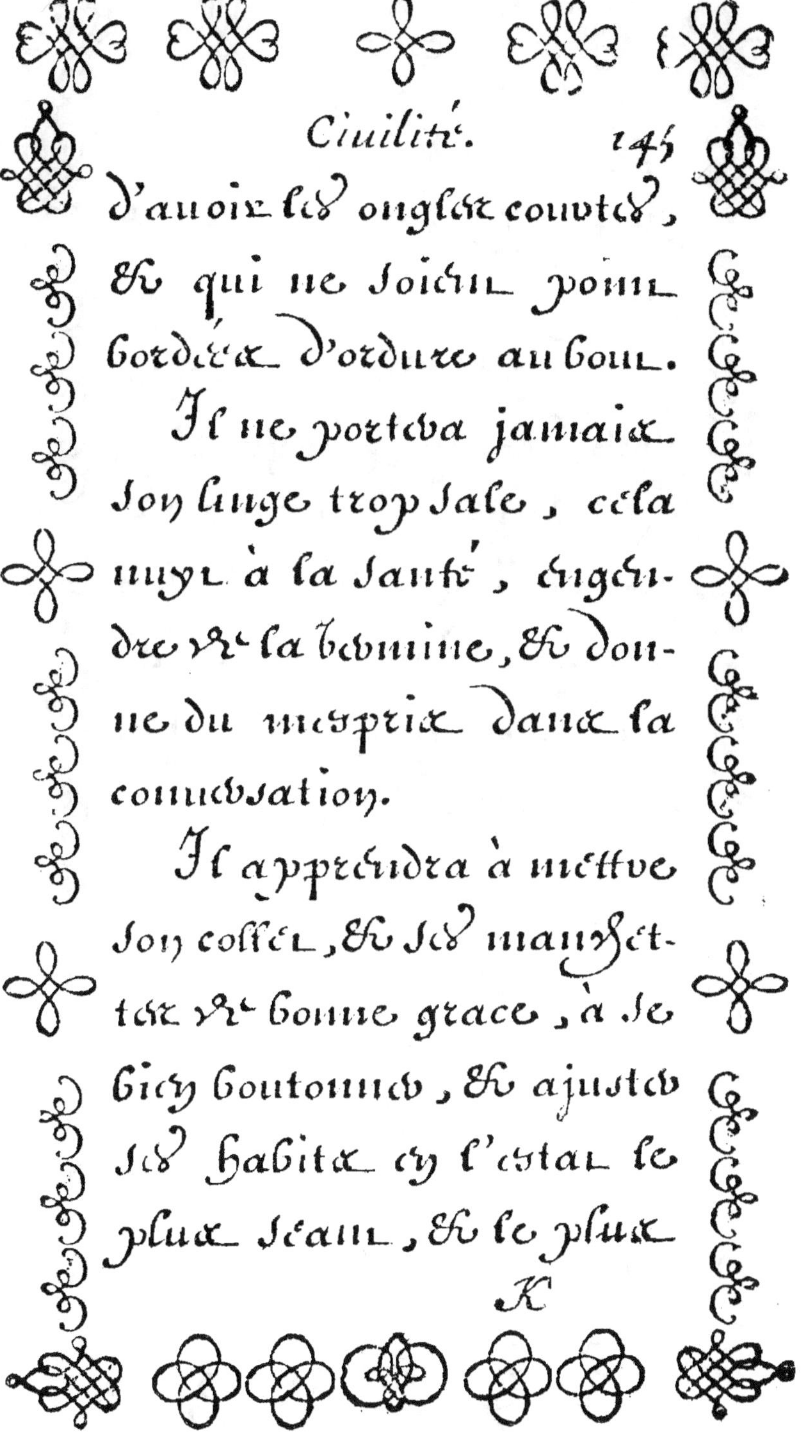

d'auoir les ongles courtes,
& qui ne soient point
bordées d'ordure au bout.

Il ne portera jamais
son linge trop sale, cela
nuit à la santé, engen-
dre de la vermine, & don-
ne du mespris dans la
conuersation.

Il apprendra à mettre
son collet, & ses manchet-
tes de bonne grace, à se
bien boutonner, & ajuster
ses habits en l'estat le
plus seant, & le plus

K

propre & faire ce pouv-
ra.

L'extérieur est bien
souuent une marque de
l'intérieur; qui a soin de
ses habits, & de son
corps, en doit encores a-
uoir dauantage de son
ame & de son esprit.

Du prier Dieu.

Chap. xxxbu.

L'Enfant estant ha-
billé, rendra ses deuoirs à
la diuine Majesté, & se
mettant à genoux, réci-
tera tout haut d'une voix
modérée, après auoir fait
le signe de la Croix,

K ij

Pater, Ave, Credo,
& le Confiteor, Mi-
sereatur, Indulgen-
tiam, &c. luy deman-
dant la grace de bien ap-
prendre, & de ne faire
aucune action qui luy
puisse desplaire.

Suivant l'heure il ira
entendre la Messe, ayde-
ra & seruira le Prestre,
(s'il le sçait) retournera à
la maison promptement,
sans s'arrester à niaiser
parmy les ruës.

Du Desjeuner.

Chap. xxxbiii.

Les enfans estant en estat de croissance ont besoin de nourriture.

Le premier repas sera le desjeuner, à sept ou huict heures, pour le plus tard.

Ce festin n'a que faire de Cuisinier, le pain

Seul est la viande la plus
commode & la plus uti-
le : L'eau seruira de breuuage, s'il à soif.

Si l'Enfant est in-
commodé ou infirme, on
adjoustera quelque œuf ou
quelque bouillon, ou autre
délicatesse, propre à sa
guerison ; ce doit estre par
forme de medecine, & de
de remede, & non pas
pour ordinaire.

Si sa foiblesse requiert
du vin, ce doit estre pour

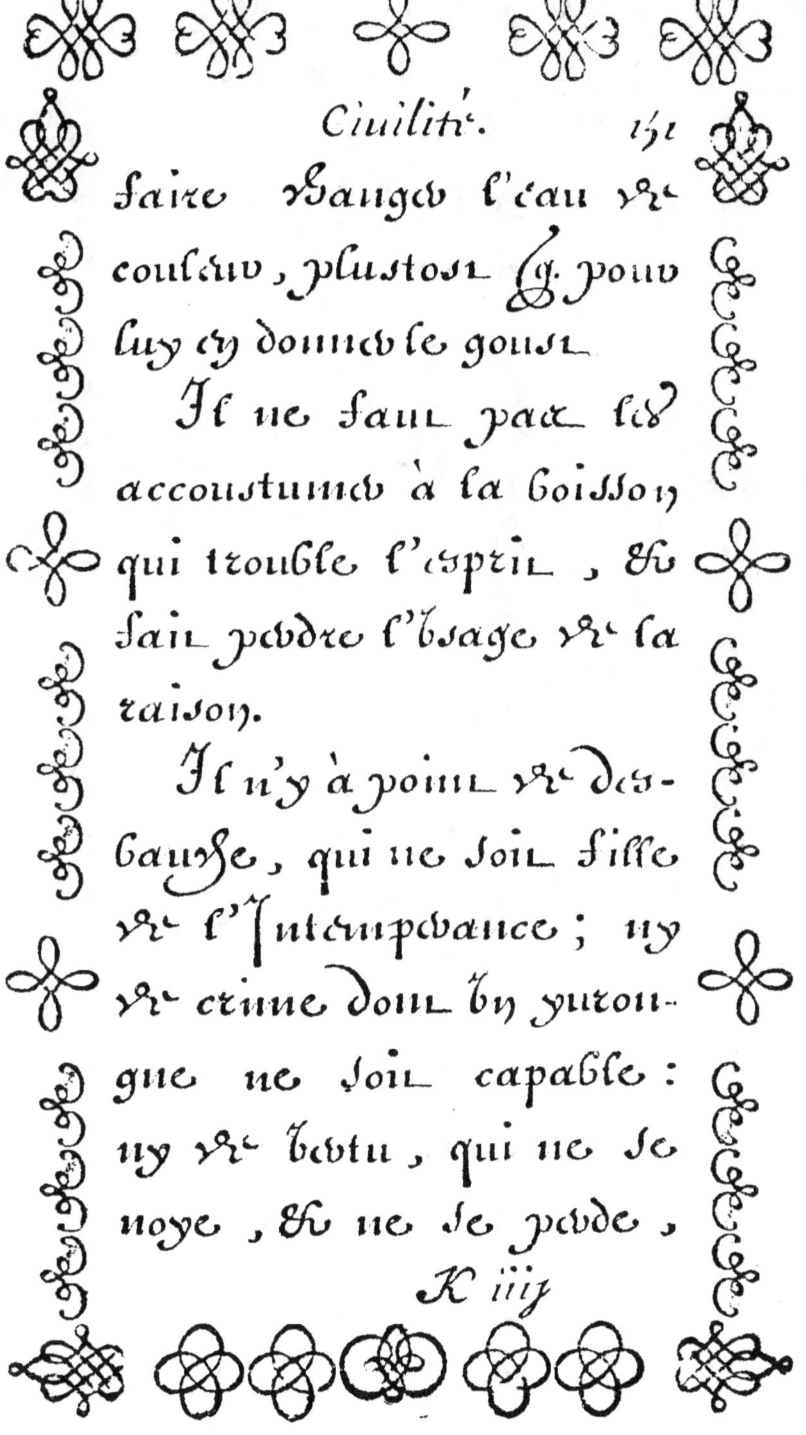

faire changer l'eau de
couleur, plustost que pour
luy en donner le goust.

Il ne faut pas les
accoustumer à la boisson
qui trouble l'esprit, &
fait perdre l'usage de la
raison.

Il n'y à point de des-
bauche, qui ne soit fille
de l'Intemperance; ny
de crime dont un yuron-
gne ne soit capable:
ny de vertu, qui ne se
noye, & ne se perde,

K iiij

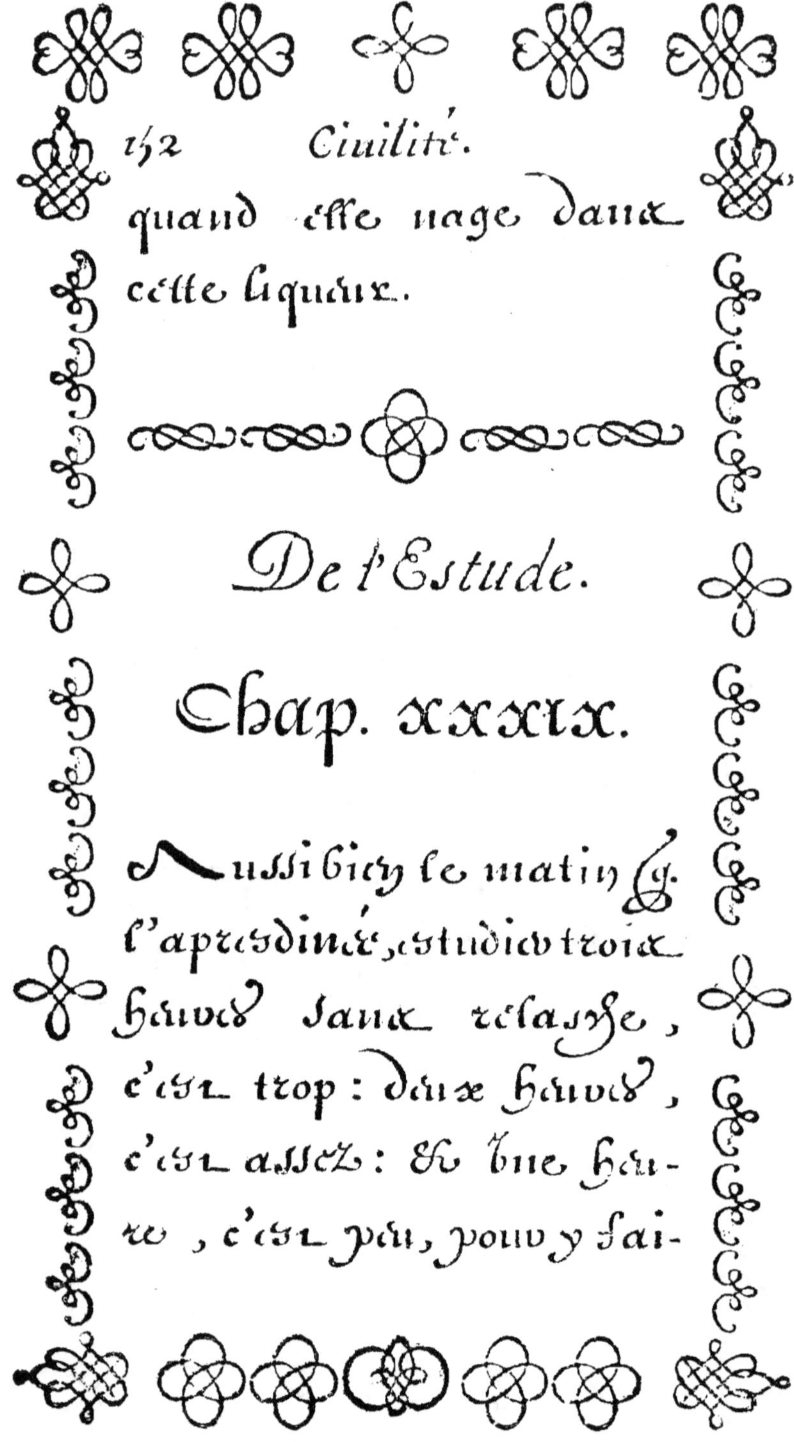

quand elle nage dans
cette liqueur.

De l'Estude.

Chap. XXXIX.

Aussi bien le matin q.
l'apresdinée, estudier trois
heures sans relasche,
c'est trop : deux heures,
c'est assez : & une heu-
re, c'est peu, pour y fai-

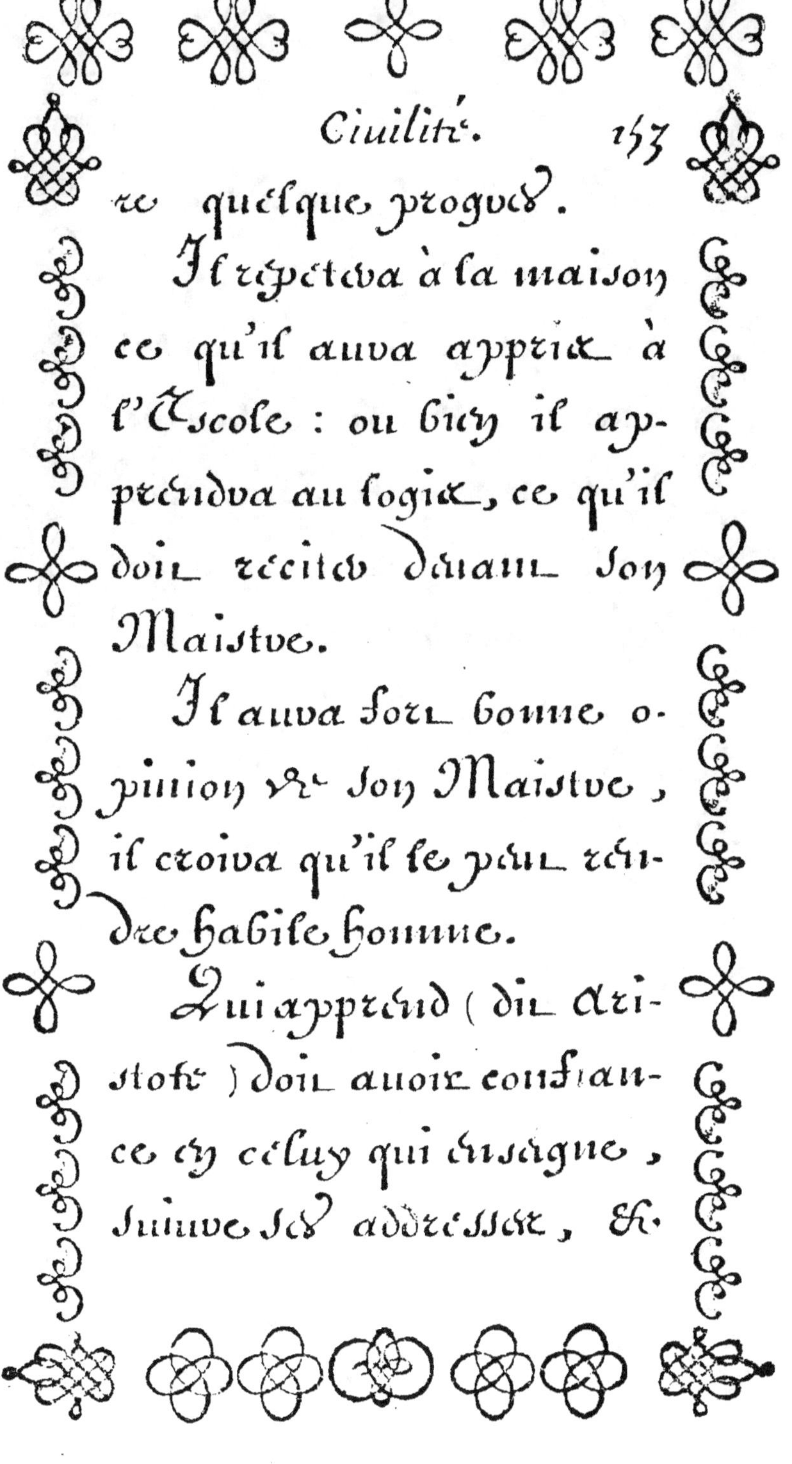

re quelque progrés.

Il répetera à la maison
ce qu'il aura appris à
l'Escole : ou bien il ap-
prendra au logis, ce qu'il
doit réciter deuant son
Maistre.

Il aura fort bonne o-
pinion de son Maistre,
il croira qu'il se peut rendre habile homme.

Qui apprend (dit Ari-
stote) doit auoir confian-
ce en celuy qui enseigne,
suiure ses addresses, &.

les lumieres, gardés exa-
ctement les ordres qu'il
aura prescrit, se laisser
aller totalement à sa conduite, trauailler sous ses
enseignemens, ce sont
les moyens de tirer des
auantages de son trauail
& de sa peine.

Du Maistre.

Chap. xl.

Le Maistre sera
douæ, traittable, sage, ex-
perimenté, adroict, pour
cognoistre les inclina-
tions bonnes ou mauuai-
ses des esprits, preuiendra, auec dexterité, celles
qui ne ballent rien, &

cultiuera auec soin celles qui pourront seruir à la vertu.

Celuy qui empesche le mal de naistre est plus habile que celuy qui le détourne apres qu'il est arriué.

Le Medecin le plus estimé n'est pas celuy qui guerit, c'est celuy qui conserue la santé, allant au deuant des maladies, par des remedes.

Il ne souffriua, ny la

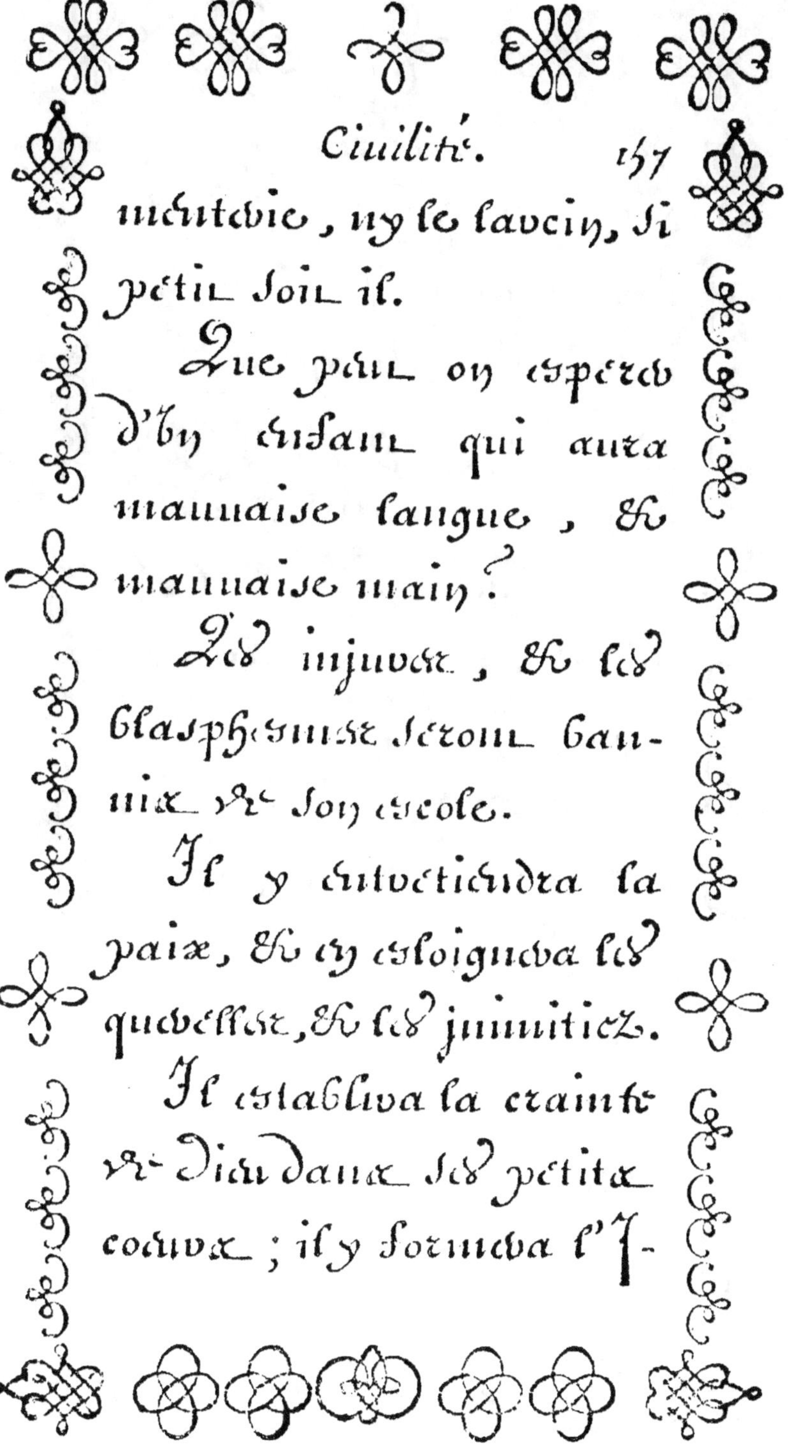

méditerie, ny le sçauoir, si
petit soit il.

Que peut on esperer
d'vn enfant qui aura
mauuaise langue, &
mauuaise main?

Les injures, & les
blasphemes seront ban-
nix de son escole.

Il y entretiendra la
paix, & en esloigneba les
quereles, & les inimitiez.

Il establira la crainte
de Dieu dans les petits
coeurs; il y formeba l'I-

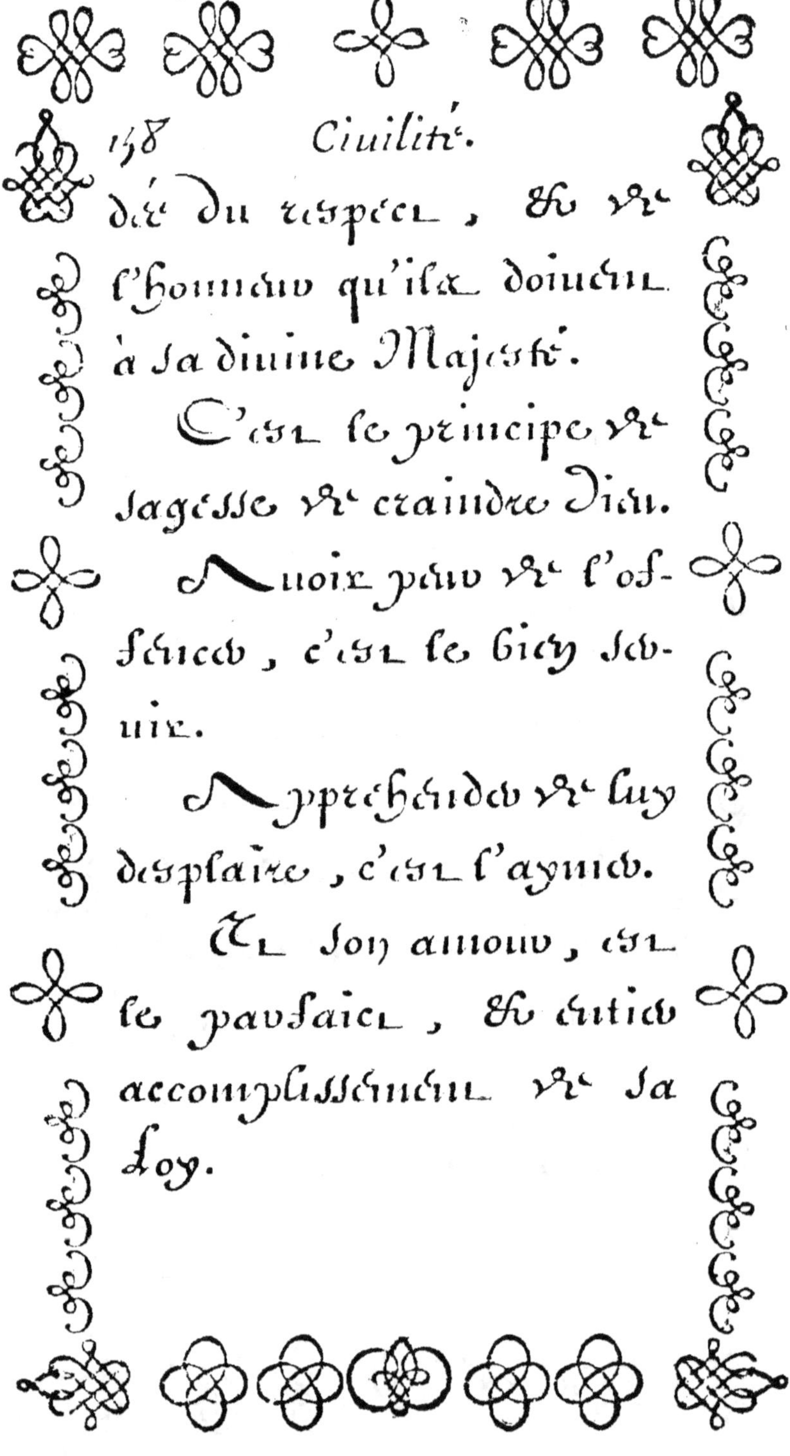

dé du respect, & de
l'honneur qu'ils doiuent
à sa diuine Majesté.

C'est le principe de
sagesse de craindre Dieu.

Auoir peur de l'of-
fencer, c'est le bien seruir.

Apprehender de luy
desplaire, c'est l'aymer.

Et son amour, est
le parfaict, & entier
accomplissement de sa
loy.

De la Conuersation.

Chap. xli.

Iamais l'Enfant n'en-
tréra en quelque endroit
que ce soit, sans oster
son Chapeau, & saluër
la compagnie.

Et rendra le tout
sans affectation; il ne
se contrefera point, sans

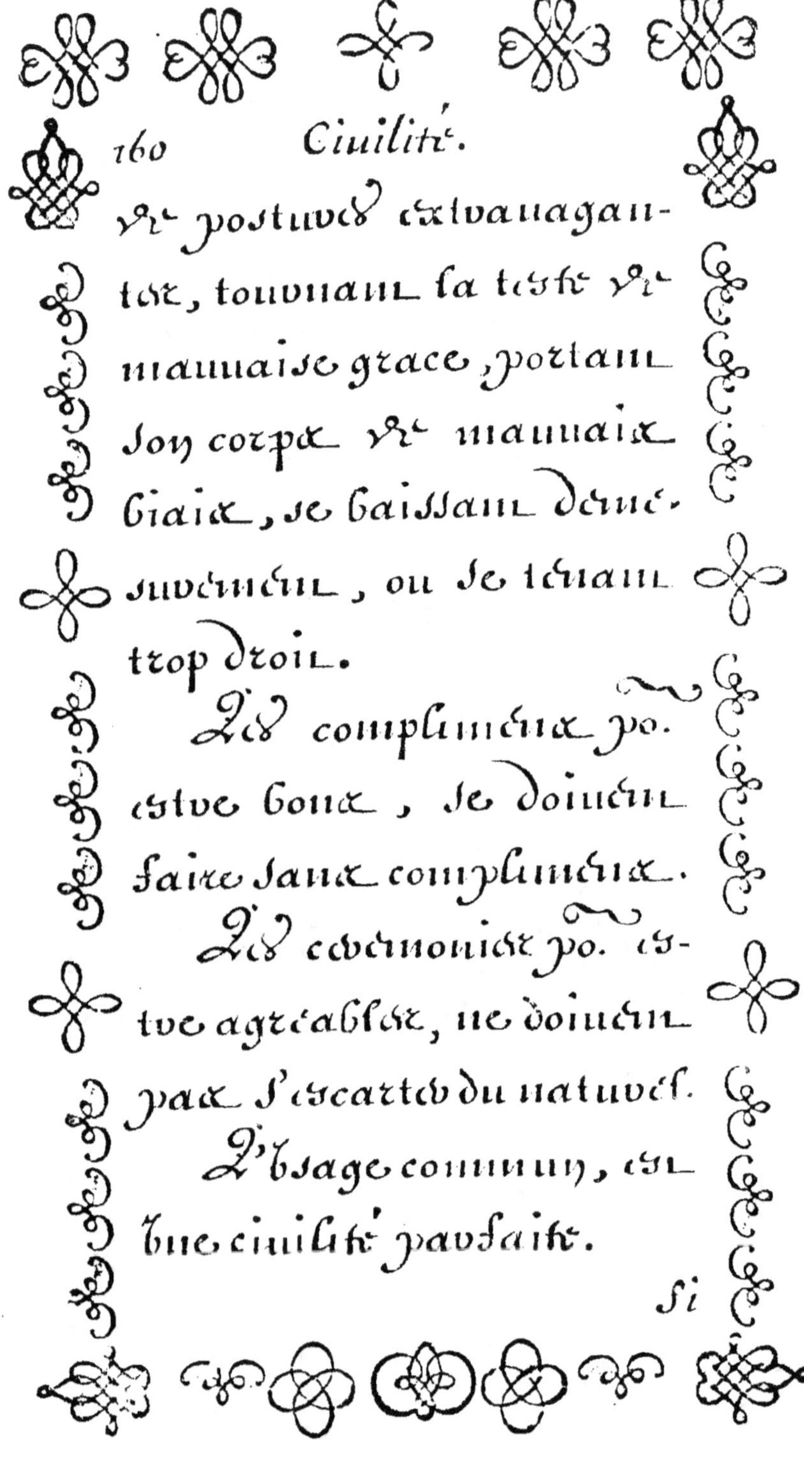

es postures extrauagan-
tes, tournant la teste de
mauuaise grace, portant
son corps de mauuais
biais, se baissant desme-
surement, ou se tenant
trop droit.

Les complimens po.
estre bons, se doiuent
faire sans complimens.

Les ceremonies po. es-
tue agreables, ne doiuent
pas s'escarter du naturel.

L'usage commun, est
une ciuilité parfaite.

si

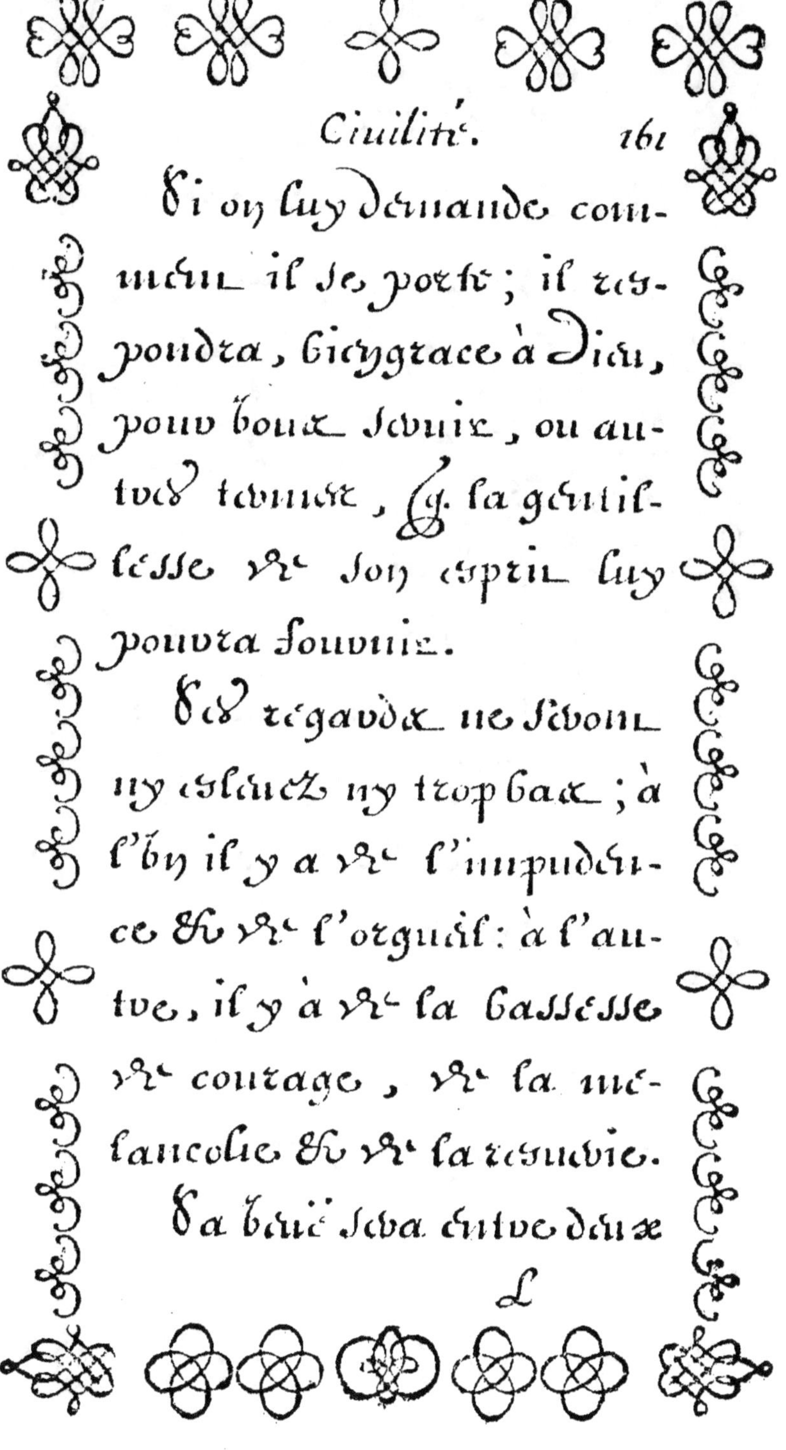

Si on luy demande com-
ment il se porte ; il res-
pondra, biẽ grace à Dieu,
pour vous seruir, ou au-
tres termes, &c. la gentil-
lesse de son esprit luy
pouura fournir.

Ses regards ne seront
ny esleuez ny trop bas ; à
l'vn il y a de l'impuden-
ce & de l'orgueil : à l'autre, il y à de la bassesse
de courage, de la me-
lancolie & de la resuerie.

Sa bouche sera entre deux

L

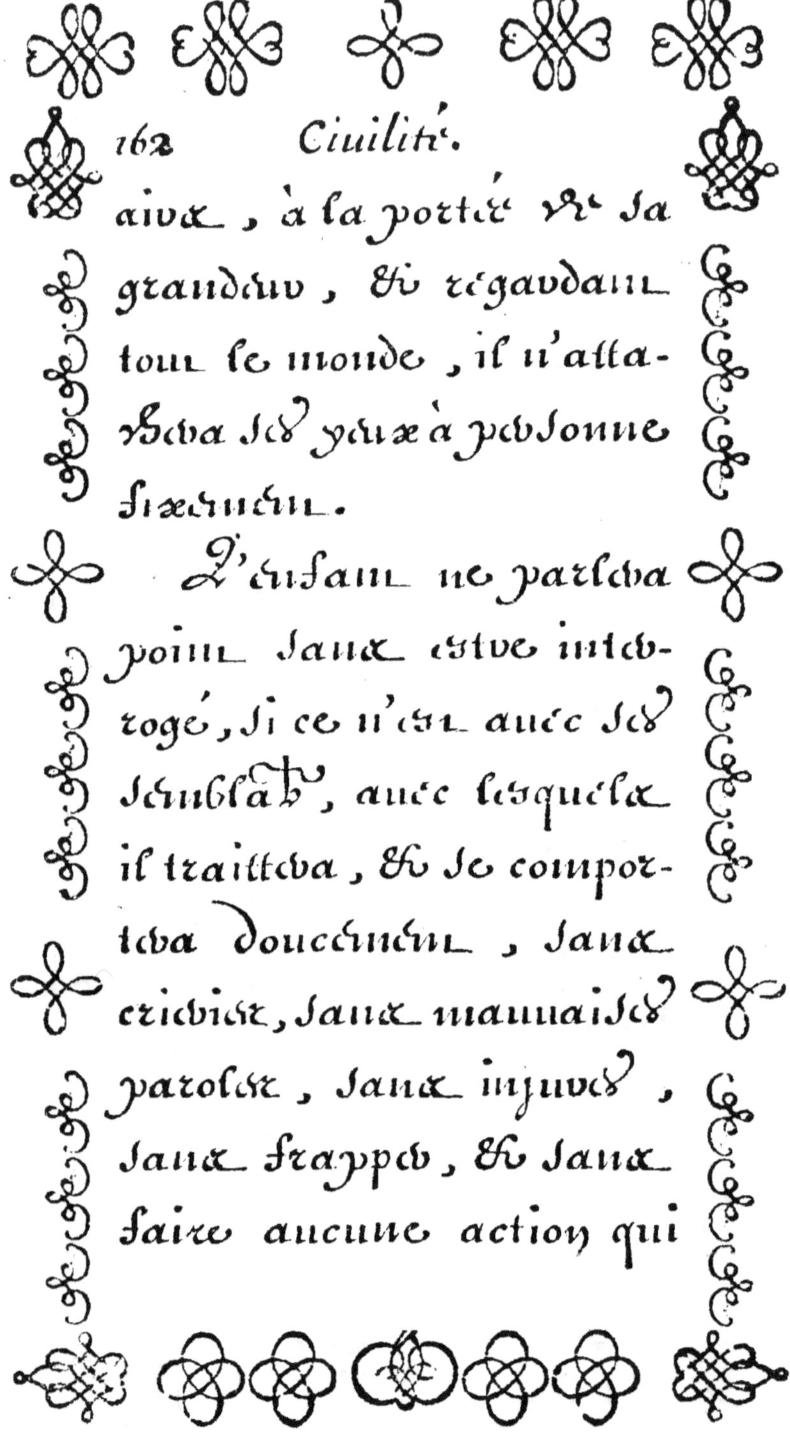

aiue, à la portée de sa
grandeur, & regardant
tout le monde, il n'atta-
chera les yeux à personne
fixement.

　　L'enfant ne parlera
point sans estre inter-
rogé, si ce n'est auec ses
semblab., auec lesquels
il traittera, & se compor-
tera doucement, sans
crier, sans mauuaises
paroles, sans injures,
sans frapper, & sans
faire aucune action qui

Soit marque de biolance,
d'orgueil, ou de vanité.

On luy apprendra à
deffuer à tous, mesme
aux moindres.

L'honneur qu'on fait
à autruy reuient auec ad-
uantage.

Le respect est bn pret
qui porte braue, il y a du
profit & du gain.

Vn coup de Chapeau
cy fait bien Souuent ren-
dre toute.

Vne reuerence cy pro-

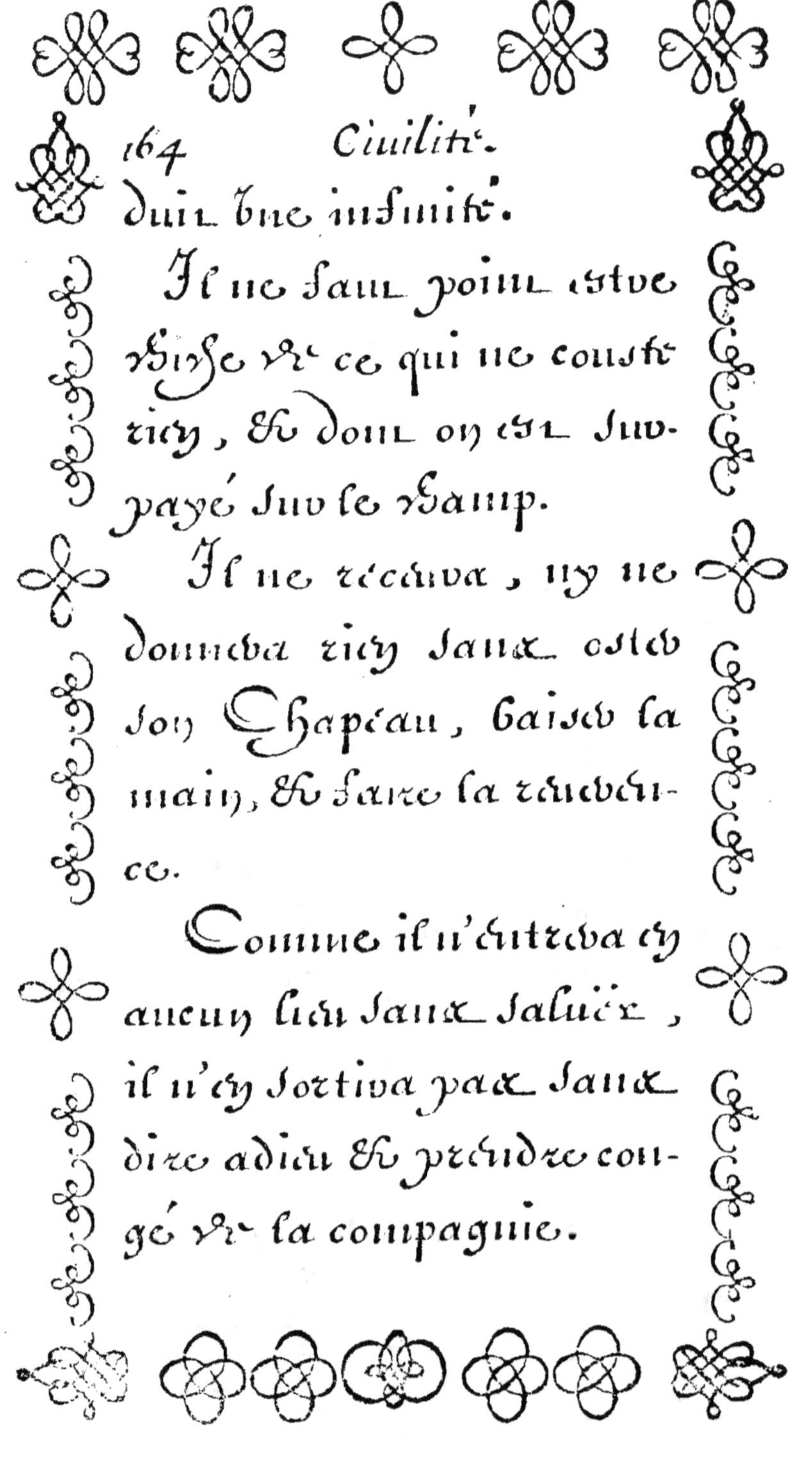

duit une infinité.

Il ne faut point estre
chiche en ce qui ne couste
rien, Et dont on est sur-
payé sur le champ.

Il ne recevra, ny ne
donnera rien sans oster
son Chapeau, baiser la
main, Et faire la reveren-
ce.

Comme il n'entreva en
aucun lieu sans saluër,
il n'en sortira pas sans
dire adieu Et prendre con-
gé en la compagnie.

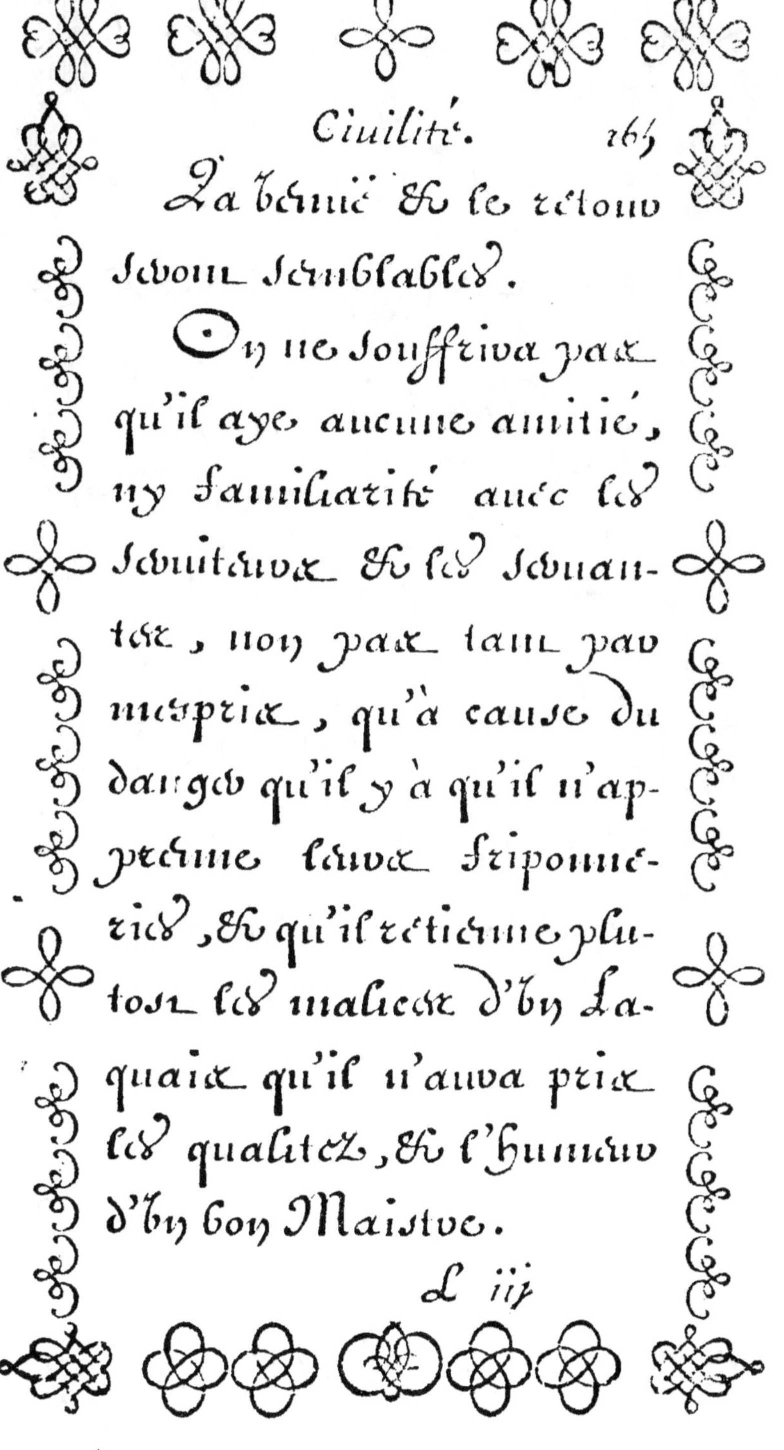

La beauté & le retour
doiuent semblables.

On ne souffrira pas
qu'il aye aucune amitié,
ny familiarité auec les
seruiteurs & les seruan-
tes, non pas tant par
mespris, qu'à cause du
danger qu'il y à qu'il n'ap-
prenne leurs friponne-
ries, & qu'il retienne plu-
tost les malices d'un La-
quais qu'il n'auua prix
les qualitez, & l'humeur
d'un bon Maistre.

L iij

Du Disner.

Chap. xlii.

Le second repas sera le disner.

Il lauera ses mains apres toute la compagnie.

Il aura soin de faire la benediction au bout de la table, d'vne contenance serieuse, modeste, les

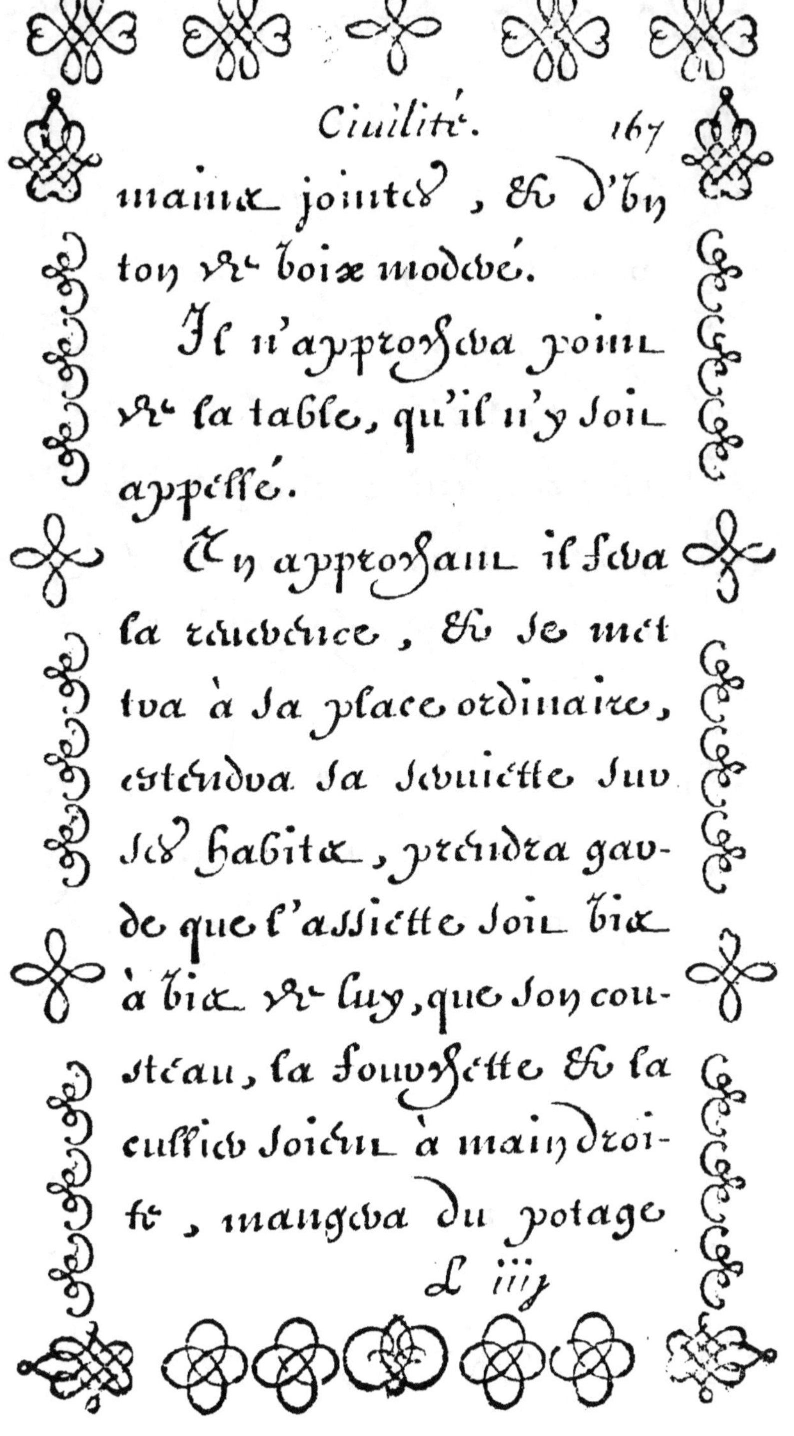

mains jointes, & d'vn
ton vñ peu moderé.

Il n'approchera point
vñ la table, qu'il n'y soit
appellé.

En approchant il fera
la reuerence, & se met-
tra à sa place ordinaire,
estendra sa seruiette sur
ses habits, prendra gar-
de que l'assiette soit bien
à bien vñ luy, que son cou-
steau, la fourchette & la
cuillier soient à main droi-
te, mangera du potage

L iiij

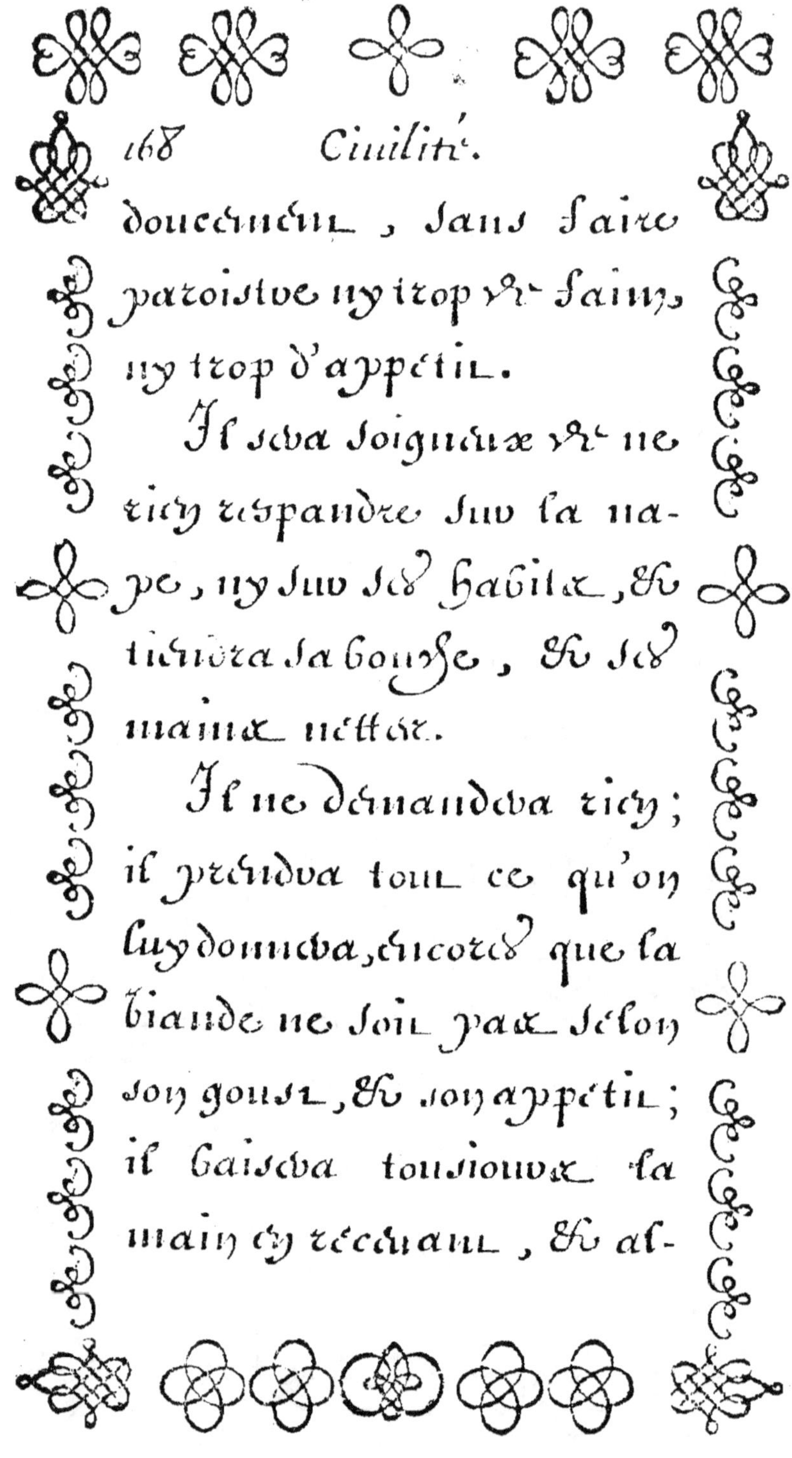

doucement , sans faire
paroistre ny trop de faim,
ny trop d'appetit.

Il sera soigneux de ne
rien respandre sur la na-
pe, ny sur les habits, et
tiendra sa bourse , et ses
mains nettes.

Il ne demandera rien;
il prendra tout ce qu'on
luy donnera, encores que la
viande ne soit pas selon
son goust, et son appetit;
il baisera tousiours la
main en receuant , et al-

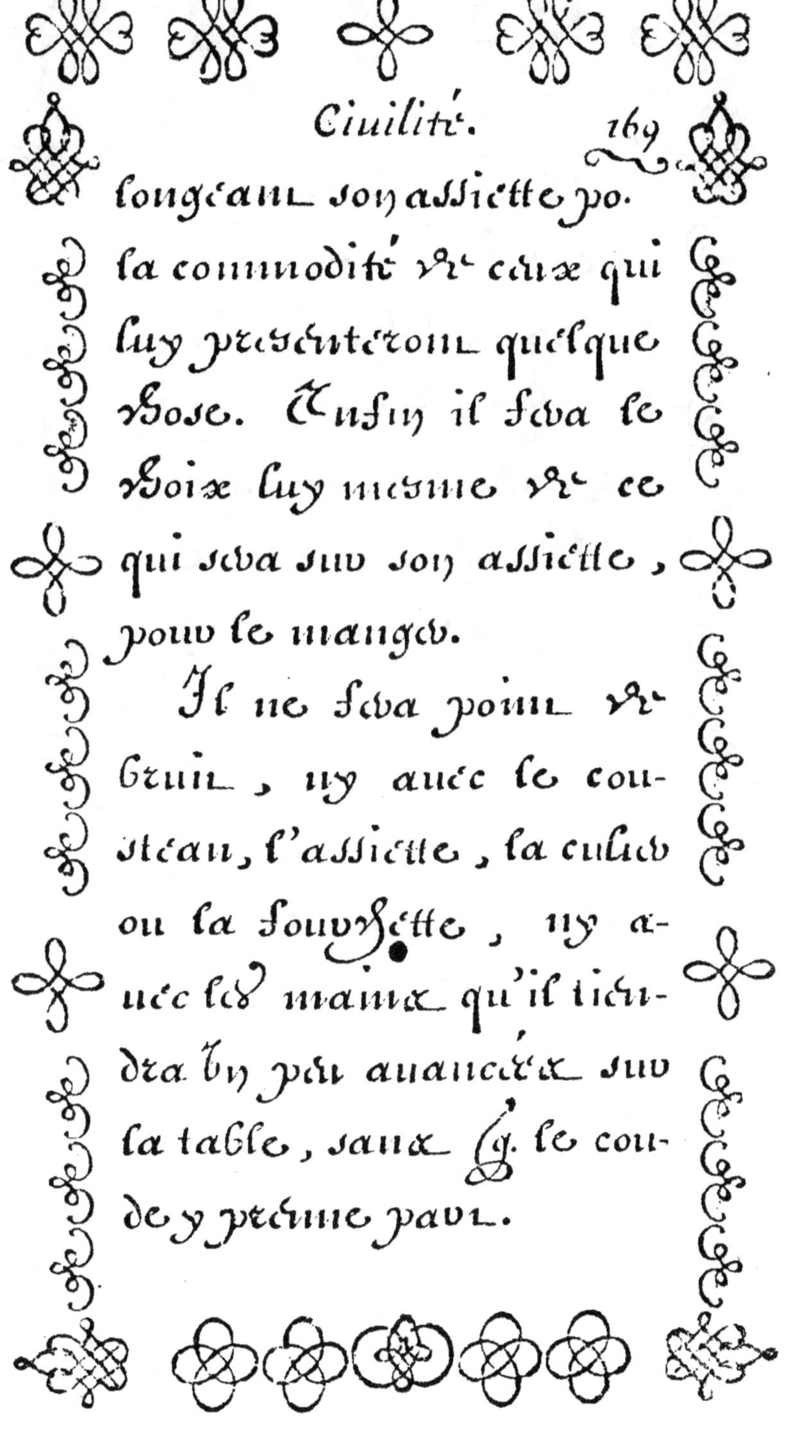

longeant son assiette po.
la commodité de ceux qui
luy presenteront quelque
chose. Enfin il fera le
choix luy mesme de ce
qui fera sur son assiette,
pour le manger.

Il ne fera point de
bruit, ny auec le cou-
steau, l'assiette, la culier
ou la fourchette, ny a-
uec les mains qu'il tien-
dra vn peu auancées sur
la table, sans que le cou-
de y pesure paur.

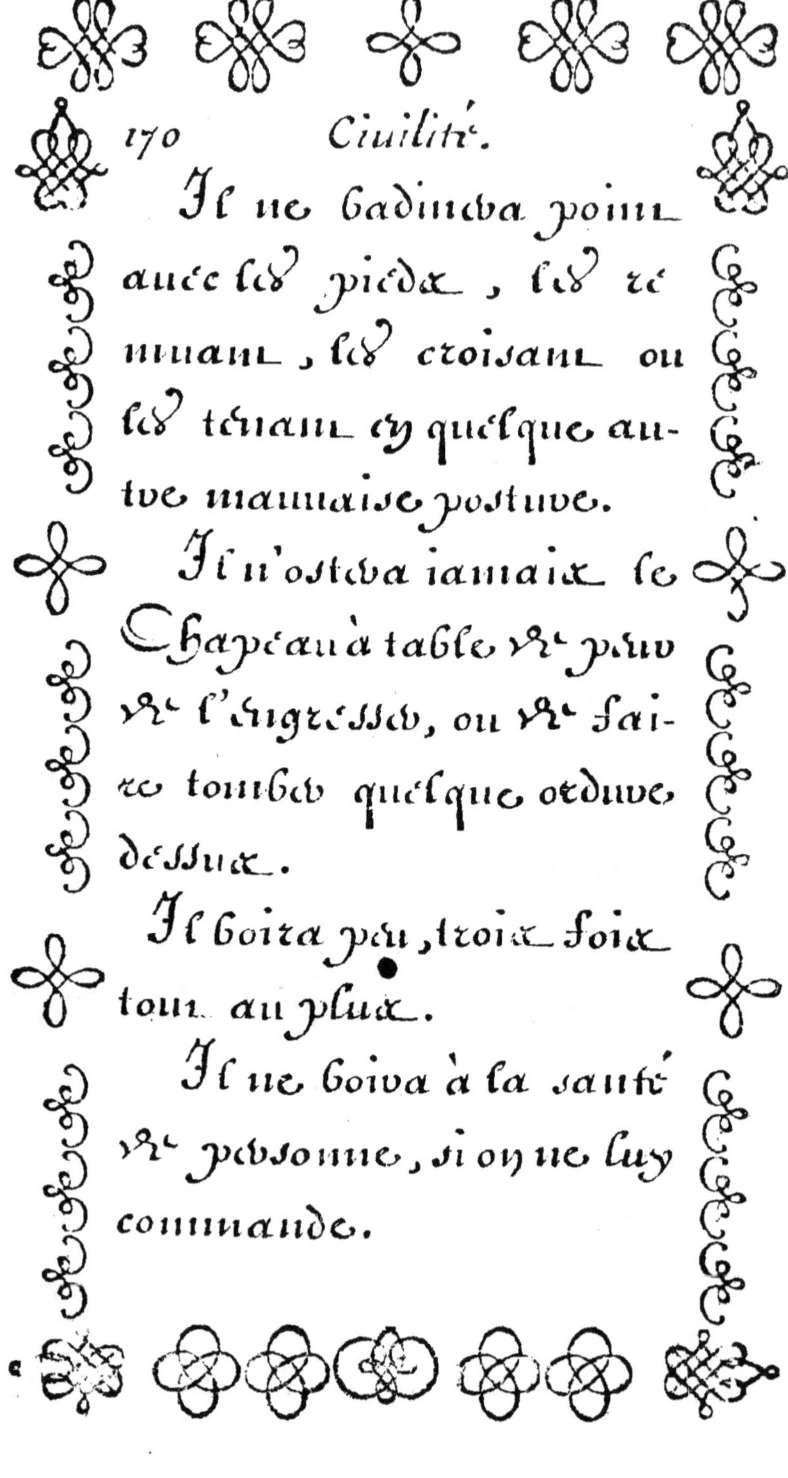

Il ne badinera point
auec les pieds, les re
muant, les croisant ou
les tenant en quelque au-
tre mauuaise posture.

Il n'ostera iamais le
Chapeau à table ne pour
ne l'engresser, ou ne faire tomber quelque ordure
dessus.

Il boira peu, trois fois
tout au plus.

Il ne boira à la santé
ne personne, si on ne luy
commande.

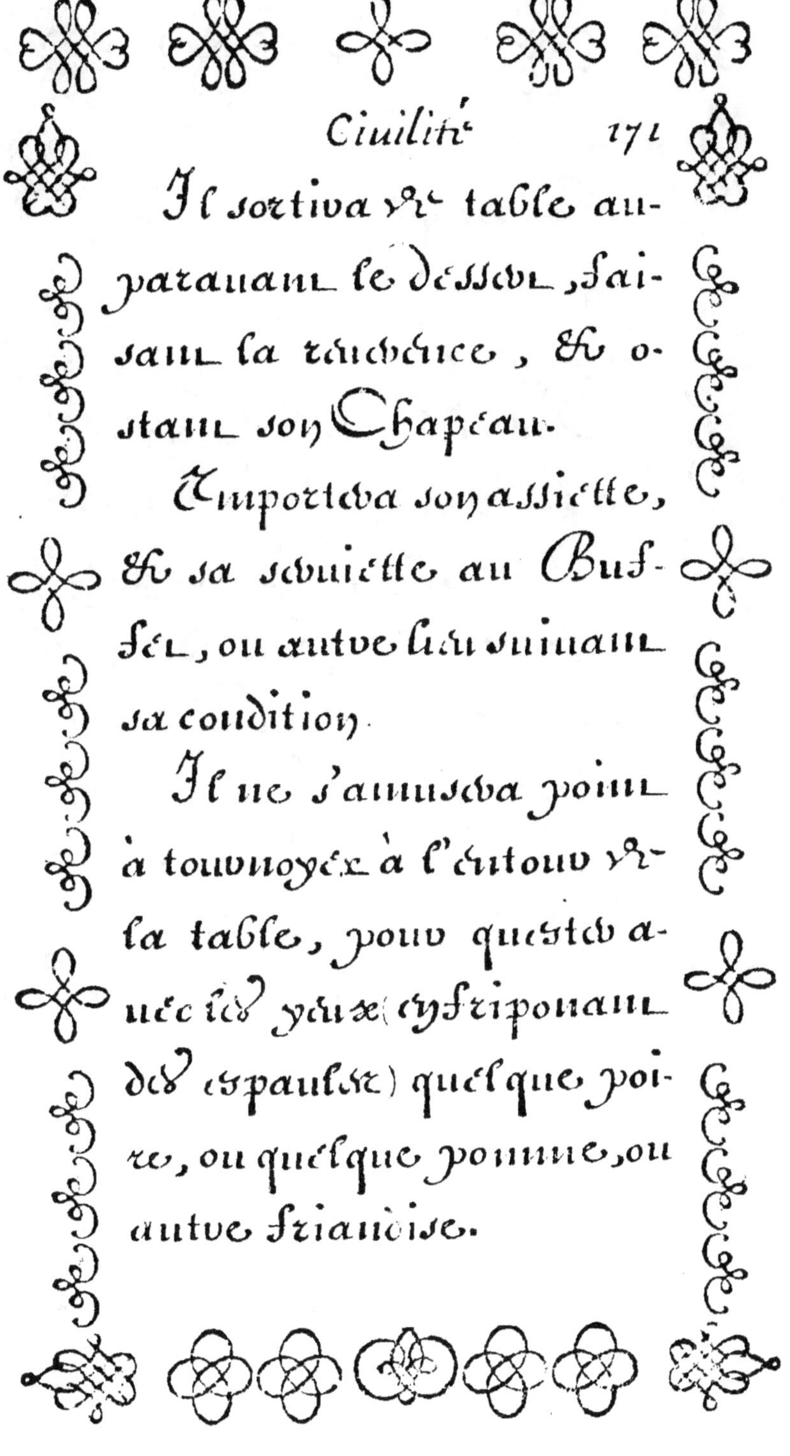

Il sortira de table au-
parauant le dessert, fai-
sant la reuerence, & o-
stant son Chapeau.

L'importera son assiette,
& sa seruiette au Buf-
fet, ou autre lieu suiuant
sa condition.

Il ne s'amusera point
à tournoyer à l'entour de
la table, pour quester a-
uec les yeux (y friponant
des espaules) quelque poi-
re, ou quelque pomme, ou
autre friandise.

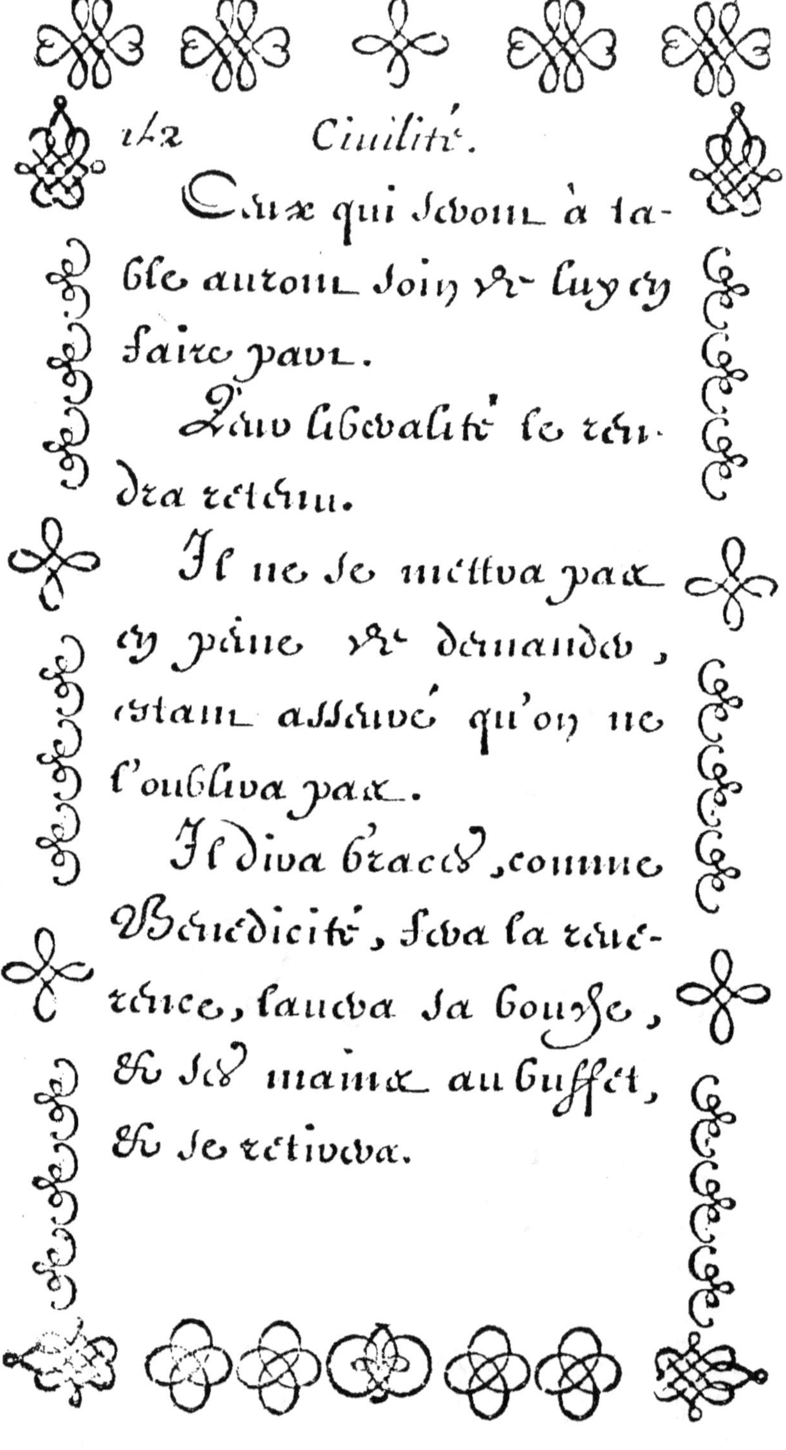

Ceux qui seront à ta-
ble auront soin de luy en
faire part.

Sa liberalité le ren-
dra retenu.

Il ne se mettra pas
en peine de demander,
estant asseuré qu'on ne
l'oubliera pas.

Il dira graces, comme
Benedicité, fera la reue-
rence, lauera sa bouche,
& ses mains au buffet,
& se retirera.

De la Recreation.

Chap. xliii.

Les Jeux seront innocens.

Les contes plaisans & agreables, sans aucunes termes d'ordure, & de bilbric.

La raillerie sera sans medisance.

Vn bon mot sera plu-
stost assaisonné de sub-
tilité q. d'infamie.

On ne luy permettra
point de parler d'au-
truy, qu'auec honneur &
respect.

Le mespris engendre
le mespris.

J'estime en basse de
celuy qui ne fait estat
de personne.

La récréation durera
demy heure au plus,
dans des exercices qui ne

sont point violans, ny
propres à diuertir la na-
ture naturelle & la cui-
son des viandes qu'on à
prises.

Il n'y à point moins
de danger de se trop es-
chauffer apres le repas,
& de languir dans vn
froid importun, que plu-
sieurs ressentent apres
auoir mangé.

Vn trauail moderé, vne
pourmenade lente, &
courte, ou autre exercice

legce, aydant la coction,
sans l'interrompre, lais-
sant la liberté aux facul-
tez naturelles de prepa-
rer l'assimilat iusques au
point d'vne parfaite
nourriture.

De l'Apresdinée.

Chap. xliiii.

Apres auoir disné, il
retournera

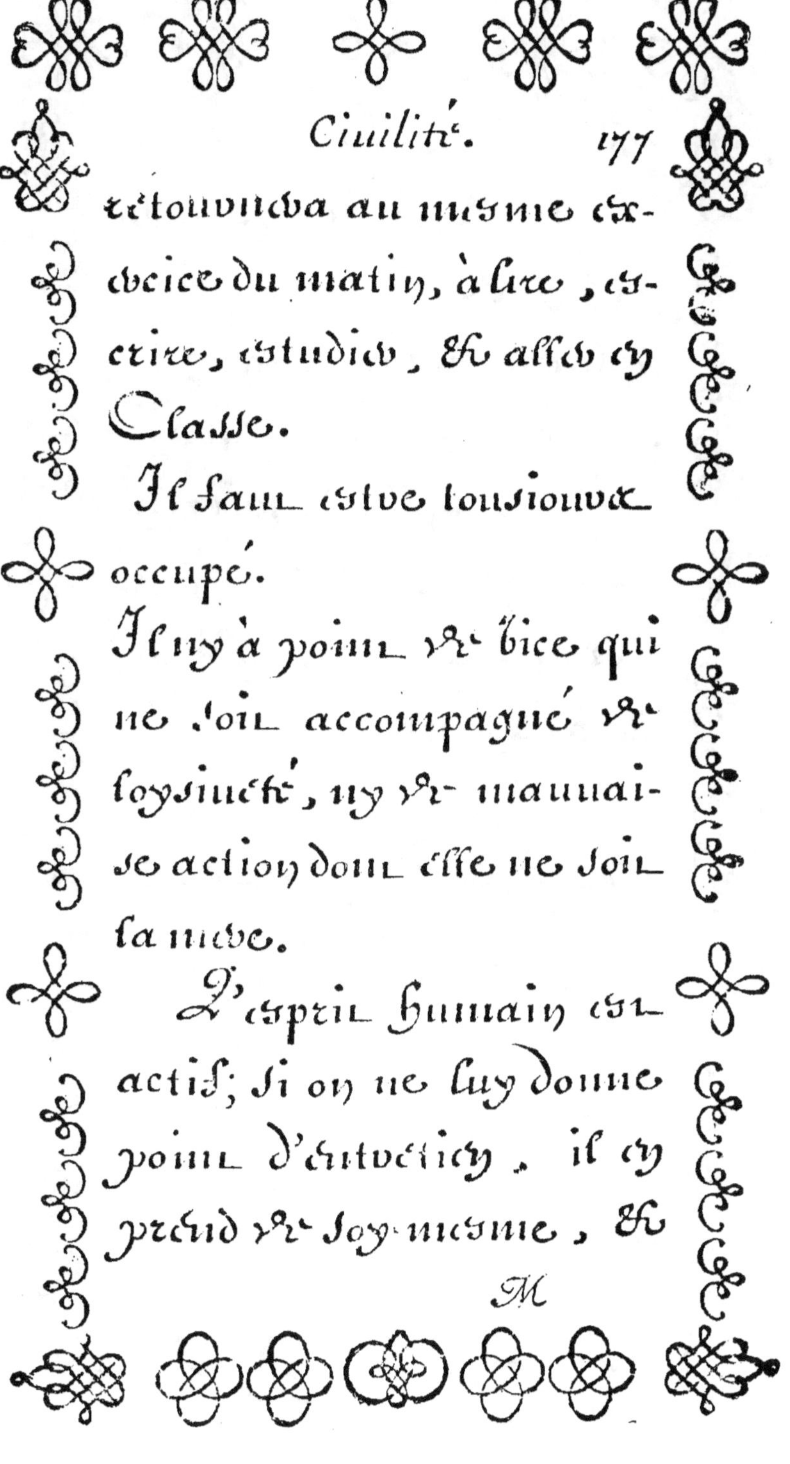

retouruera au mesme ex-
ercice du matin, à lire, escrire, estudier, & aller en
Classe.

Il faut estre tousiours
occupé.

Il n'y a point de bice qui
ne soit accompagné de
loysineté, ny de mauuai-
se action dont elle ne soit
la mere.

L'esprit humain est
actif; si on ne luy donne
point d'entretien, il en
prend de soy-mesme, &

M

comme son Noix suit sa
passion & son inclination,
laquelle n'est pas tou-
siours des meilleures ,
tout ce qu'il entreprend
par caprice, réussit pour
l'ordinaire à sa confusion
& à sa honte.

Du Gouster.
Chap. xl6.

L'Enfant goustera &c.

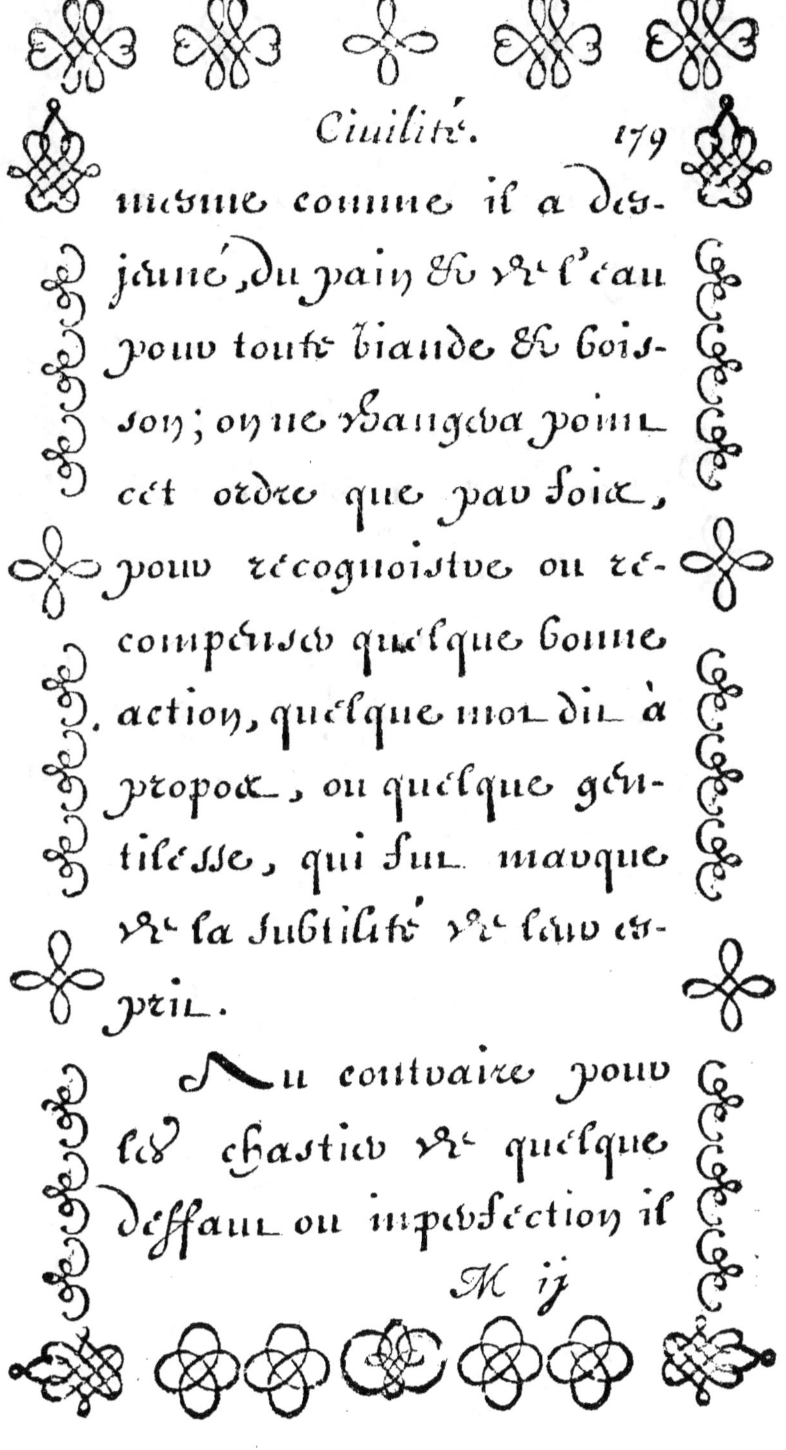

mesme comme il a des-
jeuné, du pain & de l'eau
pour toute viande & bois-
son; on ne changera point
cet ordre que par fois,
pour récognoistre ou ré-
compenser quelque bonne
action, quelque mot dit à
propos, ou quelque gen-
tilesse, qui sut marque
de la subtilité de leur esprit.

Au contraire pour
les chastier de quelque
deffaut ou imperfection il

M ij

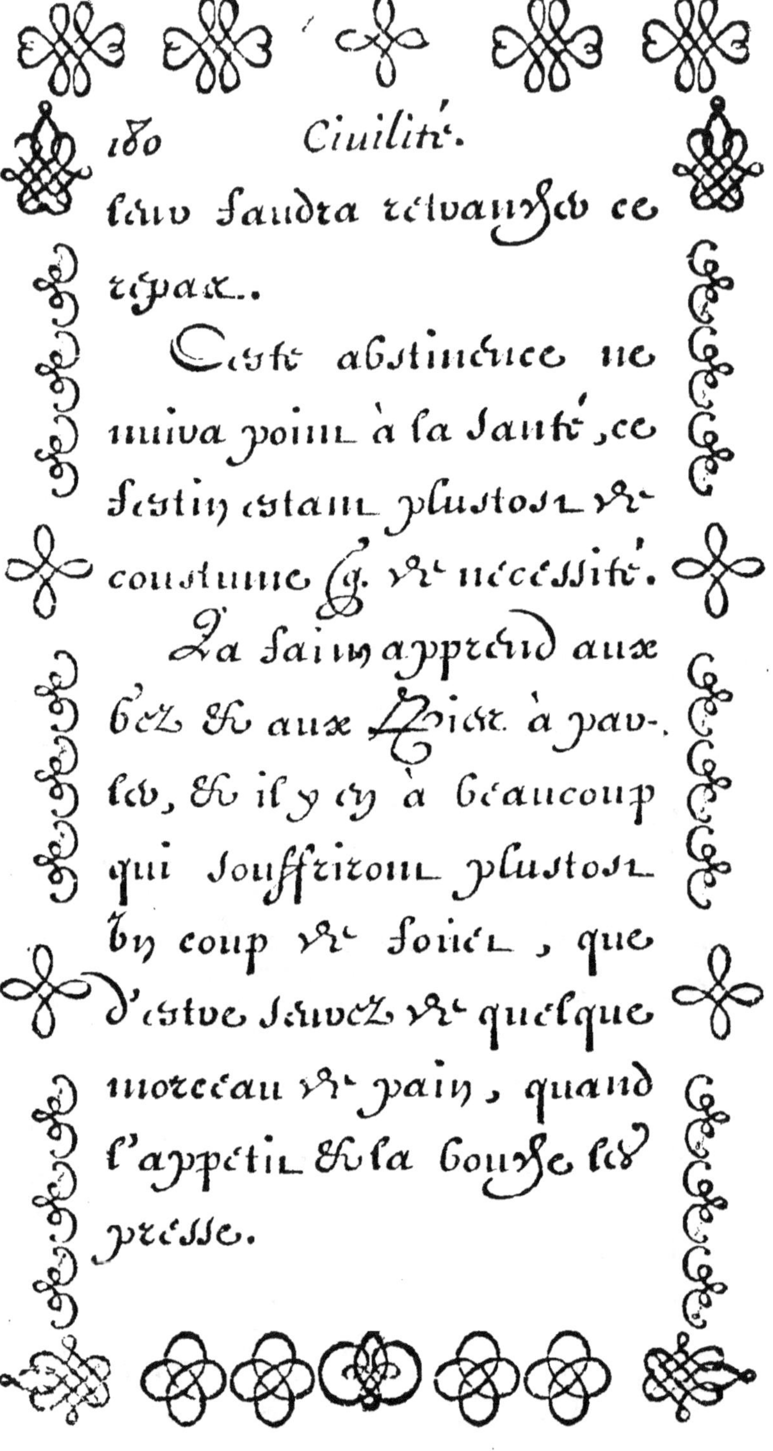

faire faudra rétranchér ce
repas.

Cette abstinence ne
nuira point à la Santé, ce
festin estant plustost de
coustume (q. de nécessité.

La faim apprend aux
bêtes & aux hommes à par-
ler, & il y en à beaucoup
qui souffriront plustost
by coup de foüet, que
d'estre sauvez de quelque
morceau de pain, quand
l'appetit & la bourse les
presse.

Il n'y a point d'arti-
fice, dont on ne doiue vser,
pour rendre vn esprit parfait.

Du moucher.

Chap. xlbi.

Il ne se mouchera point
auec la main nuë, ny sur
la manche, ny mettant
vn doigt contre le nez &

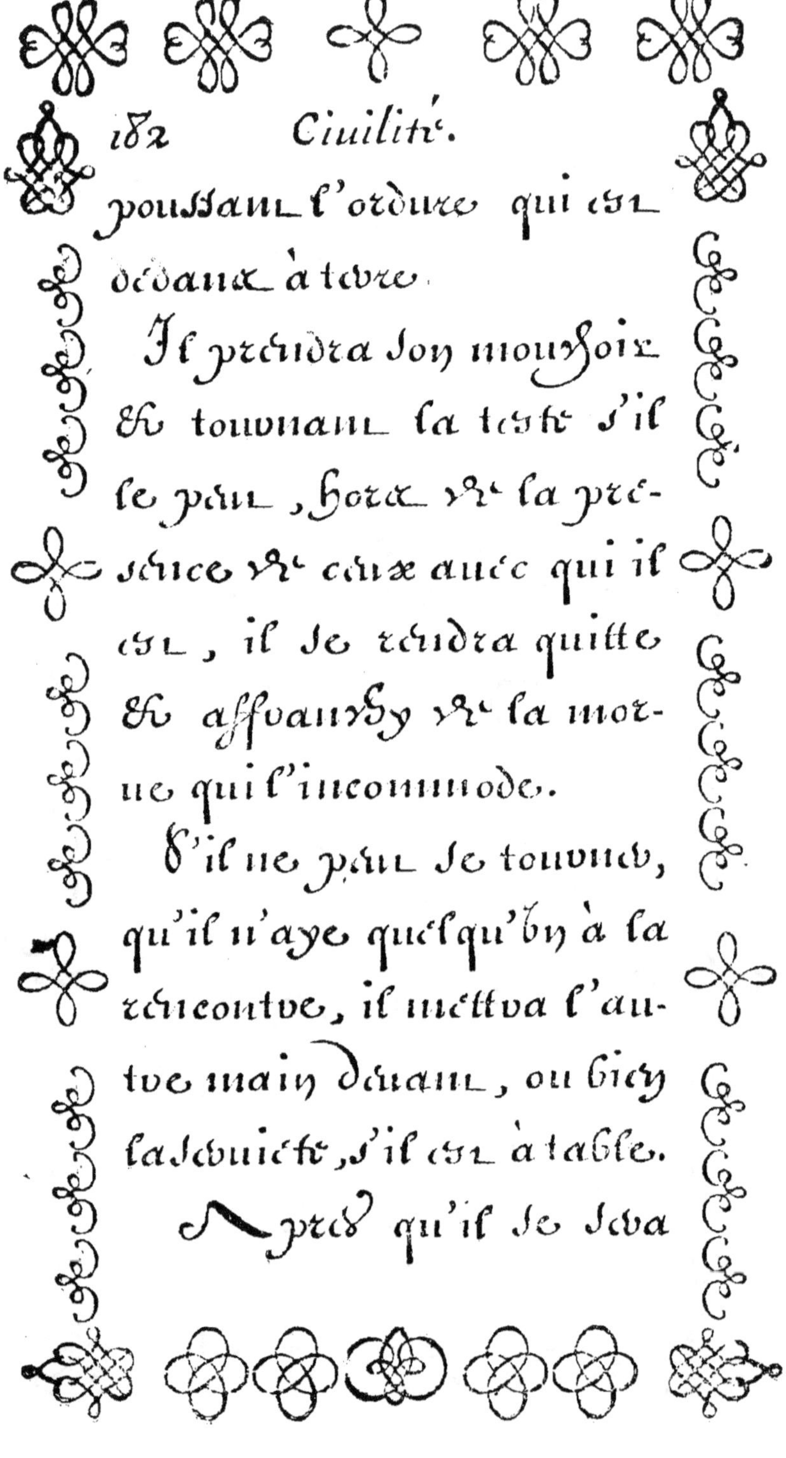

poussant l'ordure qui est
dedans à terre.

Il prendra son mouchoir
& tournant la teste s'il
se peut, hors de la pre-
sence de ceux auec qui il
est, il se rendra quitte
& affranchy de la mor-
ue qui l'incommode.

S'il ne peut se tourner,
qu'il n'aye quelqu'vn à la
rencontre, il mettra l'autre main deuant, ou bien
la seruiette, s'il est à table.

Apres qu'il se sera

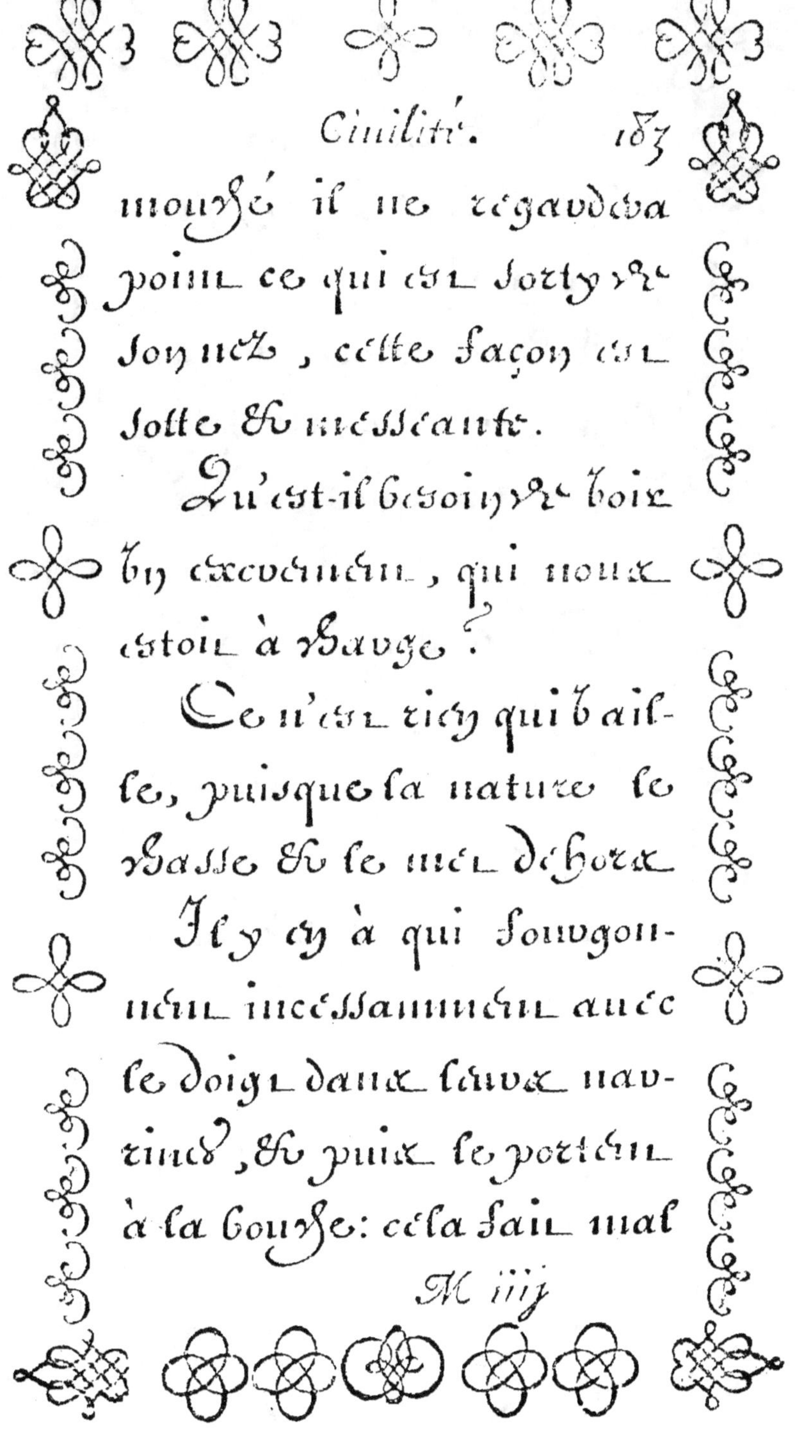

mouché il ne regardera
point ce qui est sorty de
son nez, cette façon est
sotte & messeante.

Qu'est-il besoin de boire
bien excedant, qui nous
estoit à bauge?

Ce n'est rien qui bail-
le, puisque la nature le
chasse & le met dehors.

Il y en à qui fourgon-
nent incessamment auec
le doigt dans leurs nar-
rines, & puis le portent
à la bouche: cela fait mal

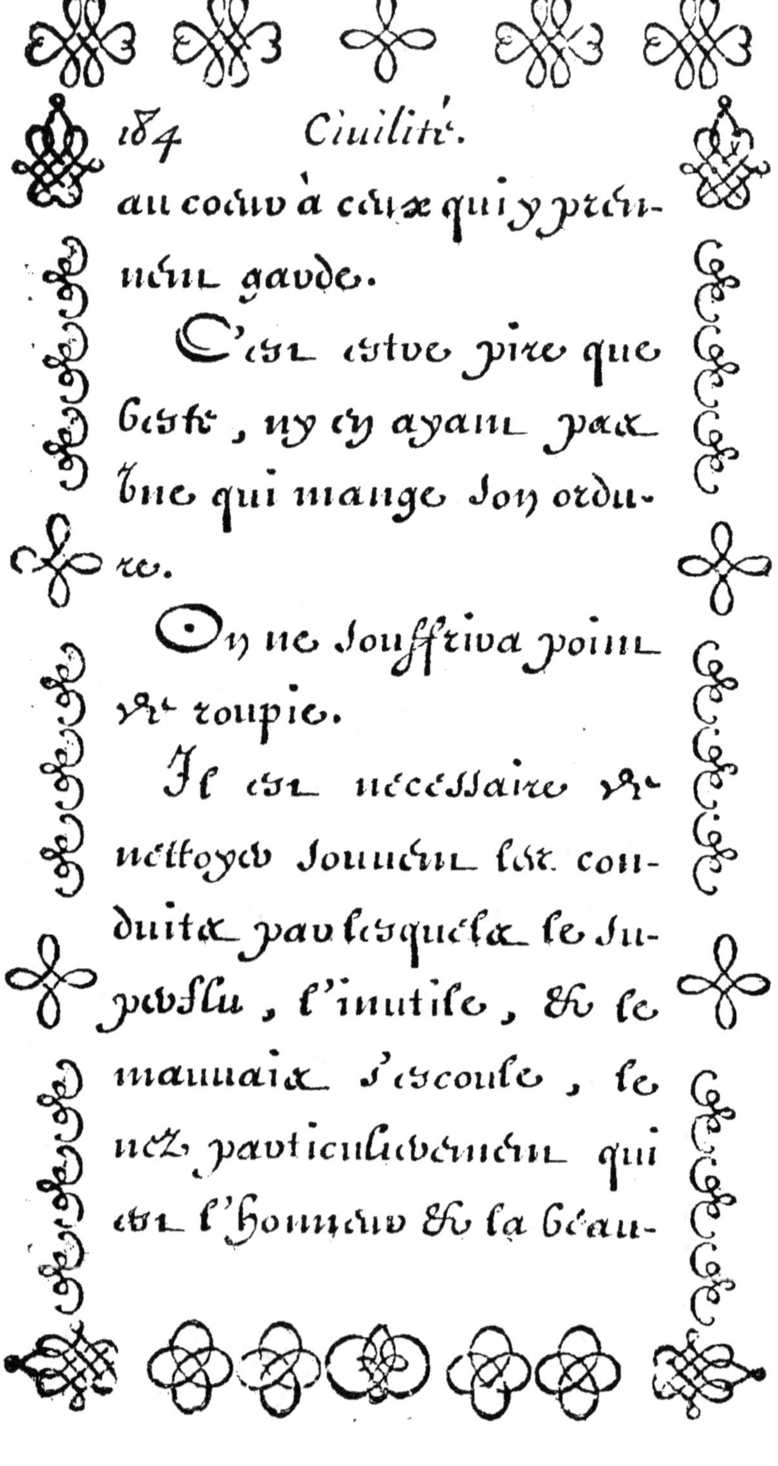

au cœur à ceux qui y pren-
nent garde.

C'est estre pire que
beste, ny en ayant pas
vne qui mange son ordu-
re.

On ne souffrira point
vn roupie.

Il est nécessaire de
nettoyer souuent les con-
duits par lesquels le su-
perflu, l'inutile, & le
mauuais s'escoule, le
nez particulierement qui
est l'honneur & la beau-

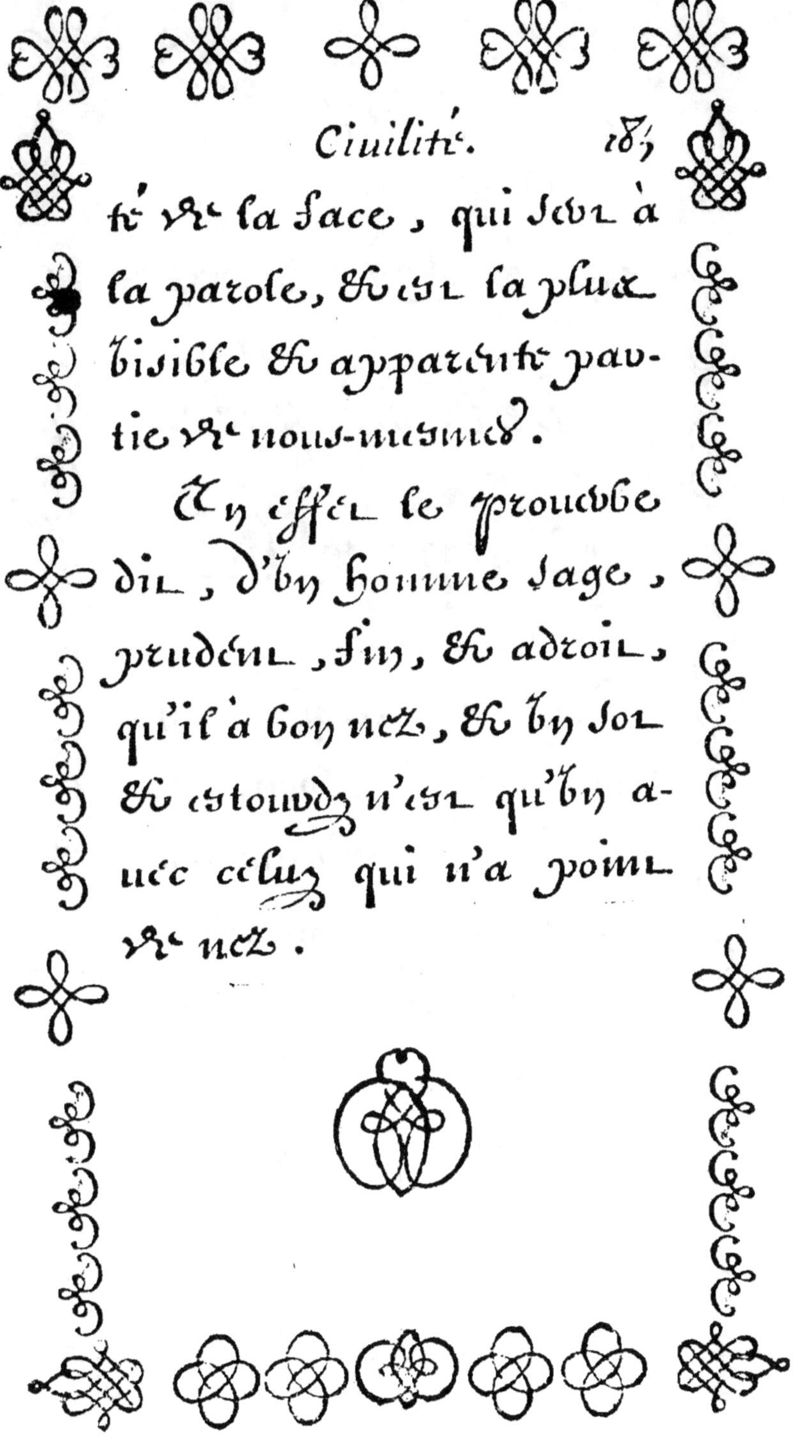

té de la face, qui sert à
la parole, & est la plus
bisible & apparente par-
tie de nous-mesmes.

En effet le prouerbe
dit, d'vn homme sage,
prudent, fin, & adroit,
qu'il a bon nez, & vn sot
& estourdy n'est qu'vn a-
uec celuy qui n'a point
de nez.

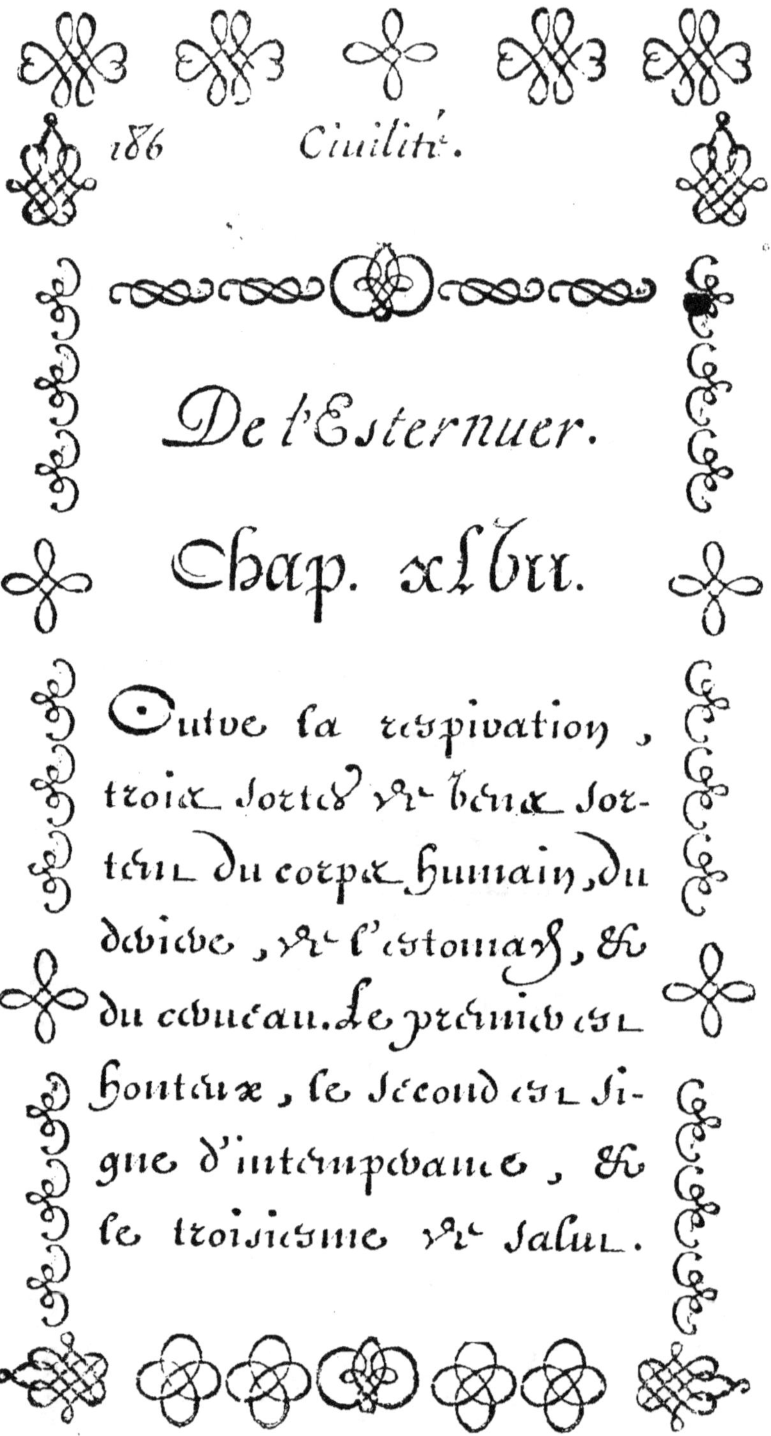

De l'Esternuer.

Chap. xLvij.

Outre la respiration, trois sortes de vens sortent du corps humain, du derriere, de l'estomach, & du cerveau. Le premier est honteux, le second est signe d'intemperance, & le troisiesme de salut.

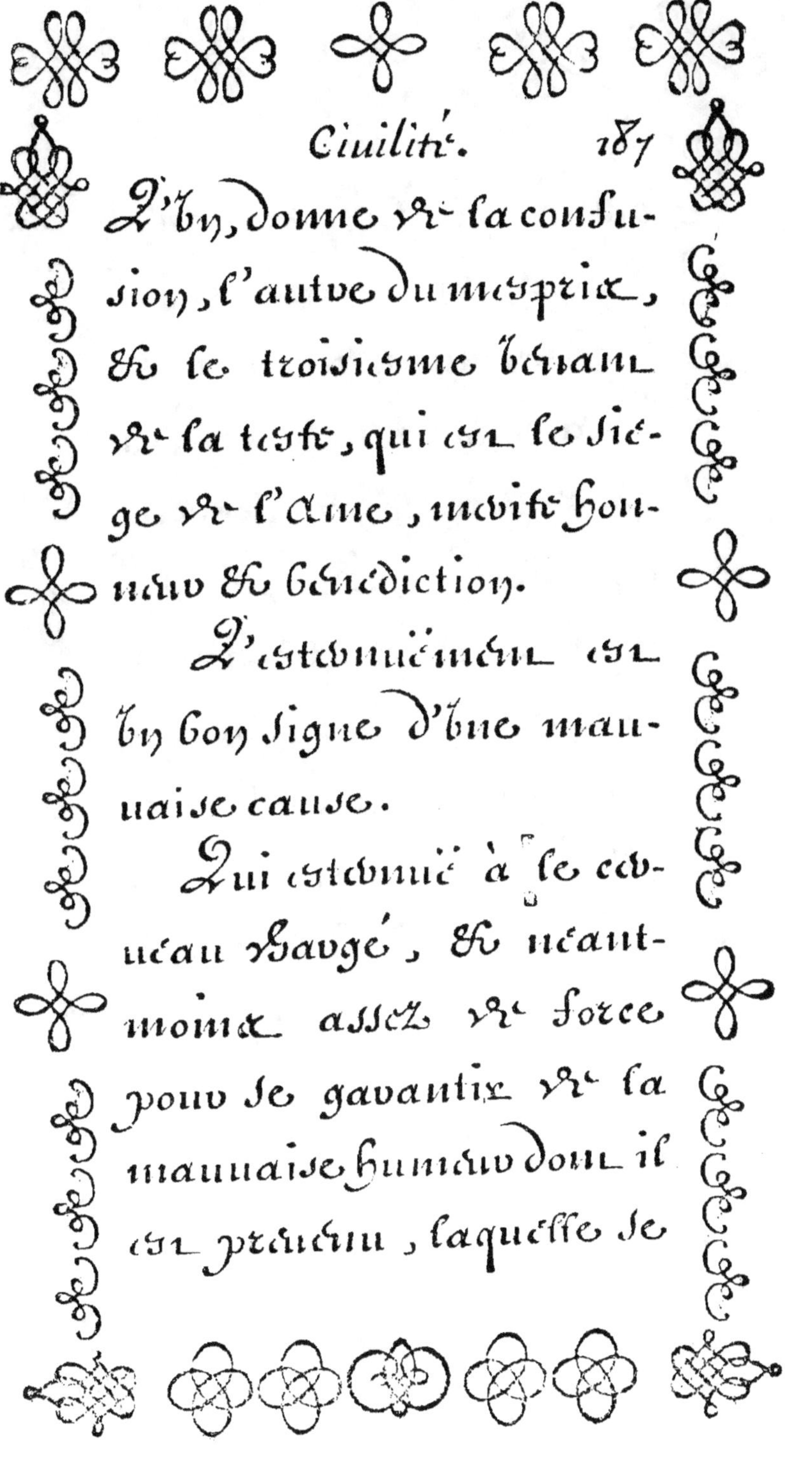

L'vn, donne à la confu-
sion, l'autre du mespris,
& le troisiesme bruant
à la teste, qui est le sie-
ge de l'ame, invite hon-
neur & benediction.

L'esternuëment est
vn bon signe d'vne mau-
uaise cause.

Qui esternuë à le cer-
ueau chargé, & neant-
moins assez de force
pour se garantir de la
mauuaise humeur dont il
est preuenu, laquelle se

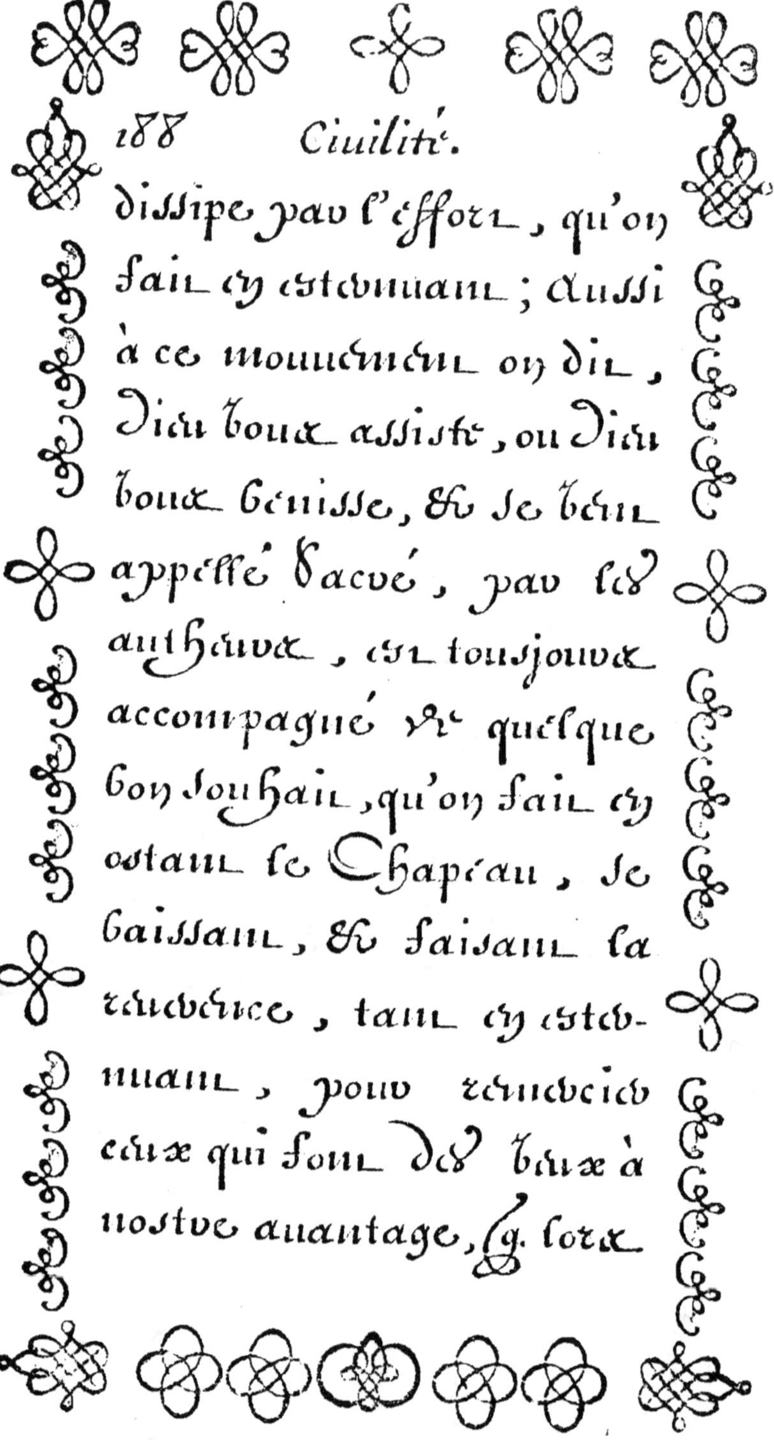

dissipe par l'effort, qu'on
fait en estournant ; Aussi
à ce mouuement on dit,
Dieu bous assiste, ou Dieu
bous benisse, & se bien
appellé sacué, par les
autheurs, est tousjours
accompagné de quelque
bon souhait, qu'on fait en
ostant le Chapeau, se
baissant, & faisant la
reuerence, tant en estour-
nuant, pour remercier
ceux qui sont des baux à
nostre auantage, (g. lors

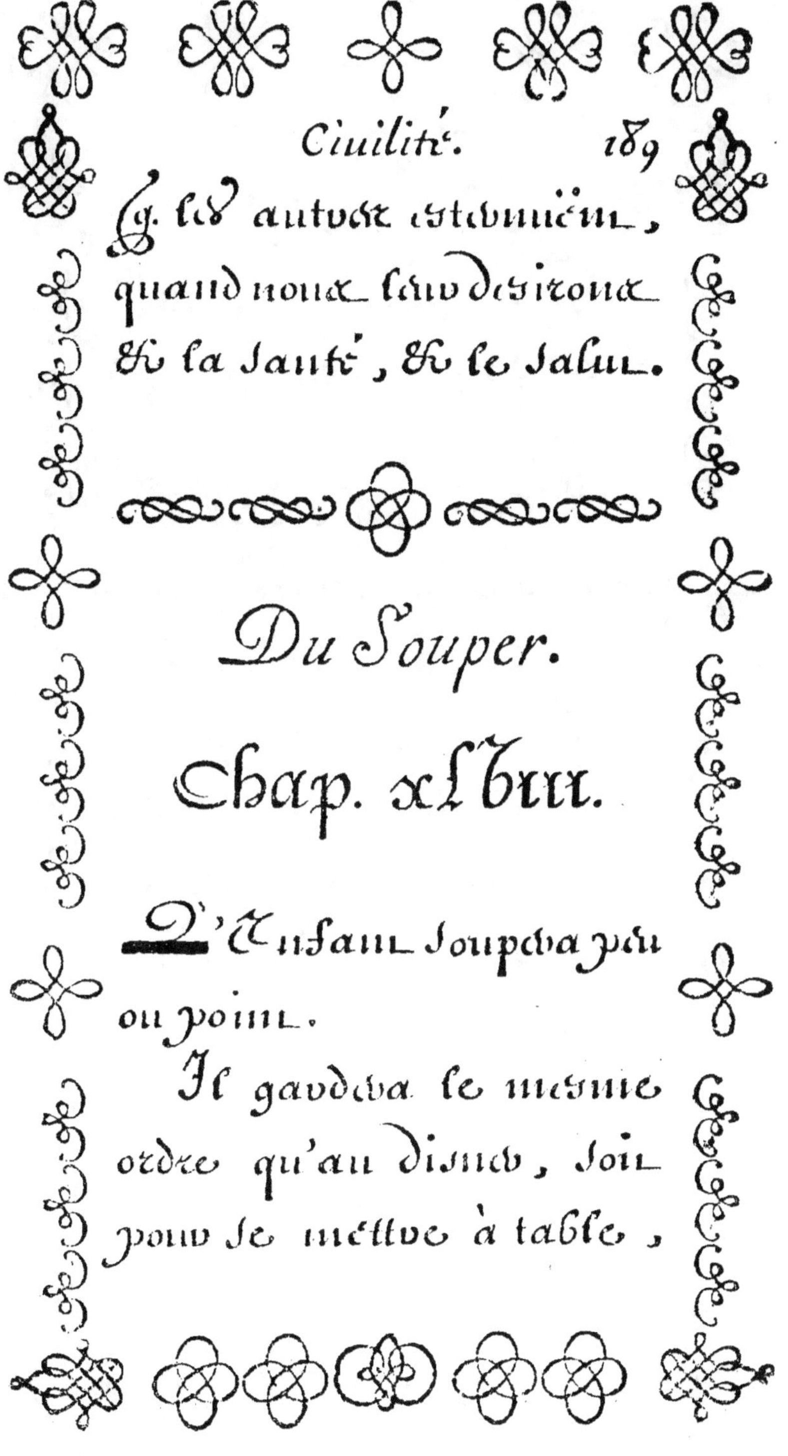

& les autres entretiens,
quand nous leur desirons
& la santé, & le salut.

Du Souper.

Chap. xlviii.

L'Enfant soupera peu
ou point.

Il gardera le mesme
ordre qu'au disner, soit
pour se mettre à table,

soit pour en sortir.

On luy donnera quel-
que temps pour la ré-
creation.

S'il est auec des per-
sonnes d'âge, il les escoutera, & sera muet, si l'on
ne l'interroge.

Le silence, la retenuë, &
la modestie, sont les ver-
tus, dont vn enfant doit
faire gloire.

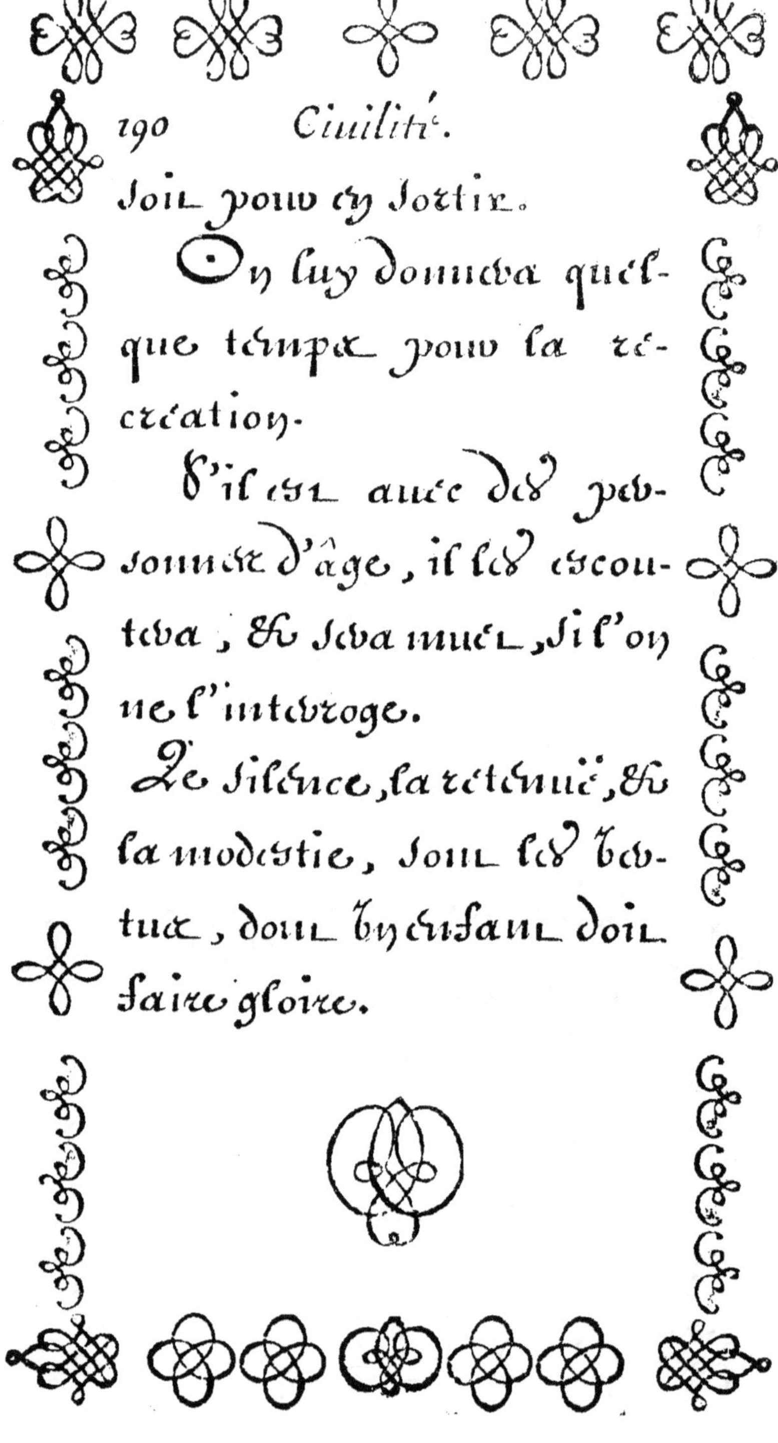

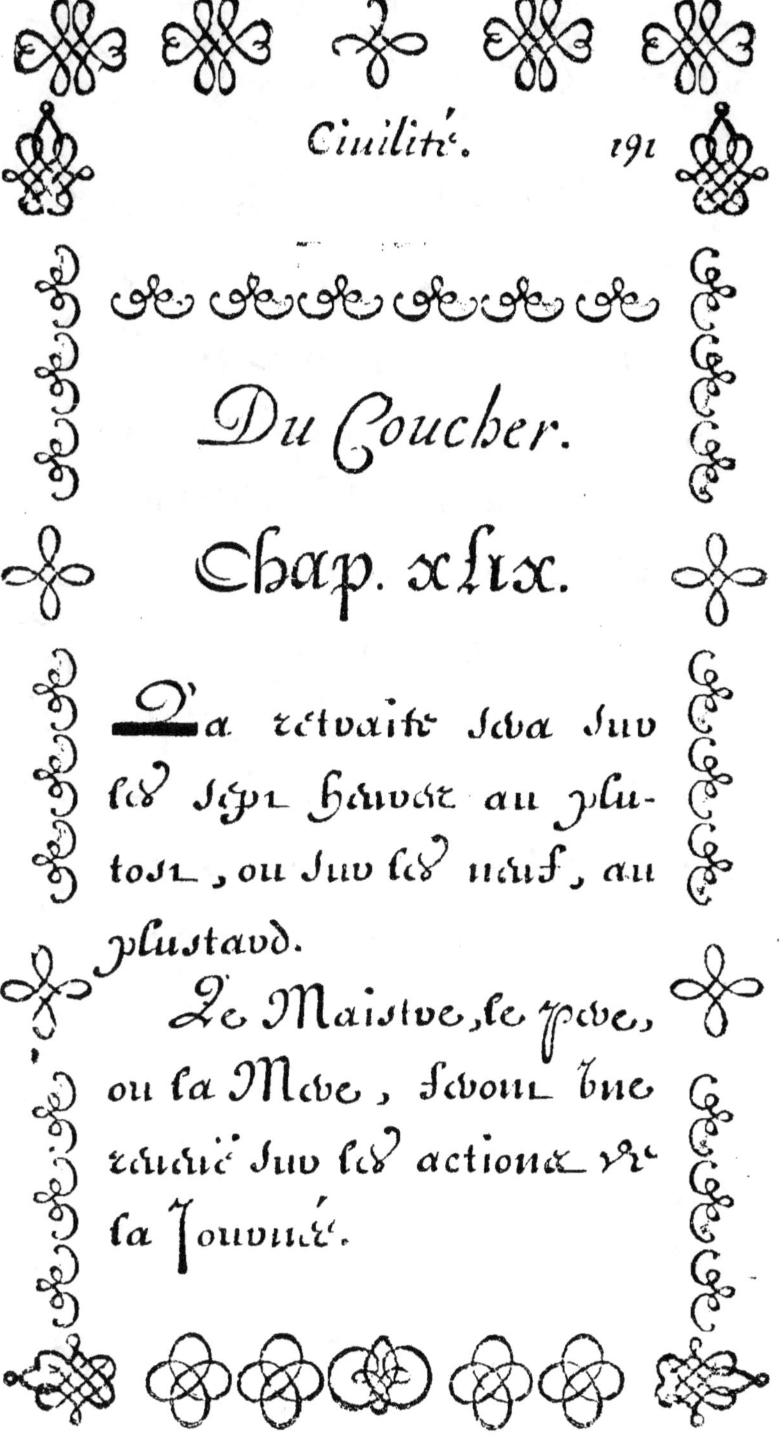

Du Coucher.

Chap. xlix.

La retraite se doit faire sur les sept heures au plu-tost, ou sur les neuf, au plustard.

Le Maistre, le pere, ou la Mere, seront vne reueuë sur les actions de la Journée.

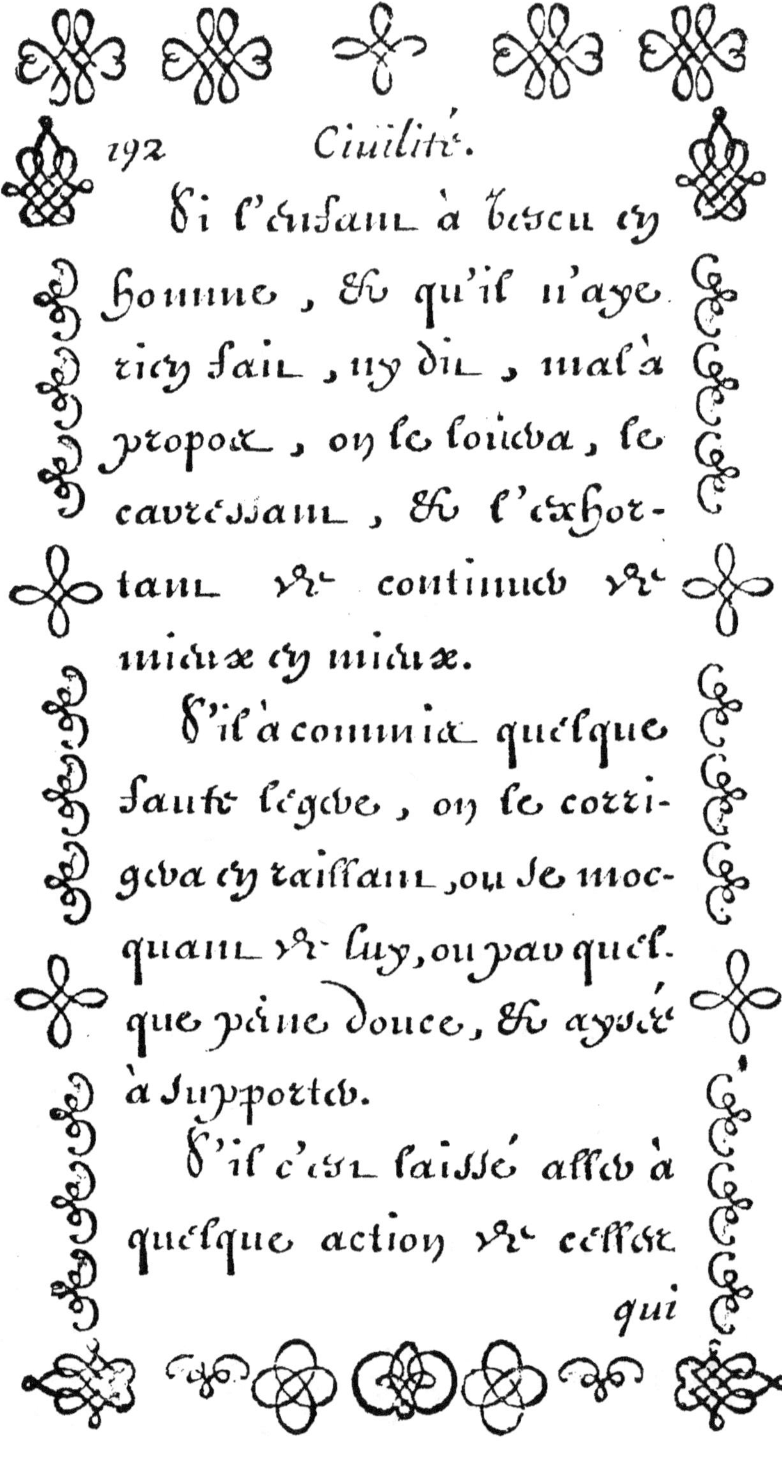

192   Ciuilité.

Si l'enfant à bien vescu en
homme, & qu'il n'aye
rien fait, ny dit, mal à
propos, on le louëra, le
caressant, & l'exhor-
tant ꝛ continuer ꝛ
mieux en mieux.

S'il a commis quelque
faute legere, on le corri-
gera en raillant, ou se moc-
quant ꝛ luy, ou par quel-
que peine douce, & aysée
à supporter.

S'il c'est laissé aller à
quelque action ꝛ cesser
qui

qui approche du crime,
comme le blaspheme, le
larcin, la medisance, ou a-
uoir proferé vn mot ou-
trageux, ou injure sale,
contre vne seruante, ou vn
valet, ou auoir esté deso-
beïssant auec opiniastreté
& mespris, on luy donne-
ra des verges.

Vn coup de fouet, en
blessant le corps guerit
l'esprit.

La discipline chasse
la folie.

N

La crainte & la dou-
leur deliure du mal les
ames, que l'usage des
sens gouuerne plustost
q. la raison.

Le moindre desplaisir
leur est un grand suppli-
ce, ayant le cuir tendre,
le sentiment qu'est plus
délicat & exquis, il n'y
à point & si petit coup
qui ne les blesse.

Il vaut mieux les faire
plaire, & souffrir dans
cet âge tendre, q. les lais-

se biuue dans des mau-
uaises habitudes, qui con-
duisent auec regret les
Peres & Meres au tom-
beau, les boyaux dans
la desbauche, & le deses-
poir, ne tenir jamais
aucun rang parmis les
gens d'honneur.

Estve sauue en cet en-
droit, c'est bien ne bon-
té & ne clemence.

Le Medecin est un
bourreau, qui laisse mou-
rir un malade ne parv

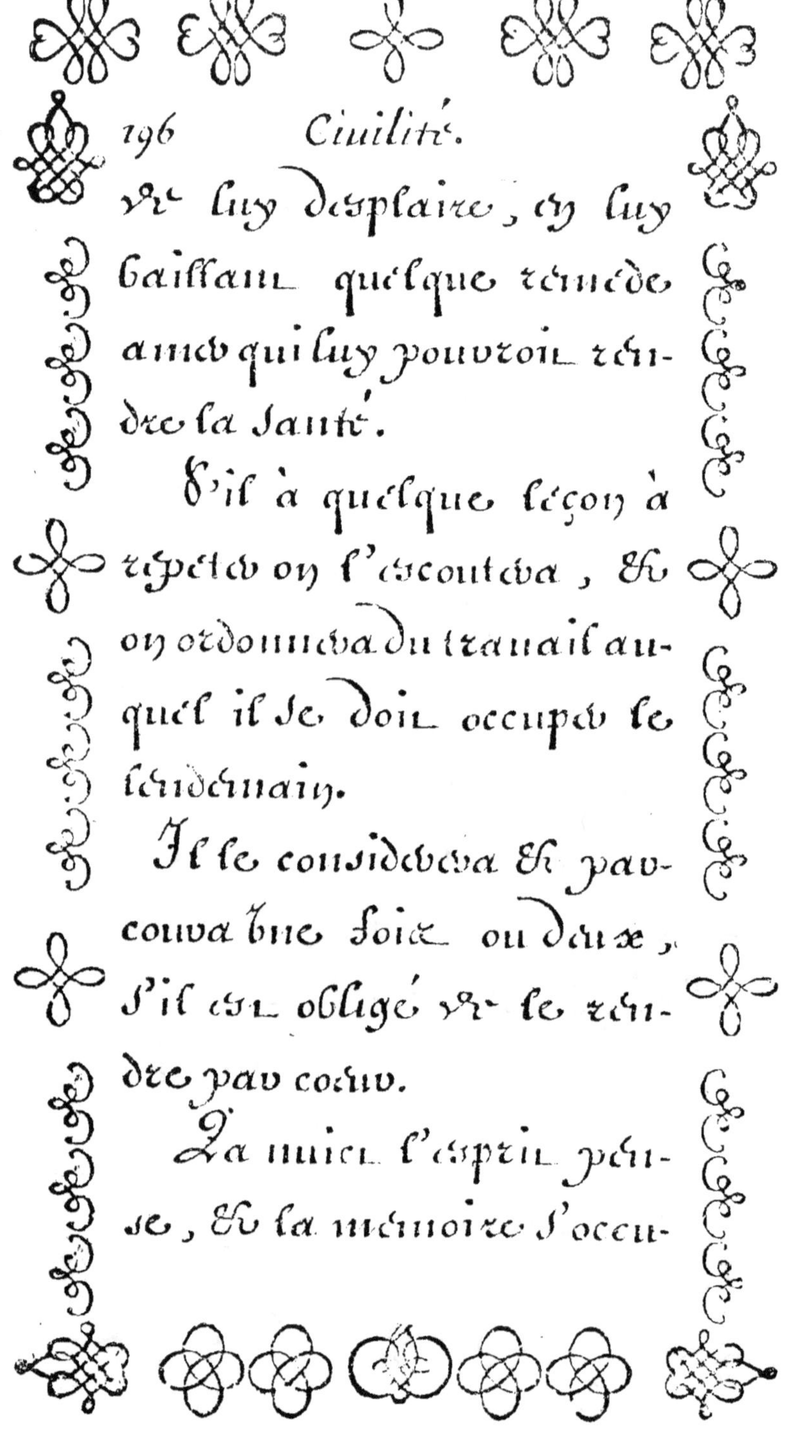

ne luy desplaire, en luy
baillant quelque remede
amer qui luy pouvoit ren-
dre la santé.

S'il a quelque leçon à
repeter on l'escoutera, &
on ordonnera du travail au-
quel il se doit occuper le
lendemain.

Il le considerera & par-
courra une fois ou deux,
s'il est obligé de le rendre par cœur.

La nuict l'esprit pen-
se, & la memoire s'occu-

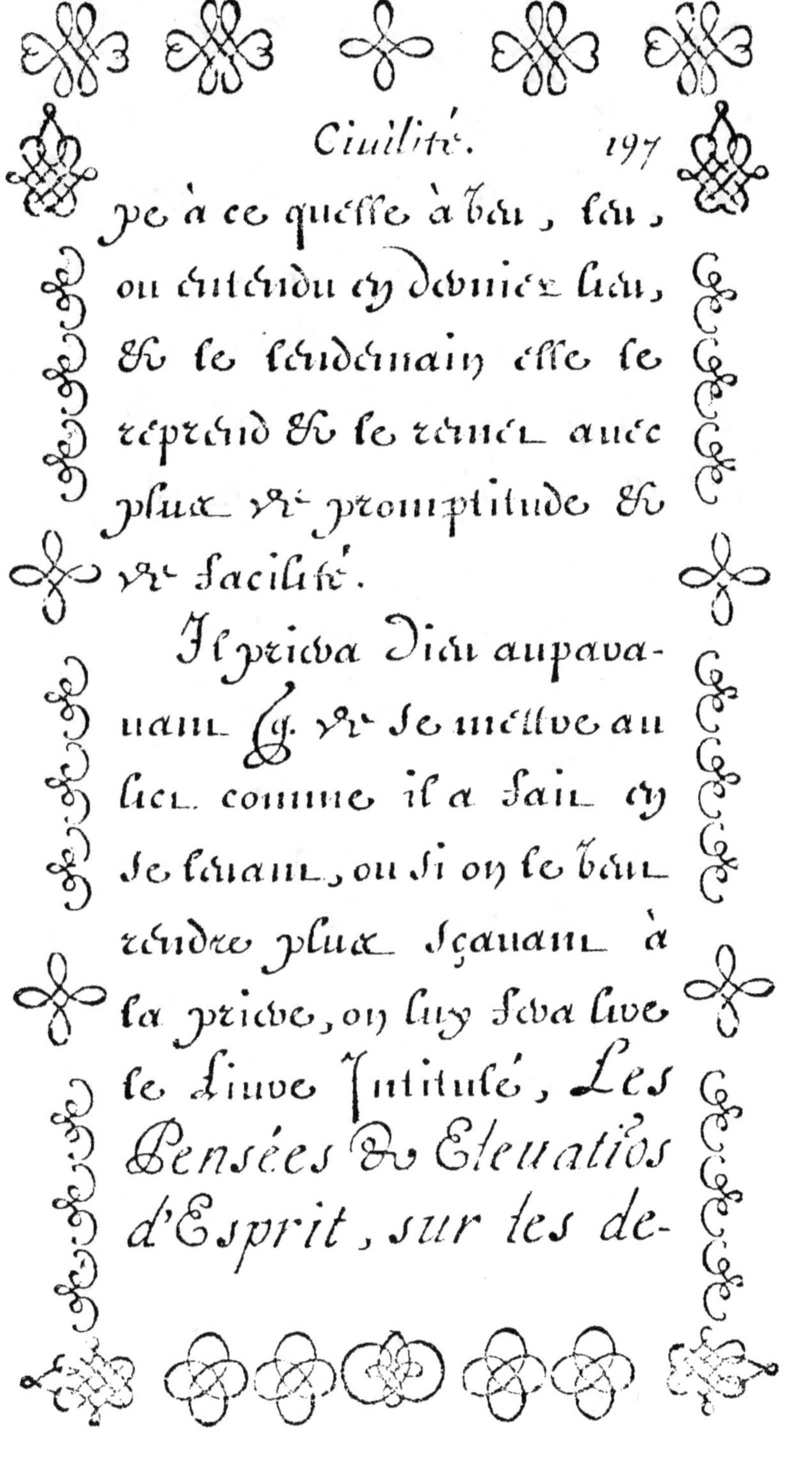

pe à ce quelle à bû, leu, ou entendu ey dernier lieu, & le lendemain elle se reprend & se remet auec plus pr promptitude & pr facilité.

Il priera Dieu auparauant qy pr se mette au lieu comme il a fait cy deuant, ou si on le veut rendre plus sçauant à la priere, on luy fera lire le liure Intitulé, *Les Pensées & Eleuatios d'Esprit, sur les de-*

uoirs d'vne ame Chre-
stienne, qui a esté Im-
primé par M. Moreau,
ou quelque autre abregé
de deuotion suiuant sa
force & sa portée.

Apres auoir rendu
ses hommages à la diui-
ne Majesté, il souhaitera
le bon soir à Pere, Me-
re, Maistre, & à tous
en general qui se trouue-
ront en la compagnie.
Il yra à ses necessitez.
Enfin estant deshabillé

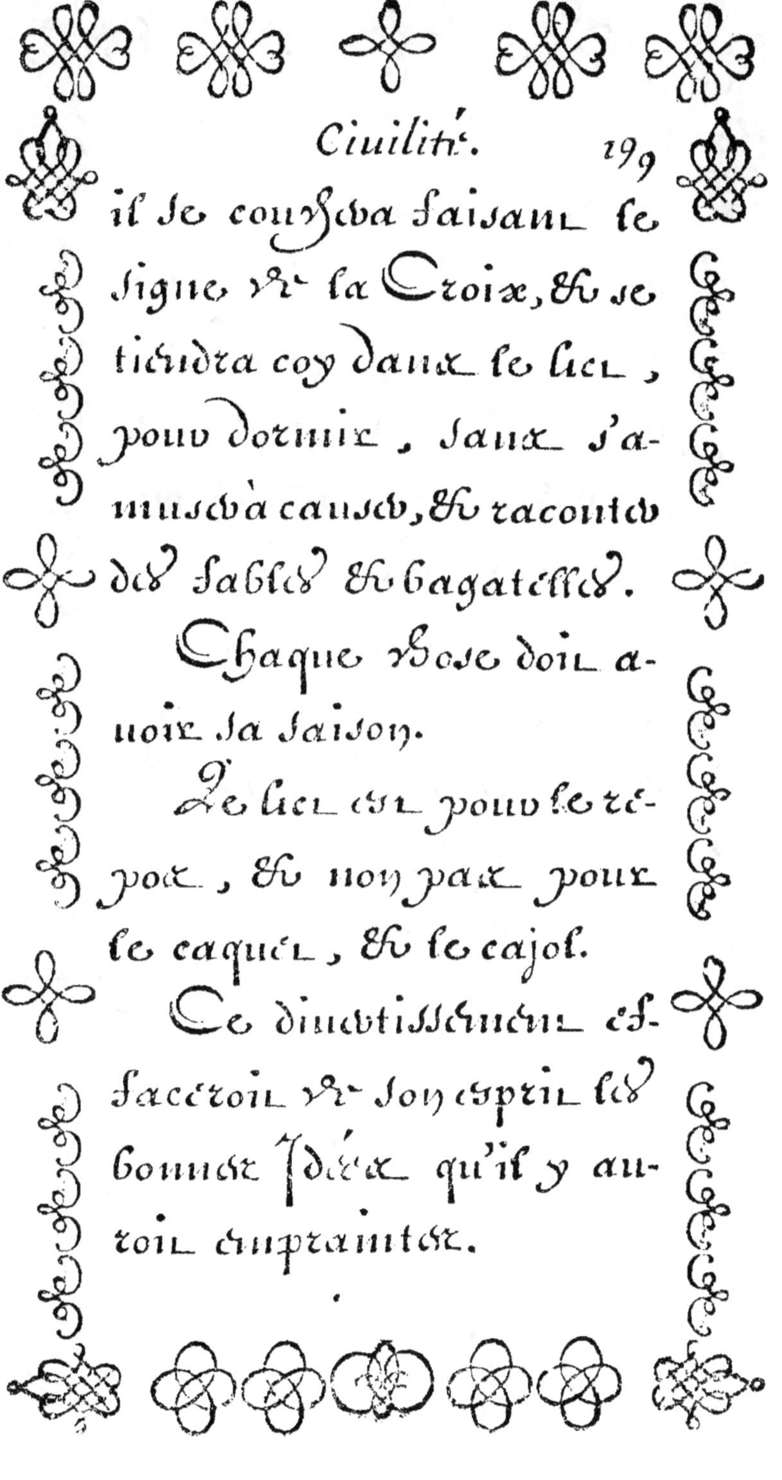

il se couchera faisant le
signe de la Croix, & se
tiendra coy dans le lieu,
pour dormir, sans s'a-
muser à causer, & raconter
des fables & bagatelles.

Chaque chose doit a-
uoir sa saison.

Le lieu est pour le re-
pos, & non pas pour
le caquet, & le cajol.

Ce diuertissement es-
faceroit de son esprit les
bonnes idées qu'il y au-
roit empraintes.

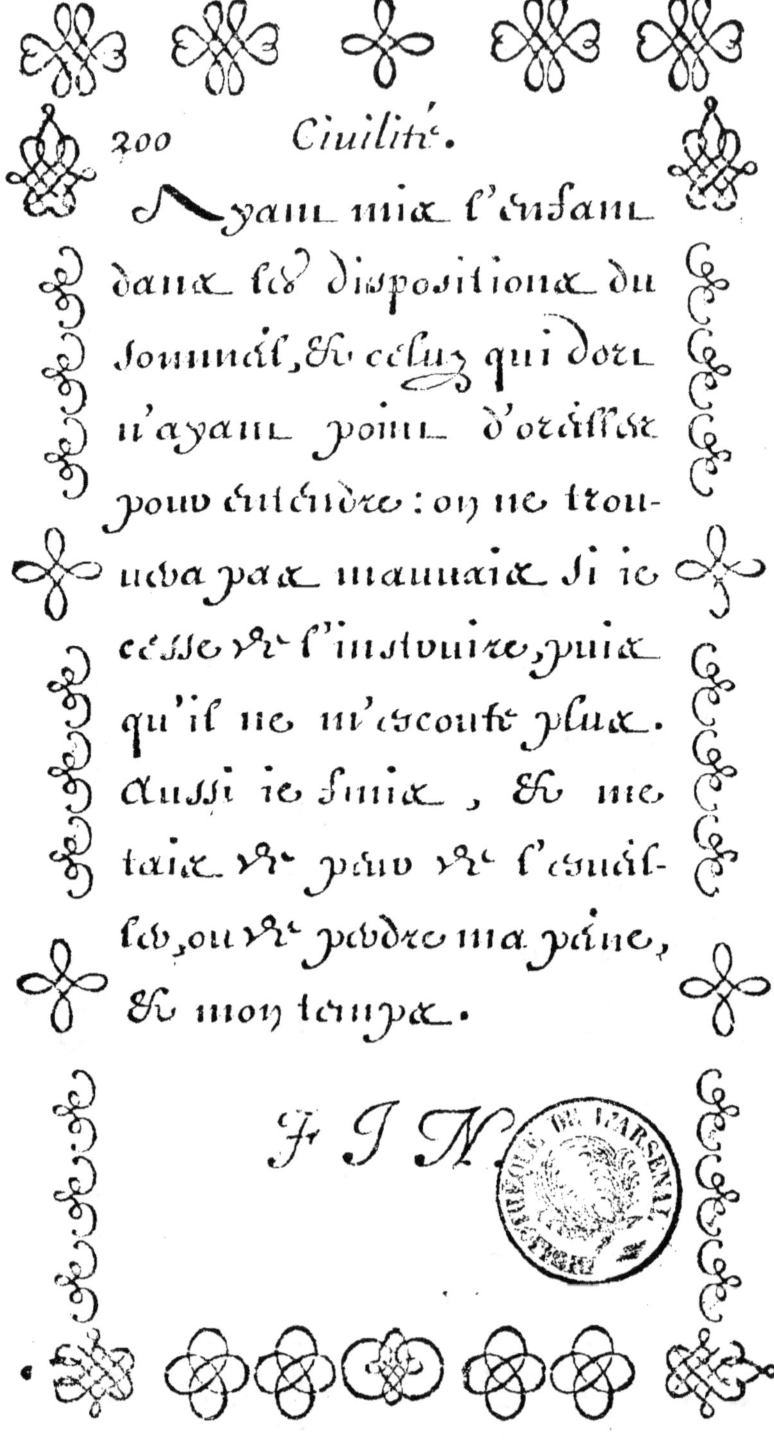

Ayant mis l'enfant
dans les dispositions du
sommeil, & celuy qui dort
n'ayant point d'oreille
pour entendre : on ne trouuera pas mauuais si ie
cesse de l'instruire, puis
qu'il ne m'escoute plus.
Aussi ie finix, & ne
taix de peur de l'esmail-
ler, ou de perdre ma peine,
& mon temps.

FIN.